财会人员
实务操作丛书

财务管理决策实务
技能训练

主编 蒋泽生 宋慧骏 刘培银 郗薪宇

中国人民大学出版社
·北京·

前 言

为了适应当前社会对财务管理人才培养的需求,提高学习者对"财务管理"课程学以致用的能力,尤其是培养学习者的创新能力与创业意识,我们研发出财务管理决策软件,并引入"财务管理"课程的实践教学中,将"财务管理"课程的理论教学与实践教学结合起来,增强了"财务管理"课程学习的趣味性、知识性和实践性,从而为学习者开展企业财务管理实践活动打下一个良好的基础。本书以习近平新时代中国特色社会主义思想为指导,全面融入党的二十大精神,始终把提高学生的思想道德素质与专业素养融为一体,培养学生诚实守信、爱岗敬业等优秀品质,为中国式现代化建设提供高技能人才支撑。本书的特点和作用是:

1. 树立柔性教育理念,创新人才培养模式

财务管理决策实训课程采用体验式的互动教学模式,使学习者有充足的时间来思考和尝试企业财务管理经营的重大决策,在参与决策中领悟财务管理思想和学习管理技能。该实训软件采用"小组学为主,教师教为辅"的全新教学方法,与柔性教育观提倡的"以小组为中心"的理念不谋而合;强调教育的弹性和灵活性,注重小组潜能的开发和对客观环境的应变能力的培养;在教育实践上,从小组关心的就业问题出发开展教育活动,实施能力教育。

2. 寓教于乐,激发学习者的学习潜能

财务管理决策实训课程采用一种具有竞赛性的教学模式,也可以说含有游戏的成分。该决策实训课程模拟企业经营过程中竞争与合作的博弈机制,展开实训教学。模拟实训小组在占有市场上,可能是对手,双方针锋相对,而当一些小组未能按期交货时,需要与其他小组协商调货,这样才能完成销售任务,此时它们又是合作伙伴;又如,当个别小组(企业)面临破产的境地时,其他小组(企业)也可以提起收购;而在人事聘用上,小组之间可以实施人才竞争等。总之,通过这些实训项目的练习,增强了财务管理决策课程的趣味性,调动了学习者的学习潜能和热情,变被动学习为主动学习和互助学习,有利于发挥学习者的聪明才智,培养学习者的发散思维并提高其创新能力。

3. 突破专业壁垒,拓展学习者的知识体系

财务管理决策实训课程是对企业经营管理全方位的展现,涉及战略规划、产品研发、物流管理、资金流控制以及信息流的协调统一等。而要较好地解决这些问题,需要学习者灵活运用所学的经济学、管理学、市场营销学、管理会计、财务管理等方面的专业知识。通过学习财务管理决策实训课程,可将这些专业知识内容进行整合,打破各学科的专业壁垒,将零散的单科知识转化为互相贯通的系统知识,并且将这种整合后的知识体系灵活地运用于财务管理决策的实际工作中,从而真正实现理论与实践相结合。

4. 全面提升学习者的综合素质

(1) 强化沟通技能和团队协作能力。

财务管理决策实训课程强化了学习者的沟通技能与互动性。参与实训课程的每一个成

员都是作为独立负责某一方面的管理者,而整个模拟实训又是一个各个方面互相制约和影响的系统,当实训课程各小组成员对经营管理中的行为持不同观点时,就需要通过沟通和协作来解决问题。这样,既锻炼了学习者的沟通能力,又能在从分歧到统一的过程中培养团队合作精神。我们在财务管理决策实训模拟教学和指导小组竞争的过程中发现,几乎所有的学习者在总结中都提到一点,即模拟企业运营,实施财务管理决策,让他们懂得了团队精神中沟通与协作的重要性。

(2) 培育共赢理念。

市场竞争是激烈的,也是不可避免的,但竞争并不意味着你死我活。经过财务管理决策实训课程的训练,学习者意识到企业间的协作是必不可少的。这就要求知己知彼,在市场分析、竞争对手分析上做足文章,在竞争中寻求合作,企业才会有无限的发展机遇,做市场不是"独赢"而是"共赢"。

(3) 树立诚信原则。

诚信原则在财务管理决策实训课程中体现为对"游戏规则"的遵守。诚信是学习者立足社会、发展自我的基本素质。市场经济在本质上是一种信用经济,信用制度是促使市场机制良性运行必不可少的基础制度之一,而现代信用制度是建立在诚信基础上的契约关系。失去诚信,契约关系就无法维系,社会经济秩序就会发生紊乱,整个市场经济就会失去生命力。通过企业财务管理决策实训课程的模拟练习,学习者认识到诚信已成为现代市场经济的"道德灵魂",是一切经济活动顺利开展的前提,尤其是现代化的电子商务、电子货币、电子结算,更需要诚信道德的规范。

(4) 感悟人生抉择,正确面对风险。

面对市场竞争的残酷与企业经营的风险,是"轻言放弃"还是"坚持到底"? 这不仅是企业可能面临的问题,也是我们在人生旅途中常常需要抉择的问题。经营自己的人生与经营一家企业具有一定的相通性。一个成功者,一定是历尽挫折而热情不减。财务管理决策实训课程既使学习者学到了财务管理决策的基本知识,也锻炼了学习者选择决断与规避风险的方法,培养了学习者持之以恒、永不放弃的精神。

本书图文并茂、通俗易懂、结构清晰、内容新颖,无论是知识点的归纳和讲解,还是实务案例的操作与分析,都是最大限度地帮助学习者更好地掌握财务管理的理论知识与实务技能。

本书分为上、中、下三篇。上篇为企业财务管理决策概述,主要阐述了企业组织与目标、企业经营过程管理、企业财务管理决策策略与控制、企业财务管理决策分析指标与报告;中篇为财务管理决策软件介绍,主要介绍了财务管理决策软件的说明与使用规则;下篇为财务管理决策实训操作,主要介绍了五项实训及其结果。

本书编写分工为:蒋泽生设计全书结构并编写大纲,宋慧骏执笔;刘培银、郗薪宇负责软件开发与技术支持。全书由蒋泽生审定。

本书在编写过程中得到了相关工作人员的帮助与支持,这是大家共同努力的成果,在此一并表示衷心的感谢!由于编者水平有限,书中难免有疏漏与不足之处,恳请同行专家及广大读者批评指正。

编者

目 录

上篇　企业财务管理决策概述

第一章　企业组织与目标 ················· 3
　　第一节　企业的组织形式与架构 ················· 3
　　第二节　企业的经营目标与财务目标 ················· 7

第二章　企业经营过程管理 ················· 13
　　第一节　企业财务过程管理 ················· 13
　　第二节　企业采购过程管理 ················· 15
　　第三节　企业生产过程管理 ················· 17
　　第四节　企业市场营销过程管理 ················· 19

第三章　企业财务管理决策策略与控制 ················· 23
　　第一节　现金管理决策策略与控制 ················· 23
　　第二节　筹资与投资管理决策策略与控制 ················· 25
　　第三节　资本结构的选择、财务收支管理决策策略与控制 ················· 28

第四章　企业财务管理决策分析指标与报告 ················· 31
　　第一节　财务管理决策分析指标 ················· 31
　　第二节　杜邦分析法的应用 ················· 38
　　第三节　财务管理决策分析报告 ················· 41

中篇　财务管理决策软件介绍

第五章　财务管理决策软件的说明与使用规则 ················ 53
　　第一节　课程描述 ·· 53
　　第二节　财务管理决策软件的架构与功能简介 ············ 56
　　第三节　企业运营的市场规则 ································ 59
　　第四节　起始年度操作流程的介绍 ··························· 70

下篇　财务管理决策实训操作

第六章　财务管理决策实训 ·· 87
　　第一节　亏损模式实训 ··· 88
　　第二节　常规模式实训 ··· 99
　　第三节　初创模式实训 ··· 111
　　第四节　多变量模式实训 ······································ 117
　　第五节　自主设计实训 ··· 120

第七章　财务管理决策实训结果 ···································· 125
　　第一节　亏损模式实训结果 ··································· 125
　　第二节　常规模式实训结果 ··································· 137
　　第三节　初创模式实训结果 ··································· 154
　　第四节　多变量模式实训结果 ································ 168

参考文献 ·· 191
附录　各项表格（按年归类） ··· 192
后　记 ·· 224

上篇　企业财务管理决策概述

第一章 企业组织与目标

第一节 企业的组织形式与架构

一、企业的定义及功能

企业一般是指以盈利为目的,运用各种生产要素(土地、劳动力、资本、技术和企业家才能等),向市场提供商品或服务,实行自主经营、自负盈亏、独立核算的法人或其他社会经济组织。企业是一个契约性组织,是以生产或服务满足社会需要,依法设立的一种营利性的经济组织。市场经济条件下,企业作为国民经济的细胞,发挥着越来越重要的作用。

(1)企业是市场经济活动的主要参与者。

市场经济活动的顺利进行离不开企业的生产和销售活动,离开了企业的生产和销售活动,市场就成了无源之水、无本之木。创造价值是企业经营行为的内在要求，企业的生产状况和经济效益直接影响社会经济实力的增长和人民物质生活水平的提高。只有培育大量充满生机与活力的企业，社会才能稳定、和谐且健康地发展。

（2）企业是社会生产和服务的主要承担者。

社会经济活动的主要过程即生产和服务过程，大多是由企业来承担和完成的。许多企业要组织社会生产，通过劳动者，将生产资料（劳动工具等）作用于劳动对象，从而生产出商品，这个过程就是企业组织社会生产的过程，所以企业是社会生产的直接承担者。企业在组织社会生产的过程中需要在社会上购买其他企业的商品，再把本企业的产品销售出去，形成了服务（包括商品流通）的过程。离开了企业的生产和服务活动，社会活动就会中断或停止。

（3）企业可以推动社会经济技术进步。

企业为了在竞争中立于不败之地，就需要不断地采用先进技术，这在客观上必将推动整个社会经济技术的进步。企业的发展对整个社会的经济技术进步有着不可替代的作用。加快企业技术进步，加速科技成果产业化，培育发展创新型企业，是企业发展壮大的重要途径。

二、企业的组织形式

企业的组织形式是指企业财产及其社会化大生产的组织状态，它表明一个企业的财产构成、内部分工协作以及与外部经济社会联系的方式。企业的类型有独资企业、合伙企业、公司制企业等。

▶▶▶ （一）独资企业

独资企业即由个人出资经营、归个人所有和控制、由个人承担经营风险和享有全部经营收益的企业。以独资经营方式经营的独资企业承担无限的经济责任，破产时债权人可以扣留业主的个人财产。独资企业是最古老、最简单的一种企业组织形式，主要盛行于零售业、手工业、农业、林业、渔业、服务业和家庭作坊等。

独资企业的优点是：创立容易，维持企业的成本较低，不需要缴纳企业所得税；缺点是：业主对企业债务承担无限责任，有时企业的损失会超过业主最初对企业的投资，需要用个人其他财产进行偿还。

▶▶▶ （二）合伙企业

合伙企业是指由各合伙人订立合伙协议，共同出资、共同经营、共享收益、共担风险，并对企业债务承担无限连带责任的营利性组织。合伙企业分为普通合伙企业和有限合伙企业。普通合伙企业由2人以上的普通合伙人（没有上限规定）组成，有限合伙企业由2人以上50人以下的普通合伙人和有限合伙人组成。普通合伙人对合伙企业债务承担无限连带责任，有限合伙人以其认缴的出资额为限对合伙企业债务承担责任。此外，还有特殊的普通合伙企业。它是以专门知识和技能为客户提供有偿服务的专业机构，譬如律师事务所、会计师事务所等。特殊的普通合伙企业必须在其企业名称中标明"特殊普通合伙"字样，以区别于普通合伙企业。合伙企业的优点和缺点与独资企业类似，只是程度上有些区别。

(三) 公司制企业

公司制企业又叫股份制企业，是指由1个以上投资者（自然人或法人）依法出资组建，有独立法人财产，自主经营、自负盈亏的法人企业。任何依据公司法登记的机构都被称为公司。我国现行《公司法》规定的公司分为有限责任公司和股份有限公司，这两类公司均为法人，投资者可受到有限责任保护。公司是独立法人，因此它具有以下优点：

(1) 无限存续，一个公司在最初的所有者和经营者退出后仍然可以继续存在。

(2) 股权便于转让，公司的所有者权益被划分为若干股份额，每股可以单独转让，无须经过其他股东的同意。

(3) 责任有限，公司债务是法人的债务，不是所有者的债务。所有者对公司的债务责任以其出资额为限。

由于公司具有以上三个优点，因此，其更容易在资本市场上筹集到资本。责任有限和公司无限存续，降低了投资者的风险；股权便于转让，提高了投资者资产的流动性。这些优点吸引了投资者把资本投入公司制企业。但公司制企业的缺点是：

(1) 双重课税，公司作为独立的法人，其获得利润需缴纳企业所得税，企业利润分配给股东后，股东还需要缴纳个人所得税。

(2) 组建成本高，《公司法》对于建立公司的要求比建立独资或合伙企业高，并且需要提交一系列法律文件，通常花费的时间较长。公司成立后，政府对其监管比较严格，需要定期公开各种报告。

(3) 存在代理问题，经营者和所有者分开以后，经营者成为代理人，所有者成为委托人，代理人可能为了自身利益而损害委托人利益。

上述三类企业组织形式中，虽然独资企业、合伙企业总数较多，但公司制企业的注册资本和经营规模较大，因此经常作为企业发展壮大后的首选。

三、企业的组织结构

企业的组织结构描述了企业组织的框架体系，是进行企业流程运转、部门设置及职能规划等最基本的结构依据。它将企业组织内部各个构成要素互相联系，以求有效合理地把企业成员组织起来，为实现共同目标而协同努力。

任何企业创立之初，都要有与企业类型相适应的组织结构。从理论上说，企业组织结构的形式可以有很多种，但是在现实组织中，占主导地位的组织结构仅有几种，即直线制、直线职能制、事业部制、矩阵组织形式、企业集团组织形式等。这些组织形式其实没有绝对的优劣之分。不同环境中的企业或同一企业中不同单位的管理者，都可以根据实际情况选用其中某种最合适的组织结构。合理的组织结构是保证企业正常运转的基本条件。

在本教材的财务管理决策实训操作中，我们采用了简化的企业组织结构形式，即企业组织部门由几个重要角色来代表，包括首席执行官、财务与会计主管、营销主管、生产主管、采购主管等。

（一）首席执行官

首席执行官负责制定和实施公司总体战略与年度经营计划；建立和健全公司的管理体系与组织结构，从结构、流程、人员、激励四个方面着手优化管理，从而实现公司经营管理目标和发展目标。

首席执行官主要完成以下工作：发展战略制定、竞争格局分析、经营指标确定、业务策略制定、全面预算管理、团队协同管理、企业绩效分析、业绩考评管理、管理授权与总结。

在财务管理决策实训操作中，担任首席执行官的小组成员可以尽情展示自身的企业经营管理才能，将专业知识与实践相结合。作为企业的"掌门人"，应对本企业的主要目标、经营方向、经营方针等做出全局谋划。

（二）财务与会计主管

财务与会计主管统一负责对企业的资金进行预测、筹集、调度与监控。财务与会计主管要管好现金流，按需求支付各项费用和核算成本，做好财务分析；编制现金预算，采用经济有效的方式筹集资金，将资金成本控制在较低水平。

通过财务管理决策实训操作，小组成员可真正明白：企业的资金是有限的，要想让企业长期稳定的发展，就必须充分管理好资金流动、提高资金使用效率，做好各项财务报表的分析工作，进行资金的预算与筹集，进行长短期资金需求预估。

（三）营销主管

企业利润是由销售收入带来的，销售收入是企业生存和发展的关键。为此，营销主管应结合市场预测分析与客户需求制订销售计划，有选择地进行广告投放，取得与企业生产能力相匹配的客户订单，与生产部门做好沟通，保证按时交货给客户，监督货款回收，进行客户关系管理。

营销主管主要完成以下工作：进行市场调查分析、制定市场进入策略、制定品种发展策略、制定广告宣传策略、制订销售计划、争取订单与谈判、签订合同与过程控制、按时发货与收款管理、销售绩效分析。

通过财务管理决策实训操作，小组成员可以学会如何分析市场、开发市场；关注竞争对手，感受企业及市场的内外压力；把握消费者需求；制订营销与广告策略、销售计划，尽可能提高企业利润。

（四）生产主管

生产主管既是生产计划的制订者与决策者，又是生产过程的监控者，对企业目标的实现负有重大责任。其工作是通过制订计划、组织、指挥和控制等手段，实现企业资源的优化配置，创造最大的经济利益。生产主管主要完成以下工作：产品研发管理、管理体系认证、固定资产投资、制订生产计划、平衡生产能力、管理生产车间、产品质量保证、产品外协管理。

通过财务管理决策实训操作，小组成员可学会如何制订并落实生产计划，保证按时交货；优化生产资源，以较低的成本满足客户的要求。此外，小组成员还可学习制订研究发展计划，组织新产品开发。

▶▶▶ （五）采购主管

采购是企业生产的首要环节。采购主管负责各种原料的及时采购和安全管理，确保企业生产的正常进行；负责编制并实施采购和供应计划，分析各种物资供应渠道及市场供求变化情况，力求从价格上、质量上把好第一关，为企业生产做好后勤保障；进行供应商管理；进行原材料库存的数据统计与分析。

采购主管主要完成以下工作：编制采购计划、与供应商谈判、签订采购合同、监控采购过程、到货验收、仓储管理、采购支付决策、与财务部协调、与生产部协同。

通过财务管理决策实训操作，小组成员要明白，物流中心的首要任务是保证生产的正常进行。此外，小组成员还要学会严格按照采购主管下达的订单物料请购单进行采购；学会物料采购周期、库存管理中的零库存和安全库存管理等方法。

第二节 企业的经营目标与财务目标

一、企业的经营目标

目标是重大的、全局的、长期的、概括的行动纲领，目标是导向和标准。企业经营目标，是指在一定时期内企业生产经营活动预期要达到的成果，是企业生产经营活动目的性的反映与体现。它是在既定的所有制关系下，企业作为一个独立的经济实体，在其全部经营活动中所追求的、在客观上制约着企业行为的目的。

一般来说，企业的目标有：盈利能力的目标；生产效率的目标；产品结构与产品形象的目标；市场竞争地位的目标。为了使企业的目标切实可行，确定的企业目标必须符合以下要求：符合企业基本任务的要求；必须明确、具体，并尽可能量化；有相应的策略和措施做保证。

二、企业的财务目标

▶▶▶ （一）财务目标的概念与特征

财务目标是指企业进行财务活动所要达到的根本目的，是评价企业财务活动是否合理的标准，它决定着企业财务管理的基本方向。财务目标一般有下述特征。

> 1. 财务目标在一定时期具有相对稳定性

财务目标取决于企业生存目的或企业目标，取决于特定社会经济模式。也就是说，企业财务目标具有体制性特征，整个社会经济体制、经济模式和企业所采用的组织制度，在很大程度上决定着企业财务目标的取向。人们对财务管理的目标认识是不断深化的，但财务管理的目标是财务管理的根本目标，在一定时期或特定条件下，财务管理的目标是保持相对稳定的。

2. 财务目标具有多元性

财务目标的多元性是指财务目标不是单一的，而是适应多因素变化的综合目标群。现代企业财务管理是一个系统，其目标也是一个多元的有机构成体系。在这多元目标中有一个目标是处于支配地位、起着指导作用的，称为主导目标，其他一些处于被支配地位，对主导目标的实现起配合作用的目标，称为辅助目标。例如，企业财务管理在努力实现"财富最大化"这一主导目标的同时，还必须达到履行社会责任、加速企业成长、提高企业信誉等一系列辅助目标。

3. 财务目标具有层次性

财务目标的层次性是指财务目标按一定标准可划分为若干层次。财务目标之所以具有层次性，主要是因为财务管理的内容可以划分为若干层，财务管理内容的层次性和细分化使得财务目标由整体目标和具体目标两部分组成。所谓整体目标，是企业财务活动的出发点和归宿，它决定着整个财务管理过程的发展方向；所谓具体目标，是指在整体目标的制约下，从事某一部分财务活动所要达到的目标。

（二）一般财务目标

企业的一般财务目标取决于企业的经营目标。投资者创立企业的目的是盈利，它是最基本、最重要的目标，盈利体现了企业的出发点和归宿，并有助于其他目标的实现。关于企业财务目标的表达，主要有下述几种代表性观点。

1. 利润最大化

利润最大化观点认为，利润代表了企业新创造的财富，利润越多，则说明企业的财富越多，越接近企业的目标。其主要原因有三：一是人类从事生产经营活动的目的是创造更多的剩余产品，在市场经济条件下，剩余产品的多少可以用利润这个指标来衡量；二是在自由竞争的资本市场中，资本的使用权最终属于获利最多的企业；三是只有每个企业都最大限度地创造利润，整个社会的财富才可能实现最大化，从而带来社会的进步和发展。

利润最大化目标的主要优点是，企业追求利润最大化，就必须讲求经济核算，加强管理，改进技术，提高劳动生产率，降低产品成本。这些措施都有利于企业资源的合理配置，有利于企业整体经济效益的提高。但利润最大化的观点有其局限性，主要表现在：

（1）没有考虑利润的取得时间。例如，今年获得 100 万元与明年获得 100 万元，哪一个更符合企业的目标？若不考货币的时间价值，就难以做出正确的判断。

（2）没有考虑所获得的利润和所投入资本额的关系。例如，同样获得 100 万元利润，一家公司投入 500 万元，另一家公司投入 600 万元，哪一个更符合公司目标？若不与投入的资本数额联系起来，就难以做出正确的判断。

（3）没有考虑获取利润与所承担风险的关系。例如，同样投入 500 万元，本年获利 100 万元，一家公司的获利已经全部转化为现金，另一家公司的获利则全部处于应收账款状态，并可能发生坏账损失，哪一个更符合公司目标？若不考虑风险大小，就难以做出正确判断。

（4）可能导致企业短期财务决策倾向，影响企业长远发展。由于利润指标通常按年计算，因此，企业决策也往往服务于年度指标的完成或实现。

➤ 2. 每股收益最大化

每股收益最大化观点认为，应当把企业的利润和股东投入的资本联系起来考察，用每股收益（或权益净利率）来概括企业的财务管理目标，以克服利润最大化目标的局限性。但每股收益最大化观点仍然存在局限性：一方面，没有考虑每股收益取得的时间；另一方面，没有考虑每股收益的风险。如果每股收益的取得时间、风险相同，则每股收益最大化也是一个可以接受的观念。事实上，许多投资者都把每股收益作为评价企业业绩的一个关键指标。

➤ 3. 股东财富最大化

股东财富可以用股东权益的市场价值来衡量。股东财富的增加可以用股东权益市场价值和股东投资资本的差额来衡量，它被称为"股东权益市场增加值"。有时，财务管理目标被表述为股价最大化。在股东投资资本不变的情况下，股价上升可以反映股东财富的增加，股价下跌可以反映股东财富的减损。股价的升降，代表了投资大众对企业股权价值的客观评价。它以每股价格表示，反映了资本与获利之间的关系；它受预期每股收益的影响，反映了每股收益大小和取得的时间；它受企业风险大小的影响，可以反映每股收益的风险。值得注意的是，企业和股东之间的交易也会影响股价，但不影响股东财富。例如，分派股利使股价下跌。因此，假设股东投资资本不变，股价最大化与增加股东财富具有同等意义。

与利润最大化目标相比，股东财富最大化目标的主要优点是：

（1）考虑了风险因素，因为通常股价会对风险做出较敏感的反应。

（2）在一定程度上能避免企业短期行为，因为不仅目前的利润会影响股票价格，预期未来的利润同样会对股价产生重要影响。

（3）对上市公司而言，股东财富最大化目标比较容易量化，便于考核和奖惩。

但以股东财富最大化作为财务目标也存在以下缺点：

（1）通常只适用于上市公司，非上市公司难以应用，因为非上市公司无法像上市公司那样随时准确获得公司股价信息。

（2）股价受众多因素影响，特别是企业外部的因素，有些还可能是非正常因素。股价不能完全、准确地反映企业财务管理状况，如有的上市公司处于破产的边缘，但由于可能存在某些机会，其股票市价可能还在走高。

（3）它更多强调的是股东利益，而对其他相关者的利益重视不够。

➤ 4. 企业价值最大化

企业价值最大化是指企业财务管理行为以实现企业的价值最大为目标。可将企业价值理解为企业所有者权益和债权人权益的市场价值，或者是企业所能创造的预计未来现金流量的现值。未来现金流量这一概念，包含了资金的时间价值和风险价值两方面的因素，因为未来现金流量的预测包含了不确定性和风险因素，而现金流量的现值是以资金的时间价值为基础对现金流量进行折现计算得出的。企业价值最大化目标要求企业通过采用最优的财务政策，充分考虑资金的时间价值和风险报酬的关系，在保证企业长期稳定发展的基础上使企业总价值达到最大。

以企业价值最大化作为财务目标，具有以下优点：

（1）考虑了取得报酬的时间，并且采用时间价值的原理进行了计量。

（2）考虑了风险与报酬的关系。

（3）将企业长期稳定、可持续的获利能力放在首位，能克服企业在追求利润上的短期行为，因为不仅目前利润会影响企业的价值，预期未来的利润对企业价值增加也会产生重大影响。

（4）用价值代替价格，避免了过多外界市场因素的干扰，从而有效地规避了企业的短期行为。

但是，以企业价值最大化作为财务管理目标过于理论化，不易操作。再者，对于非上市公司而言，只有对企业进行专门的评估才能确定其价值，而在评估企业的资产时，由于受评估标准和评估方式的影响，很难做到客观与准确。

上述各种财务目标，都以股东财富最大化为基础。因为，企业是市场经济的主要参与者，企业的创立和发展都必须以股东的投入为基础，离开了股东的投入，企业就不复存在；并且，在企业的日常经营过程中，作为所有者的股东在企业中承担着最大的义务和风险，相应也需享有最高的报酬，即股东财富最大化，否则就难以为市场经济的持续发展提供动力。

当然，以股东财富最大化为核心和基础，还应该考虑利益相关者的利益。各国公司法都规定，股东权益是剩余权益，只有满足了其他方面的利益之后才会有股东的利益。各国税法都规定了企业经营获利必须缴税，还需要给职工发工资，给顾客提供他们满意的产品和服务，然后才能获得税后收益。可见，其他利益相关者的要求先于股东被满足，因此，这种满足必须是有限度的。如果对其他利益相关者的要求不加限制，股东就不会有"剩余"权益了。除非股东确信投资会带来满意的回报，否则股东不会出资。因此，在强调企业承担应尽的社会责任的前提下，以股东财富最大化为目标，其他目标也会随之实现。

三、企业经营目标与财务目标的关系

企业经营目标决定着财务目标，企业经营目标以财务管理为中心。在我国确立市场经济体制后，财务管理的中心作用显得尤为突出，这是市场经济的本质要求，也是由财务管理的地位和特性所决定的。

（1）财务活动的综合性决定了企业管理以财务管理为中心。

企业的经济活动分为使用价值运动和价值运动。价值运动或者资金运动是通过财务活动表现出来的，包括筹资、投资、分配等活动。企业其他经济活动属于使用价值运动。由于不同使用价值指标不能相加，因此使用价值运动不具有综合反映性。而价值指标具有可以加总的特点，可以全面反映使用价值的生产与交换过程，综合反映生产经营活动的过程与成果，综合监督各项经济活动的运行。

(2) 财务目标的全局性决定了企业管理以财务管理为中心。

在市场经济条件下,企业管理要以提高经济效益为中心,必须注重扩大收入、减少消耗,追求本金投入与产出的比例指标,求得资产增值。而财务目标恰恰是实现经济效益最大化、企业价值最大化。其他各项管理目标都是为财务目标服务的,是围绕该目标的具体目标。

(3) 财务关系和财务环境的导向性决定了企业管理以财务管理为中心。

财务关系包括企业与国家之间、企业与投资者之间、企业与债权人之间、企业与职工之间的关系等。财务环境包括法律环境、经济环境、金融环境、财务与税收环境等。企业要生存和发展,必须处理好各方面的财务关系,适应各种环境。这些关系和环境影响着企业的发展方向及规模,而其他各项管理是企业内部的事情。从财务关系和财务环境的角度讲,财务管理解决的是企业向何处去的问题,而其他管理解决的是如何去的问题。因此,财务管理对其他各项管理具有导向性。

(4) 财务管理职能的控制性决定了企业管理必须以财务管理为中心。

企业财务管理的职能包括财务预测、财务决策、财务计划、财务控制和财务分析评价。其中,财务决策和财务控制处于关键地位,关系到企业的兴衰成败,决定着其他各项管理活动的产生、变更或消失;同时,它能利用有关信息和特定手段,对企业经营活动施加影响,并对其他各项管理起着控制和监督的作用。

(5) 财务风险的制约性决定了企业管理以财务管理为中心。

在市场经济条件下,企业面临着经营风险和财务风险。随着市场一体化和经济全球化的发展趋势,这些风险在加大。企业的供应、生产、营销活动,不仅要考虑需求的变化,而且要考虑能否以较低的成本筹措所需资金,能否进行分散风险的组合投资,能否在进出口贸易中减少外汇风险。从防范和化解风险的角度出发,企业亦应加强财务管理。

第二章

企业经营过程管理

过程管理是管理中的执行层次，是企业发展策略和计划的具体实施过程，是对人、财、物、信息、时间五大要素的管理过程。通过剖析运作流程和主要管理工作，可以加深理解企业实际运行管理的知识。

第一节

企业财务过程管理

企业财务过程管理是对企业资金运作的管理，可以使企业业务活动最终能够达到企业的基本目标——实现盈利。企业在生产过程中，劳动者将生产中消耗的生产资料的价值转移到产品中去，创造出新的价值，并通过实物商品出售，使转移价值和创造的新价值得以实现。实物商品不断运动，其价值不断发生变化，由一种形态转化为另一种形态，周而复始、不断循环，形成了资本运动。企业资本运动是通过一系列资本活动来完成的。例如，初始状态下的货币资本需要通过资本筹集活动来取得，企业资本的运动需要通过投资来实现，而企业取得的收益则需要通过资本收益分配活动来完成。这种筹集、投资和资本收益分配等资本运动，称为企业财务活动。财务管理就是对财务活动所进行的管理，即财务管理过程就是对资本取得、资本运用和资本收益分配的过程管理。

一、资本取得

资本取得是企业生存和发展的基本条件，是资本运动的起点。资本取得也称资本筹集，是指企业为了满足投资和用资的需要，筹措和集中资本的过程。无论是新建企业还是经营中的企业，都需要取得一定量的资本。

企业发展的前提往往伴随着巨大的资本需求，而仅依靠企业自身利润的积累是远远不够的，必须广泛开展筹资活动，筹集企业生产经营发展所需要的资本。应当注意的是，资本的筹集有一个合理的数量界限，筹资不足会影响企业经营活动和投资活动，筹资过剩又会影响资本的使用效益，甚至加重企业的财务负担、增加风险。因此，资本需要量的确定要按需进行；同时，根据产品生产规模和销售趋势，合理控制资本投放时间，减少不必要的资本占用。

为实现筹资的目的，企业必须按照一定的要求进行。企业资本筹集总的要求是：研究筹集的影响因素，讲求筹资的综合利益。企业资本筹集的具体要求是：合理确定资本需要量，控制成本投放时间；正确选择筹资渠道和筹资方式，努力降低资本成本；分析筹资对企业控制权的影响，保持企业生产经营的独立性；合理安排资本结构，适度运用负债经营。

企业可以从两个方面筹资并形成两种性质的资本：一种是企业权益资本，它通过所有权注资方式取得，如向投资者吸收直接投资、发行股票、企业内部留存收益等；另一种是企业债务资本，它通过负债筹资方式取得，如向银行借款、发行债券、应付账款等。企业在取得资本时，应当科学地安排资本结构，适度运用举债经营。举债经营是现代企业经营的一种重要策略，但举债经营需要符合两个基本条件：一是投资收益率高于资本成本率；二是举债的数量应与企业的资本结构和偿债能力相适应。

二、资本运用

企业取得资本后，应当将资本进行有目的性的运用，以谋求最大的资本收益。企业资本运用不仅对资本筹集提出要求，也影响企业资本收益的分配。企业资本运用主要包括资本投资和资本运营两个方面，前者针对长期资本而言，后者针对短期资本而言。

▶▶▶ （一）资本投资

资本投资是指企业以盈利为目的的资本性支出，即企业预先投入一定数额的资本，以便获得预期收益的财务行为。企业在投资过程中，必须认真安排投资规模，确定投资方向，选择投资方式，确定合理的投资结构，提高投资效益，降低投资风险。企业投资按照投资对象可以分为项目投资与金融投资。

（1）项目投资，是指企业通过购买固定资产、无形资产，直接投资于企业本身生产经营的一种投资行为，它是一种对内的直接性投资。项目投资的目的是改善现有的生产经营条件，扩大生产能力，获得更多的经营利润。在项目投资上，财务管理的重点是：在投资项目技术性论证的基础上建立严密的投资程序，运用各种技术分析方法测算投资项目的财务效益，分析投资项目的财务可行性。

（2）金融投资，是指企业通过购买股票、基金、债券等金融资产，间接投资于其他企业的一种投资行为。

▶▶▶ （二）资本运营

资本运营是指企业在日常生产经营过程中，会发生一系列经常性的资本收付，以便从事生产和销售活动；当企业把产品或商品出售后，可取得收入，收回资本；如果现有资本不能满足企业经营的需要，企业还要采取短期借款方式来筹集营运资本。这些因企业生产经营而引起的财务活动构成了企业的资本运营活动，也是企业财务管理的重要内容。

资本运营过程的财务管理目的是使筹集的资本有效合理的使用，既要保证企业资本投资和资本运营正常开展所需要的资本额度，同时要尽量避免筹集的资本被闲置。

三、资本收益分配

企业应当通过资本运用取得收入，实现资本的保值和增值。资本收益分配既是企业资本运动一次的终点，又是下一次资本运动的起点，起着两次资本运动之间的连接作用，是企业资本不断循环周转的重要条件。

资本收益分配是多层次的。企业通过投资取得的收入，首先要弥补生产经营耗费，缴纳流转税，其余部分为企业的营业利润，营业利润与投资净收益、营业外收支净额等构成企业的利润总额。利润总额首先按国家规定缴纳所得税，按净额提取公积金，其余利润作为投资者的收益分配，或留存企业，或作为投资者的追加投资。资本收益分配过程中的财务管理需要处理好留存收益和分配股利等关系，在保证企业可持续发展的同时，兼顾股东、债权人等相关方的利益。

第二节

企业采购过程管理

一、采购过程管理的重要性

采购过程管理是企业生产经营管理的初始环节，也是物资供应的重要环节。现代采购过程管理是基于供应链概念下，整合供应商与制造商的物流过程，按照恰当的时间以恰当的数量配送至恰当的地点，使系统成本最低且满足客户的服务需求。供应链管理的理念要求企业将整个供应链上的企业（包括供应商、分销商和企业）利益统筹考虑，实现整个供应链物料供应的稳定性和效益最大化。

据调查，对于技术性一般的企业，其采购成本比例为30%～80%；对于高新科技产业公司，其采购成本比例一般为10%～30%；对于多年成熟的简单技术，采购成本比例可能高达90%。由此可见，企业要在激烈的竞争中生存，不仅要在研发、销售、制造上寻找改进点，也要在物流采购供应上挖掘潜力，最终形成企业的物流采购优势。

众所周知，物料供应管理已成为制约企业生存与发展的核心要素。其中，如何有效地运用企业的物流采购供应链及其资源是现代企业面临的重大难题之一，并且物料供应管理在企业经营战略中占有至关重要的地位，是全面改善和大力提升企业整体管理水平的重要环节。

二、采购过程管理

采购就是在适当的时候，以适当的价格，从适当的供应商处买回所需数量的商品的活动。欧洲某专业机构通过一项调查得出如下结果：在采购过程中，通过价格谈判降低成本的幅度一般在3%～5%，通过采购市场调研比较、优化供应商，平均可降低成本的幅度为3%～10%，通过发展伙伴型供应商并对供应商进行改造，可降低成本的幅度为10%～25%。从采购管理的角度讲，采购的职责包括制订并实施采购的方针、政策、流程、目标及改进计划，并进行采购及供应商绩效衡量，建立供应商审核及认可、考核与评估体系，开展采购系统自我评估，建立稳定并有创造性的专业采购队伍等。

采购在企业管理中具有重要地位的原因，首先在于采购存在"利润杠杆效应"，正是这个效应的存在，才使企业的高层管理者们想方设法在采购上下功夫，为企业挤出更多的利润。例如，假设一个企业有50%的资金用于采购原材料，其税前利润为10%，那么它每收入10万元，将获得1万元的利润，并且这10万元中将有5万元用于采购。如果我们假设，采购部经过努力降低了2%的采购成本，那么在利润中将增加1 000元；如果换成通过增加销售额来获取这1 000元利润，则需要增加10%的销售额才能够实现，即多卖1万元才行。

一般而言，采购程序有如下关键步骤：

（1）发现需求。通过生产或者其他部门提出的物料需求进行分析，明确企业自身的需求。

（2）对需求进行描述。即对所需的物品、商品或服务的特点和数量加以准确说明。

（3）确定可能的供应商并对其加以分析。决定和某个供应商进行大量业务往来通常需要一系列合理的标准。通常情况下，采购方根据供应商能否达到自己的质量、数量、交付价格、服务目标等考核标准决定考核的结果。与这些基本采购目标相关的还有一些更重要的供应商品质，包括历史记录、设备与技术力量、财务状况、组织与管理、声誉、系统、程序柔性、通信、劳资关系、位置等。

（4）确定价格和采购条件。通过双方的谈判和协调，确定双赢的价格和采购条件，为双方的长期合作奠定基础。

（5）拟定并发出采购订单。按照采购计划，发出详细的采购订单，开始采购行动。

（6）对订单进行跟踪或催货。发出订单之后，采购工作的任务就是跟踪订单的执行情况，看订单是否按照计划执行。如果出现偏差，要及时协调并且采取措施完成采购计划。

（7）接受并检验收到的货物。在供应商的货物按照供应计划交货时，企业要对货物进行详细检查，看货物是否符合采购要求，并且按照科学的方法对物料进行管理。

（8）结清发票并支付货款。按照双方合同和协议的要求支付供应商货款。

（9）维护记录。对供应商进行持续的评价和管理，争取和供应商建立长期的战略合作关系。

第三节 企业生产过程管理

一、生产过程的描述

工业产品的生产过程是指从投入原材料开始到产出产品为止的全部过程。不同工业行业中，由于产品结构和工艺特点不同，生产过程的形式也完全不同。从制造工业看，基本上可以分为两大类：一类是流程式生产过程，原材料由工厂的一端投入生产，经过顺序加工，最后成为成品。流程式生产过程还可以进一步分为综合流程式生产过程和分解流程式生产过程，前者是集合各种不同的半成品，共同制成一种产品的生产过程，如冶金、纺织、化工、造纸等行业。另一类是加工装配式生产过程，首先将原材料加工成各种零件，再将各种零件装配成部件，最后集合在一起进行总装配，如汽车、机床和无线电等行业。

每个生产阶段又可以进一步划分为许多相互联系的工序。工序是组成生产过程的基本环节。工序是指一个或几个人在一个工作地点对同一个（或几个）劳动对象连续进行的生产活动。在生产阶段中，一件或一批相同的劳动对象，顺序地经过许多工作地，这时，在每一个工作地内连续进行的生产活动就是一道工序。

二、生产计划

企业生产计划是在企业总体经营计划指导下以及与企业销售计划协调后制订的。生产计划是年度综合计划的重要组成部分，它是决定企业生产经营活动的重要纲领性计划，很多企业都称它为生产大纲。生产计划除了要遵循计划工作的一般原则以外，还要考虑自身的特点和要求，且必须遵循下列原则：

(1) 以销定产、以产促销。以销定产就是企业要按照市场需要来制订计划和组织生产，按期、按质、按量、按品种向市场提供所需的产品或劳务。

(2) 合理利用企业的生产能力。企业的生产计划应当同企业的生产能力相适应，这样才能合理、充分地利用生产能力。如果确定的生产计划低于生产能力，则造成能力浪费；反之，则能力不足，使计划落空。

(3) 定性分析和定量分析相结合。确定生产计划指标，既要重视定性分析，也要重视定量分析，把两者正确地结合起来，才能使生产指标得以优化。

(4) 达到满意的水平。计划的编制也是一个决策的过程，其原则应是达到满意的水平。

从系统论的观点来看，生产计划是一个有机结合的系统，从而可以把生产计划分成长期生产计划、中期生产计划和短期生产计划。

(1) 长期生产计划是由企业决策部门制定的具有决定性意义的战略计划。它是根据企业经营发展战略的要求，对有关产品发展方向、生产发展规模、技术发展水平、生产能力水平、新设施的建造和生产组织结构的改革等方面所做出的规划与策划。

(2) 一般情况下，企业的年度生产计划就是企业的中期生产计划，是企业中层管理部门制订的计划。它是根据企业的经营目标、利润计划、销售计划的要求，确定在计划年度内实现的生产目标，如品种、产量、质量、产值、利润、交货期等，大致可以分为生产计划、总体能力计划和产品产出进度计划等部分。

(3) 短期生产计划是年度生产计划的继续和具体化，是由执行部门制订的作业计划。它具体确定日常生产运作活动的内容，常以生产计划、物品需求计划、能力需求计划和生产作业计划等来表示。

生产计划系统的各个层次计划中，随着计划从战略层到战术层、再到作业层的发展，层次越来越低，计划期越来越短，计划覆盖的范围越来越窄，计划内容越来越具体，计划中的不确定性越来越低。它们之间的关系表现为：以高层次计划为龙头，高层次计划为低层次计划提供指导和依据，低层次计划为实现高层次计划提供支持和保证。

三、生产能力平衡

企业生产能力水平是反映企业生产可能性的一项主要指标。在计算企业生产能力的过程中，必须从最基层开始，先计算相同的、相互可以代替的设备组的能力；再计算工段、车间能力；最后确定企业的实际生产能力。

企业的生产能力一般有设计能力、查定能力、实际能力三种。当确定企业生产规模、制定企业长远规划、安排基本建设计划及进行重大技术改造时，应以设计能力和查定能力为依据。企业编制年度生产计划、确定生产指标时，则以企业的实际能力为依据。企业生产能力由三个基本因素所决定，即生产中固定资产的数量、固定资产的工作时间、固定资产的生产效率。

(1) 生产中固定资产的数量，通常是指机器设备和生产面积，它是根据企业固定资产目录、生产技术说明书，或通过实地调查确定的。

(2) 固定资产的工作时间，是指它的有效工作时间。固定资产的有效工作时间与企业规定的班次和轮班工作时间、全年工作日数、设备计划预修制度以及轮班内工人的休息制度有直接关系。

(3) 固定资产的生产效率，是指单位设备的产量定额或单位产品的台时定额，与前两项因素相比，它是核定生产能力最难确定的一项数据，受各种因素的影响很大。生产能力的大小在很大程度上取决于定额水平是否先进、合理。

四、生产成本核算

生产成本核算的过程其实就是将平时按经济性质归集的各种费用，按照经济用途再分类的过程。生产成本核算的基本步骤如下：

(1) 对所发生的成本进行审核，确定哪些成本属于生产经营成本，并在此基础上区分产品成本和期间成本。

(2) 将应计入产品成本的各项成本区分为应当计入本月的产品成本与应当由其他月份产品负担的成本。

(3) 将本月应计入产品成本的生产成本区分为直接成本和间接成本。将直接成本直接计入成本计算对象，将间接成本暂时计入有关的成本中心。

(4) 将各成本中心的本月成本依据成本分配基础，按照一定的分配方法分配到最终的成本计算对象。

(5) 将既有完工产品和在产品的产品成本在完工产品和期末在产品之间进行分配，并计算出完工产品总成本和单位成本。

(6) 将完工产品成本计入产成品。

(7) 将期间费用直接计入本期损益。

第四节 企业市场营销过程管理

一、市场的概念

市场是社会分工和商品交换的产物，哪里有社会分工和商品交换，哪里就有市场。一般来说，在营销管理中，我们认为市场是具有特定需求或欲望，而且愿意并能够通过交换来满足这种需求或欲望的全部潜在客户的场所。决定市场规模和容量的有三个要素，即购买者、购买力和购买欲望，用公式表示为：市场＝购买者＋购买力＋购买欲望。

二、市场营销的概念

市场营销就是企业在一定市场环境中，在有效的时间、有效的地点、以顾客接受的价格和沟通方式将符合顾客需求的产品卖给企业的目标客户，并实现顾客的满意与忠诚的过程。美国市场营销协会于2013年7月对市场营销的定义是：在创造、沟通、传播和交换产品中，为顾客、客户、合作伙伴以及整个社会带来经济价值的活动、过程和体系。主要是指营销人员对市场开展经营活动、销售行为的过程。

三、市场营销过程管理的具体步骤

我们知道，市场营销是一个管理过程，这个过程需要企业确定并预计客户的需求，再通过一系列的研发、生产、销售、客户服务等环节去满足客户的需求，并在满足客户需求的过程中保证企业盈利。这个过程相当复杂，与企业内部、外部的环节紧密相关，需要进行科学管理。市场营销管理过程也就是为企业实现目标而发现、分析、选择和利用市场机会的管理过程，具体包括以下四个步骤：

第一，发现和评价市场机会。

所谓潜在市场，就是客观上已经存在或即将形成而尚未被人们认识的市场。要发现潜在市场，必须进行深入细致的调查研究。弄清市场对象是谁，容量有多大，消费者的心理、经济承受力如何，市场的内外环境怎样等。要发现潜在市场，除了充分了解当前市场情况以外，还应当按照经济发展的规律去分析未来发展的趋势。

第二，细分市场和选择目标市场。

目标市场营销即企业识别各个不同的购买群，进行市场细分，选择其中一个或几个作为目标市场，运用适当的市场营销组合，集中力量为目标市场服务，满足目标市场需要。目标市场营销由三个步骤组成：一是市场细分；二是目标市场选择；三是市场定位。

第三，发展市场营销组合和决定市场营销预算。

市场营销组合就是企业为了满足目标客户群的需要而加以组合的可控制的变量。市场营销战略就是企业选择一个目标市场，并试图为其提供一个有吸引力的市场营销组合。市场营销组合中包含的可控制的变量有很多，可以概括为四个基本变量，即产品、价格、地点和促销。

第四，执行和控制市场营销计划。

在市场营销中，按照企业营销战略和计划执行之后，我们要评价和监督执行是否与计划符合。如果不符合，要查明原因，考虑是应该修改计划还是改变执行模式。

市场营销计划控制包括年度计划控制、盈利能力控制、效率控制和战略控制。

（1）年度计划控制。企业在本年度内采取控制步骤，检查实际绩效与计划之间是否有偏差，并采取改进措施，以确保市场营销计划的实现与完成。

（2）盈利能力控制。运用盈利能力控制来测定不同产品、不同销售区域、不同客户群体、不同渠道以及不同订货规模的盈利能力。

（3）效率控制。以高效率的方式管理销售人员、广告、销售促进及分销等工作。

（4）战略控制。战略控制是指市场营销管理者采取一系列行动，使实际市场营销工作与原规划尽可能一致，在控制中通过不断评审和信息反馈，对战略进行不断修正。

第三章

企业财务管理决策策略与控制

企业财务管理的决策与控制是在企业全面预算导向下实施与执行的。全面预算是指通过企业内外部环境的分析,在预测与决策的基础上,调配相应的资源,对企业未来一定时期的经营和财务等做出一系列具体计划。主要是预算计划的数字化、表格化、明细化的表达,体现了预算的全员、全过程、全部门的特征。企业财务管理决策策略与控制包括:现金管理决策策略与控制、筹资管理决策策略与控制、投资管理决策策略与控制、资本结构的选择以及财务收支管理决策策略与控制。

第一节

现金管理决策策略与控制

一、现金预算

现金是指企业占用在各种货币形态上的资产,包括库存现金、银行存款及其他货币资金。

现金预算就是运用一定的方法合理估测企业未来一定时期内的现金收支情况，并对预期差异采取相应对策的活动。通过编制现金预算，可以较为有效地预计未来现金流量，是现金收支动态管理的一种有效方法，在企业财务管理中具有极为重要的作用，主要包括：

（1）可以揭示现金过剩或者现金短缺的时期，以避免不必要的资金闲置或短缺。
（2）可以在实际收支实现以前了解企业经营计划的财务结果。
（3）可以预测未来时期企业对到期债务的直接偿付能力等。

二、现金预算内容

根据企业的需要筹措好资金后，接下来就是如何合理使用资金的问题。编制资金使用计划就是将决策提供的目标和选定的方案形成与资金有关的各种计划指标，协调各项计划指标之间的相互关系，编制各项资金使用计划的过程。资金使用计划也是落实企业经营目标和保证措施的重要工具。

在企业实践中，资金使用计划以现金预算的形式表现出来。作为企业全面预算的一个重要部分，现金预算是与企业生产预算、销售预算和成本预算等互相联系的。现金预算的内容包括现金收入、现金支出、现金多余或者不足的计算，以及不足部分的筹措方案和多余部分的利用方案等。现金预算实际上是其他预算有关现金收支的汇总，以及收支差额平衡措施的具体计划。它的编制要以其他各项预算为基础，或者说其他预算在编制时要为现金预算做好数据准备。

三、现金预算步骤

现金预算由四部分组成：现金收入、现金支出、现金多余或者不足、资金的筹集和运用。现金预算表如表3-1-1所示。

表3-1-1 现金预算表

项目	第一季度	第二季度	第三季度	第四季度	全年
期初现金余额					
加：销货现金收入					
可供使用现金					
减：各项支出					
直接材料					
直接人工					
制造费用					
销售及管理费用					
所得税费用					
购买设备					
股利分配					
支出合计					

续表

项目	第一季度	第二季度	第三季度	第四季度	全年
等于：现金多余或不足					
加：向银行借款					
减：还银行借款					
借款利息					
合计					
期末现金余额					

现金收入部分包括期初现金余额和预算期现金收入，销货取得现金收入是其主要来源。"期初现金余额"是在编制预算时预计的。"销货现金收入"的数据来自销售预算，"可供使用现金"是期初现金余额与本期现金收入之和。现金支出部分包括预算期的各项现金支出。"直接材料""直接人工""制造费用""销售及管理费用"的数据分别来自有关预算。此外，还包括所得税费用、购买设备、股利分配等现金支出，有关数据分别来自另外编制的专门预算。"现金多余或不足"部分列示现金收入合计与现金支出合计的差额。差额为正，说明收大于支，现金有多余，可用于偿还过去从银行取得的借款，或者用于短期投资。差额为负，说明支大于收，现金不足，要从银行取得新的借款。借款额的计算公式如下：

借款额＝最低现金余额＋现金不足额

现金预算的编制以各项营业预算和资本预算为基础，它反映各项预算期的收入款项和支出款项，并作对比说明。其目的在于资金不足时筹措资金，资金多余时及时处理现金余额，并且提供现金收支的控制限额，发挥现金预算控制管理的作用。

第二节 筹资与投资管理决策策略与控制

一、筹资管理决策策略与控制

（一）筹资的概念

企业的财务活动是以筹集企业必需的资金为前提的，企业的生存与发展离不开资金的筹措，它涉及筹资的质与量两个方面。所谓质，就是所筹资金在时间与成本上适应企业发展的需要；所谓量，是指筹资数量恰能满足企业正常生产经营的需要，并不因资金不足而损失投资机会，也不因资金过量而付出过高的占用费。

所谓筹资，是指企业根据其生产经营、对外投资及调整资本结构的需要，通过筹资渠道和资金市场，并运用筹资方式，经济有效地筹集企业所需的资金。企业在筹资过程中所体现的财务目标，就是以较低的筹资成本和较小的筹资风险获取较多的资金。

(二) 筹资目的

企业筹资的基本目的是满足自身的正常生产经营与发展需要。企业的财务管理在不同时期或不同阶段，其具体的财务目标不同，企业为实现其财务目标而进行的筹资动机也不尽相同。筹资目的服务于财务管理的总体目标。因此，对企业筹资行为而言，其筹资目的可概括为两大类。

1. 满足企业生产经营需要的筹资目的

企业只有通过生产经营才能实现盈利，因此，满足生产经营需要而进行的筹资活动是企业最为经常性的筹资活动，是企业筹资的基本目的。企业生产经营活动又可具体分为两种类型：一是维持简单再生产；二是扩大再生产，如开发新产品、提高产品质量与生产工艺技术、追加有利的对外投资机会、开拓企业经营领域等。与此相对应的筹资活动，也可分为两大类，即满足日常正常生产经营需要而进行的筹资和满足企业发展扩张的筹资。对于满足生产经营需要而进行的筹资，无论是筹资期限还是筹资金额，都具有稳定性的特点，即筹资量基本稳定，筹资时间基本确定。对于扩张型的筹资活动，无论是筹资的时间安排还是筹资数量，都具有不确定性，其目的都从属于特定的投资决策和投资安排。一般认为，满足生产经营需要而进行的筹资活动，其结果是直接增加企业资产总额和筹资总额。

2. 满足企业资本结构调整需要的筹资目的

资本结构的调整是企业为了降低筹资风险、减少资本成本而对资本与负债间的比例关系进行的调整，资本结构的调整属于企业重大的财务决策事项，同时也是企业筹资管理的重要内容。资本结构的调整方式有很多，如为增加企业主权资本比例而增加资本，为提高主权资本收益率和降低资本成本而增加负债，为使期限结构合理而进行资本有效配置等，这些方式都是为了提高企业筹资效益而进行的筹资活动，属于企业筹资的另一种动机。一般认为，为调整资本结构而进行的筹资，可能会引起企业资产总额与筹资总额的增加，也可能使资产总额与筹资总额保持不变，在特殊情况下还可能引起资产总额与筹资总额的减少。

(三) 筹资渠道

筹资渠道是指筹措资金来源的方向与通道，体现着资金的来源与流量，它属于资金供应的范畴。正确认识筹资渠道的特点，有助于企业从客观环境分析中，拓宽和选择利用筹资渠道，为企业筹资服务。从我国的现实看，企业筹资渠道主要有以下几种：国家财政资金；银行信贷资金；非银行金融机构资金；其他企业资金；居民个人资金；企业自留资金；外商资金等。

不同国家的资金供应渠道不同，同一国家不同时期的资金供应渠道也不尽一致，这取决于各国的金融体制和金融制度。目前，我国可供选择的筹资渠道大体如上，但不同企业在选择渠道时又有所侧重：国家财政资金仍然是国有企业筹措资本的主体；随着金融体系改革的深化，特别是商业银行经营体制的建立，银行信贷资金已经成为我国资金供应的主渠道。

（四）筹资方式

筹资方式是指企业筹措资金所采用的具体形式。如果说，筹资渠道属于客观存在的话，那么筹资方式则属于企业主观能动行为。企业筹资管理的重要内容是如何针对客观存在的筹资渠道，选择合理的方式进行筹资。认识筹资方式的种类及筹资方式的属性，有利于企业选择适宜的筹资方式和进行筹资组合，降低成本，提高筹资效益。目前，我国企业筹资的一般方式如下：吸收直接投资；发行股票；银行借款；商业信用；发行债券；发行融资券；融资租赁等。

企业在选择筹资方式时，要考虑资金的获得可能性、资金成本、资金使用期限及风险因素等，因为不同的方式相对应的风险、成本及使用期限和获得的可能性是不同的，筹资管理的重要任务之一就是选择最适宜于企业的筹资方式。

二、投资管理决策策略与控制

（一）投资的概念

投资是指将财力投放于一定的对象，以期望在未来获取收益的行为。投资具有以下特点：

（1）投放的对象性。投资总是将资金投放在某一对象上，纯粹的货币不是投资，只有把它转化为某一对象，如实物、存款、有价证券等，货币才能转化为投资。

（2）时机的选择性。投出资金并不是随时进行的，只有客观上存在投资的条件，投资时机才能真正到来。

（3）空间的流动性。在投资过程中，不仅投出资金会在空间上流动，而且投出资金转化成的实物和证券等也会在空间上流动。

（4）经营的预付性。投资是在实际的经营活动进行之前发生的，具有预付款的性质，这种投资预付款只有在投资形成生产经营能力或投资实际运转后才能收回。

（5）目标的收益性。投资的最终和长远目标都是取得投资收益。

（6）回收的时限性。任何投资都必须收回，由于资金时间价值的存在，投资不仅要回收，还要及时回收。

（7）收益的不确定性。收益只能在未来才能获得，最终收益是多少事先难以知晓。正是由于投资收益的这种不确定性，投资存在一定的风险。

（二）投资目的

从整体上说，投资的目的就是实现企业价值最大化，企业价值最大化在投资活动中的体现是：以较低的投资风险与投资投放获得较多的投资收益。值得说明的是，企业投资总是以各个独立的项目进行的，对于这些项目来讲，它们的直接目的总是各有差别。换句话说，企业投资总的目的是使企业价值最大化，但对一项具体的投资行为而言，又有着不同的投资目的。具体投资目的包括：

（1）取得投资收益。它可以通过增加投资规模、降低成本的方式进行。

（2）降低投资风险。投资风险表现为投资收益额的不确定性，企业可以通过投资将风险变得相对确定。例如，通过多样化的经营来分散风险，或者通过风险控制降低投资风险。

(3) 承担社会义务。它是指企业投资的结果是非收入性的，只是一种单纯的义务性投资，或者企业本身为非自愿，是社会各利害关系方所致，如环境保护方面投资。承担社会义务的投资从表面上看是强制且非自愿的，但从长期来看，会直接影响企业的社会形象，进而影响企业的生产经营或服务活动。有些投资可能起着至关重要的作用，如安全保护的投资，若投资额不足，可能会使企业毁于一旦。

(三) 投资分类

1. 实体投资与金融投资

实体投资是指企业购买实质形态资产的投资，不仅包括具有实物形态的资产，也包括各种无形资产。金融投资是企业购买各种金融资产的投资，金融资产的直接表现形式为金融工具，例如股票、国债等，不具有实物形态。

2. 长期投资与短期投资

长期投资是指一年以上才能收回的投资，主要是指对厂房、机器设备等固定资产的投资，也包括对无形资产和长期有价证券的投资；短期投资是指能够在一年内收回的投资，主要指对现金、应收账款、存货、短期有价证券等流动资产的投资，长期有价证券如能随时变现，也可用于短期投资。一般而言，长期投资风险大于短期投资风险。与此相应，长期投资收益通常高于短期投资收益。

3. 对内投资和对外投资

投资按其投出的方向，可以分为对内投资和对外投资。对内投资是把资金投在企业内部；对外投资是指企业以现金、实物资产、无形资产等方式或者以购买股票、债券等有价证券方式向其他单位的投资。企业的金融投资一定是对外投资。从理论上来讲，对内投资的风险要小于对外投资，对外投资的收益要高于对内投资。

第三节

资本结构的选择、财务收支管理决策策略与控制

一、资本结构的选择管理决策策略与控制

(一) 资本结构的概念

资本结构是指各种资本的构成及比例关系。通常情况下，企业的资本由长期债务资本和权益资本构成，资本结构指的就是长期债务资本和权益资本各占多少比例。一般来说，在资本结构概念中不包含短期负债。短期资本的需要量和筹集是经常变化的，且在整个资本总量中所占的比重不稳定，因此不列入资本结构的管理范围，而将其作为营运资本管理。

(二) 资本结构的影响因素

长期债务与权益资本的组合形成了企业的资本结构。债务融资虽然可以实现抵税收益，但在增加债务的同时会加大企业的风险，并最终要由股东承担风险成本。因此，企业资本结构决策的主要内容是权衡债务的收益与风险，实现合理的目标资本结构，从而实现企业价值最大化。

影响资本结构的因素较为复杂，大体分为企业内部因素和外部因素。内部因素通常有营业收入、成长性、资本结构、盈利能力、管理层偏好、财务灵活性以及股权结构等；外部因素通常有税率、利率、资本市场、行业特征等。一般而言，收益与现金流量波动较大的企业要比现金流量较稳定的类似企业的负债水平低；成长性好的企业因其快速发展，对外部资金需求比较大，要比成长性差的类似企业负债水平高；盈利能力强的企业因其内部融资率的满足率较高，要比盈利能力较弱的类似企业的负债水平低；一般性用途资产比例高的企业因其资产作为债务抵押的可能性较大，要比具有特殊用途资产比例高的类似企业的负债水平高；财务灵活性大的企业要比财务灵活性小的类似企业的负债能力强，这里的财务灵活性是指企业利用闲置资金和剩余的负债能力应付可能发生的偶然情况和把握预见机会（新的好项目）的能力。

需要强调的是，企业的实际资本结构往往受其自身状况与政策条件及市场环境多种因素的共同影响，并同时伴随着企业管理层的偏好与主观判断，从而使资本结构的决策难以形成统一的原则与模式。

(三) 资本结构决策的选择方法

资本结构决策的选择方法，常用的有资本成本比较法和每股收益无差别点法。

1. 资本成本比较法

该方法是指当不考虑各种融资方式在数量与比例上的约束以及财务风险差异时，通过计算各种基于市场价值的长期融资组合方案的加权平均资本成本，并依据计算结果选择加权平均资本成本最小的融资方案，确定相对最优的资本结构。

2. 每股收益无差别点法

该方法是在计算不同融资方案下企业的每股收益（EPS）相等时所对应的盈利水平（EBIT）的基础上，通过比较在企业预期盈利水平下的不同融资方案的每股收益，进而选择每股收益最大的融资方案。显然，基于每股收益无差别点的判断原则是比较不同融资方式能否给股东带来更大的净收益。

适当利用负债可以降低企业的资本成本，但当债务比率过高时，杠杆利益会被债务成本抵消，企业将面临较大的财务风险。因此，企业应该确定其最佳的债务比率（资本结构），使加权平均成本最低、企业价值最大。由于每个企业都处于不断变化的经营条件和外部经济环境中，确定最佳资本结构非常困难。

二、财务收支管理决策策略与控制

(一) 财务收支管理的概念

财务收支管理是按照财务预算或财务收支计划，对企业和各责任中心的财务收入活动和财务支出活动所进行的控制，其主要目的是实现财务收支的平衡。

(二) 财务收支管理的主要内容

财务收支管理的内容，概括起来包括事前控制、事中控制和事后控制三方面。

1. 事前控制

财务收支计划执行前的策略与控制，即事前控制。

为积极保障增收节支，防止不合理开支的发生，运用有效、合理的方法，制订计划和措施的过程，就是事前控制。如根据企业财务收支有关资料，对现状及发展趋势进行分析和预测，选择最优财务收支计划方案，确定最佳财务收支计划指标，编制各项财务收支计划；根据财务收支计划下达有关财务指标，落实责任单位；建立经济责任制和实行内部相互制约核算制度，分清经济责任等，这些都是事前控制的有效办法。

2. 事中控制

财务收支计划执行过程中的策略与控制，即事中控制。

这是建立信息反馈体系，反映执行财务收支计划过程中出现的偏差，并采取措施纠正偏差的过程。例如：实行财务收支计划指标统计台账制度，以此规定信息反馈的传递程序，及时了解各项财务收支的发生和变化动态，从中发现问题，并及时采取相应的措施，堵塞支出漏洞，纠正偏差；根据月度财务收支计划，组织日常财务收支的调度和平衡；通过将财务收支计划指标分解到企业内部各相关部门，将责任分管到车间、班组，甚至到人头，做到责任分明，层层落实，人人把关，一旦出现偏差，便于分明责任，有利于分析、查找产生偏差的原因并进行纠正；及时向有关领导或部门报告财务收支计划目标的执行情况等，这些都属于事中控制。

3. 事后控制

财务收支计划执行后的策略与控制，即事后控制。

主要是总结经验，分析问题产生的原因，调整计划指标，修正完善各项财务开支手续、制度和核算方法。通过事后控制，吸取教训，采取积极措施，做好下一个计划期的事前控制工作。

第四章 企业财务管理决策分析指标与报告

第一节 财务管理决策分析指标

一、财务管理决策分析的意义

企业是一个以盈利为目的的经济组织，通过财务管理决策分析，可以进一步提高财务管理决策的效率。财务管理决策为扩建或改造生产设施，研发新产品，提高产能提供理论依据；为合理加大广告投放力度，进行品牌宣传，从而扩张现有市场，开拓新市场等做好财务准备；为降低产品的原料费和人工费等直接成本，以及投资性支出与费用性支出的间接成本找到财务依据。

二、财务管理决策分析指标

财务管理决策分析指标包括市场与营销中心的相关指标分析、生产中心的相关指标分析以及物流中心的相关指标分析等。

（一）市场与营销中心

（1）利用"竞单表"表述营销方案。

（2）利用"订单登记表"管理客户订单。

（3）利用"组间交易明细表"记录各组间交易情况。

（4）广告投入产出效益分析。广告投入产出比是评价广告投入效率的指标。其计算公式为：

$$广告投入产出比 = 订单销售额 \div 总广告投入$$

广告投入产出比用来比较企业在广告投入上的差异。这个指标告诉经营者本公司与竞争对手之间在广告投入策略上的差距，以警示营销主管深入分析市场和竞争对手，寻求节约成本、策略取胜的突破口。广告投入产出比越大，说明企业的广告投放效率越高。

（5）市场占有率分析。市场占有率是企业能力的一种体现，企业只有拥有了市场才有获得更多收益的机会。市场占有率可以按照销售数量统计，也可以按照销售收入统计，通过这两个指标可综合评定企业在市场中销售产品和获取利润的能力。市场占有率分析可以从两个方向上展开：一是横向；二是纵向。横向分析是将同一期间各企业市场占有率的数据进行对比，用以确定某企业在本年度的市场地位。纵向分析是将同一企业不同年度市场占有率的数据进行对比，由此可以看出企业历年来市场占有率的变化，这也从另一个方面反映企业的成长历程。

市场占有率的横向分析指标如企业所生产的产品在其市场的销售量或销售额占同类产品销售量或销售额的比重，其计算公式为：

$$市场占有率 = 企业产品在市场的销售量（销售额） / 同类产品在其市场的销售量（销售额） \times 100\%$$

市场占有率是分析企业战略环境时的一个非常重要因素。市场占有率一般有上限、中限和下限。

不同市场占有率的战略意义如下：如果企业的市场占有率达到上限74%，不论其他企业的势力如何，该企业都处于绝对安全的范围之内。达到该目标的企业一般不会争夺这个范围以外的市场，因为剩下市场中的顾客一般是其他企业的忠实顾客，通常难以争取。如果企业的市场占有率达到42%，即市场占有率的中限，那么该企业就可以从竞争中脱颖而出并处于优势地位。因此，该值表示企业处于相对安全的状态且处于业界领先者的地位。如果企业的市场占有率达到26%，则说明该企业有从势均力敌的竞争中脱颖而出的可能性。处于26%以下的企业很容易受到打击。所以，如果某企业与另一家企业在局部进行一对一的竞争，只要该企业的市场占有率是对手的三倍以上，那么对手就很难对该企业构成威胁。如果竞争发生在一个较大的局部区域内，有超过三家以上的企业一同竞争，那么只要有一家企业的市场占有率是其他企业的1.7倍以上，那么这家企业就处于绝对的安全范围内。

（二）生产中心

> 1. 产能计算

营销主管参加客户订货会之前，生产主管应正确计算企业的产能，并向营销主管提供可承诺量数据。

当年某产品可接单数量＝期初库存＋本年产量＋可能的外协加工数量

为了准确地计算产能，首先要了解不同类型生产线的生产周期可能不同，年初在制品状态不同，本年能够完工的产品数量也不同。生产能力分析如图4-1-1所示。

生产线类型	年初在制品状态			各季度完成的生产				年生产能力
				1	2	3	4	
手工生产线四种状态	○	○	○	□	□	□	■	1
	●	○	○	□	□	■	□	1
	○	●	○	□	■	□	□	1
	○	○	●	■	□	□	□	2
半自动生产线三种状态		○	○	□	□	■	□	1
		●	○	□	■	□	■	2
		○	●	■	□	■	□	2
全自动/柔性生产线两种状态			○	□	■	■	■	3
			●	■	■	■	■	4

＊黑色图符号表示在制品的位置或产品完工下线。

图4-1-1 生产能力分析图

> 2. 开工计划和需要支付的人工费

产品的开工计划与产品生产计划是一体的，伴随产品开工，会发生加工费用且与产品产量成正比。

（三）物流中心

生产计划确定以后，就可以相应地编制采购计划了。编制采购计划需要考虑的问题有：什么时候采购？采购什么？采购多少？什么时候采购取决于企业的开工计划和采购提前期，采购什么和采购多少与现有原材料库存、产品构成有关。材料入库的同时还要向供应商付款，可以和采购计划一起进行预算。因此，要将材料采购和付款与产品开工和需要支付的加工费一起考虑。

三、财务中心决策分析指标

财务中心决策分析包括资金预算与融资管理分析、财务分析以及"五力"分析。

（一）资金预算与融资管理分析

资金预算与融资管理分析是指利用资金预算进行预算管理，测算何时会出现资金短缺，以便采取合理的融资方式进行融资，控制资金成本，保证企业正常运营。

(二) 财务分析

财务分析是指以会计核算和报表资料及其他相关资料为依据，采用一系列专门的技术和方法，对企业等经济组织过去和现在的有关筹资活动、投资活动、经营活动的偿债能力、盈利能力和营运能力状况等进行分析与评价，为企业的投资者、债权人、经营者及其他关心企业的组织和个人提供准确的信息。财务分析方法一般有比率分析、结构分析、比较分析和趋势分析。

1. 比率分析

比率分析是对财务报表内两个或两个以上项目之间的关系进行分析，它用相对数指标表示，又称作财务比率。这些比率可以揭示企业的财务状况及经营成果。比率分析是一种简单、方便、被广为应用的分析方法，只要具有一个财政年度及以上的资产负债表和利润表，就能完整地分析一家公司的基本经营状况。

2. 结构分析

结构分析是把一张报表中的总计数作为分母，其他各项作为分子，以求出每项在总计中的百分比，如百分比资产负债表、百分比利润表。这种分析的作用是可以发现异常项目。

3. 比较分析

比较分析是将本期报表数据与本企业预算或标杆企业或行业平均水平做对比，以找出实际与预算的差异或与先进企业的差距。比较分析的作用是可以发现企业自身问题。

4. 趋势分析

趋势分析是将三个年度以上的数据，就相同的项目进行多年度高低走向观察，以判断企业的发展趋向。

(三) "五力"分析

"五力"分析是指对企业收益力、成长力、安定力、活动力、生产力五个方面的能力进行分析。人们常用"五力"分析来综合评价一个企业，如果企业的上述五项能力都处于优良水平，就说明企业的业绩优良。"五力"分析的具体量化指标如下所述。

1. 收益力

收益力表示企业是否具有获得利润的能力。收益力指标由四个反映企业经营成果的指标组成，即毛利率、销售利润率、总资产收益率和净资产收益率。

(1) 毛利率是经常使用的一个指标。从理论上讲，毛利率说明了每1元销售收入所产生的利润。利润表中反映的是企业所有产品的整体毛利率，若要反映每个产品对整体毛利率的贡献，则应该按产品计算毛利率。它的计算公式为：

$$毛利率 = (销售收入 - 直接成本) \div 销售收入 \times 100\%$$

(2) 销售利润率是毛利率的延伸，销售利润是毛利减去综合费用后的剩余。本指标代表了主营业务的实际利润，反映了企业主要经营活动的好坏。两个企业可能在毛利率一样的情况下，最终的销售利润率不同，原因就是综合费用不同。它的计算公式为：

$$销售利润率 = 折旧前利润 \div 销售收入 \times 100\% = (毛利 - 综合费用) \div 销售收入 \times 100\%$$

(3) 总资产收益率是反映企业资产盈利能力的指标，它的计算公式为：

总资产收益率＝息税前利润÷资产合计×100％

(4) 净资产收益率是反映投资者投入资金的最终获利能力的指标，它的计算公式为：

净资产收益率＝净利润÷所有者权益合计×100％

这项指标是投资者最关心的指标之一，也是公司的总经理向公司董事年终汇报时关注的指标，它涉及企业对负债的运用。

负债与净资产收益率的关系是显而易见的。当总资产收益率相同时，负债的比率对净资产收益率有着放大和缩小的作用。例如，A、B两家公司的总资产相同，负债不同，假定负债的年利率为10％，适用的所得税税率为25％，比较计算相关指标，如表 4－1－1 所示。

表 4－1－1　企业相关指标对比表　　　　　　　　　　　　　　单位：M[①]

企业	总资产	息税前利润	总资产收益率	负债	所有者权益	净利润	净资产收益率
A	100	20	20％	60	40	9.8	24.50％
B	100	20	20％	40	60	11.2	18.70％

➢ 2. 成长力

成长力表示企业是否具有成长的潜力，即持续盈利的能力。成长力指标由三个反映企业经营成果增长变化的指标组成，即销售收入成长率、利润成长率和净资产成长率。

(1) 销售收入成长率是衡量产品销售收入增长的比率指标，以衡量经营业绩的提高程度，指标值越高越好。它的计算公式为：

销售收入成长率＝（本期销售收入－上期销售收入）÷上期销售收入×100％

(2) 利润成长率是衡量利润增长的比率指标，以衡量经营效果的提高程度，指标值越高越好。它的计算公式为：

利润成长率＝（本期息税前利润－上期息税前利润）÷上期息税前利润×100％

(3) 净资产成长率是衡量净资产增长的比率指标，以衡量股东权益提高的程度。对于投资者来说，这个指标是非常重要的，它反映了净资产的增长速度，其计算公式为：

净资产成长率＝（本期净资产－上期净资产）÷上期净资产×100％

➢ 3. 安定力

安定力指标是衡量企业财务状况是否稳定、会不会有财务危机的指标，它由流动比率、速动比率、固定资产适配率和资产负债率四个指标构成。

(1) 流动比率是指流动资产总额和流动负债总额之比。流动比率表示企业流动资产在短期债务到期前，可以变为现金用于偿还负债的能力。流动资产越多，短期债务越少，则流动比率越大，企业的短期偿债能力越强。一般情况下，运营周期、流动资产中的应收账款数额和存货的周转速度是影响流动比率的主要因素。它的计算公式：

流动比率＝流动资产总额÷流动负债总额×100％

[①] 本书用 M 代表英文单词 "Million"，指以百万元为单位。

(2) 速动比率是指速动资产对流动负债的比率。它用于衡量企业流动资产中可以立即变现用于偿还流动负债的能力。速动资产包括货币资金、短期投资、应收票据、应收账款、其他应收款项等流动资产，而存货、预付账款等则不应计入。通常情况下，速动比率的计算公式为：

$$速动比率 = （流动资产 - 存货）\div 流动负债总额 \times 100\%$$

从公式中可以看出，在流动资产中，尚包括变现速度较慢且可能已减值的存货，因此将流动资产扣除存货再与流动负债对比，可衡量企业的短期偿债能力。一般认为速动比率低于1被认为是短期偿债能力偏低。影响速动比率可信性的重要因素是应收账款的变现能力，账面上的应收账款不一定都能变现，也不一定非常可靠。

(3) 固定资产适配率指标应该小于1，说明固定资产的构建应该使用还债压力较小的长期贷款和股东权益，这是因为固定资产建设周期长，且固化的资产不能马上变现，如果用短期贷款来构建固定资产，由于短期内不能实现产品销售而使现金回笼，势必造成还款压力。该指标的计算公式为：

$$固定资产适配率 = 固定资产 \div （长期负债 + 所有者权益）\times 100\%$$

(4) 资产负债率反映总资产中有多大比例是通过借债来筹资的，也可以衡量企业在清算时保护债权人利益的程度。资产负债率即负债总额除以资产总额的百分比，也就是负债总额与资产总额的比例关系，其计算公式为：

$$资产负债率 = 负债总额 \div 资产总额 \times 100\%$$

资产负债率越大，企业面临的财务风险越大，获取利润的能力也越强。如果企业资金不足，依靠借债来维持，导致资产负债率特别高，就应该特别注意偿债风险了。资产负债率为60%~70%是比较合理、稳健的，当达到85%及以上时，应视为发出预警信号，应引起企业足够的重视。不过，资产负债率指标不是绝对指标，需要根据企业本身的条件和市场情况判断。

> **4. 活动力**

活动力是从企业资产的管理能力方面对企业的经营业绩进行评价的，主要包括四个指标，即应收账款周转率、存货周转率、固定资产周转率和总资产周转率。

(1) 应收账款周转率是主营业务收入净额除以平均应收账款余额的比值，一般情况下，它反映公司从取得应收账款的权利到收回款项，在指定的分析期间内应收账款转化为现金的平均次数。它的计算公式为：

$$应收账款周转率 = 主营业务收入净额 \div 平均应收账款余额$$

$$平均应收账款余额 = （应收账款余额年初数 + 应收账款余额年末数）\div 2$$

该指标高，表明收账迅速，账龄较短；资产流动性强，短期偿债能力强；可以减少收账费用和坏账损失。反之，则说明营运资金过多滞留在应收账款上，影响正常资金周转及偿债能力。

(2) 存货周转率是衡量和评价企业购入存货、投入生产、销售收入等各个环节管理状况的综合性指标。它是销货成本被平均存货余额所除而得到的比率，也叫存货周转次数，用时间表示的存货周转率就是存货周转天数。其计算公式为：

$$存货周转次数 = 销货成本 \div 平均存货余额$$

存货周转天数＝365÷存货周转次数

该指标反映企业的存货管理水平，影响企业的短期偿债能力，是企业管理的一项重要内容。一般来讲，存货周转速度越快，存货的占用水平越低；流动性越强，存货转换为现金或应收账款的速度越快。因此，提高存货周转率可以提高企业的变现能力。在流动资产中，存货所占的比重较大，存货的流动性将直接影响企业的流动比率。因此，必须特别重视对存货的分析。存货流动性的分析一般通过存货周转率来进行。

（3）固定资产周转率反映固定资产占用的资金参加了几次经营周转，赚了几次钱，用以评价企业固定资产的利用效率，即产能能否充分发挥。固定资产周转率越高，企业资金周转越快，赚钱的速度就越快，赚的钱就越多。其计算公式为：

固定资产周转率＝当期销售净额÷当期平均固定资产×100％

（4）总资产周转率用于衡量企业运用资产赚取利润的能力，经常和反映盈利能力的指标一起使用，它是综合评价企业全部资产的经营质量和利用效率的重要指标。总资产周转率越大，说明总资产周转越快，销售能力越强。企业可以通过薄利多销的办法加速资产的周转，带来利润绝对额的增加。它的计算公式为：

总资产周转率＝销售收入总额÷平均资产总额×100％

> ➤ 5. 生产力

生产力可衡量人力资源的产出能力，可通过人均利润和人均销售收入两个指标来衡量。生产力指标旨在说明企业规模扩大，员工数量增加，增加的这些员工生产是否有效率。

人均利润指标衡量人力投入与利润之间的关系，该指标越大越好。其计算公式为：

人均利润＝当期利润总额÷当期平均职工人数×100％

人均销售收入指标衡量人力投入与销售收入之间的关系，该指标越大越好。其计算公式为：

人均销售收入＝当期销售净额÷当期平均职工人数×100％

综合评价经营业绩的主要目的是与行业或特定的对手相比，发现自己的差距，以便在日后的经营中加以改进。在实训操作中，一般参加实训的多个公司属于同一个行业，所进行的分析可以理解为同行业中的对比分析，以发现自己公司与行业的平均水平之间的差异。

综上所述，计算出企业的各项经营比率指标后，反映的各项单一数据，给人的印象是散乱的，我们无法判断一个企业整体的经营状况在同一行业中处在什么样的位置。通过图表就可以清晰地反映出各项数据的基本特征，雷达图就是专门用来进行多指标体系分析的专业工具。

雷达图是将各项财务分析所得的数字或比率指标，择其比较重要的项目集中描画在一个圆形的图表上，用以反映一个经营主体与其他经营主体各项财务比率的情况。使用者能清晰地了解公司各项财务指标的变动情形，在同一行业中处在什么样的位置以及趋向。雷达图通常是由一组坐标轴和三个同心圆组成。每个坐标轴代表一个指标。同心圆中最小的圆表示最差水平或是平均水平的1/2；中间的圆表示标准水平或平均水平；最大的圆表示最佳水平或平均水平的1.5倍。其中，中间的圆与外圆之间的区域称为标准区。企业能力雷达图如图 4-1-2 所示。

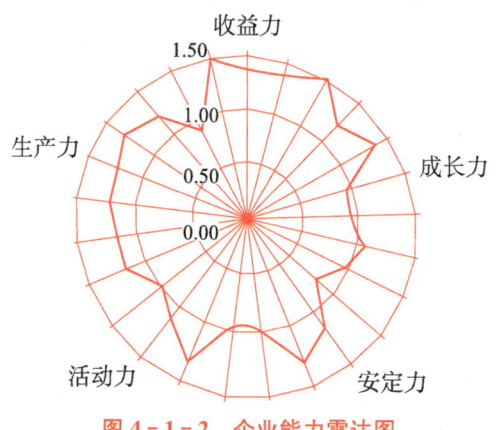

图 4-1-2　企业能力雷达图

在雷达图上，将企业的各项指标分别标在相应的坐标轴上，并用线段将各坐标轴上的点连接起来。图 4-1-2 中，坐标值 1 为行业的平均值，如果某项指标处于平均线以内，说明该项指标有待改进；如果某项指标接近甚至低于最小圆的指标，则是危险信号，应分析原因，抓紧改进；如果某项指标高于平均线，则说明该企业在相应方面具有优势。各种指标越接近外圆越好。

第二节　杜邦分析法的应用

一、杜邦分析法概述

财务管理是企业管理的核心之一，而如何实现股东财富最大化或企业价值最大化是财务管理的中心目标。任何一个企业的生存和发展都依赖于该企业能否创造价值。出于向投资者（股东）揭示经营成果和提高经营管理水平的需要，需要使用一套实用、有效的财务指标体系，以便据此评价和判断企业的经营管理水平。杜邦分析体系就是一种比较实用的财务比率分析体系。杜邦分析法最早由美国杜邦公司使用，故名杜邦分析法。

杜邦分析体系，又称杜邦财务分析体系，简称杜邦体系，是利用各主要财务比率之间的内在联系，对企业财务状况和经营成果进行综合、系统评价的系统方法，是一种比较实用的财务比率分析体系。该体系利用几种主要的财务比率之间的关系来综合地分析企业的财务状况，它的基本思想是以权益净利率为核心，以总资产净利率和权益乘数为分解，将企业权益净利率逐级分解为多项财务比率的乘积，层层分解至企业最基本生产要素的使用，这样有助于深入分析比较企业经营业绩，重点揭示企业获利能力及杠杆水平对权益净利率的影响，以及相关各指标的相互作用关系。在经营目标发生异动时，经营者能及时查明原因并加以修正，同时为投资者、债权人及政府评价企业提供依据。

杜邦分析法有助于企业管理层更加清晰地观察到权益净利率的决定因素，以及销售净利润率与总资产周转率、债务比率之间的相互关联。杜邦分析法利用各个主要财务比率之间的内在联系，建立财务比率分析的综合模型，以分析和评价企业的财务状况和经营绩效。采用杜邦分析图将有关分析指标按内在联系加以排列，从而直观地反映出企业的财务状况和经营成果的总体面貌。

二、杜邦分析法与其他财务指标的关系

杜邦分析法是财务分析方法的一种，作为一种综合分析方法，它并不排斥其他财务分析方法。相反，杜邦分析法可与其他财务分析方法相结合，不仅可以弥补自身的缺陷和不足，而且弥补了其他方法的缺点，使分析结果更完整、更科学。比如以杜邦分析为基础，结合专项分析对有关问题做更深入、更细致的了解；也可以结合比较分析法和趋势分析法，将不同时期的杜邦分析结果进行对比趋势化，从而形成动态分析，找出财务变化规律，为预测、决策提供依据；或者与一些企业财务风险分析方法相结合，进行必要的风险分析，也可为管理者提供依据。

三、杜邦分析图

杜邦分析法从两个角度来分析企业的财务状况：一是进行内部管理因素分析；二是进行资本结构和风险分析。相关计算公式如下：

权益净利率＝总资产净利率×权益乘数

权益乘数＝1÷（1－资产负债率）

总资产净利率＝销售净利率×总资产周转率

销售净利率＝净利润÷销售收入

总资产周转率＝销售收入÷平均资产总额

资产负债率＝负债总额÷资产总额

如图4－2－1所示，杜邦分析图提供了下列主要财务指标关系的信息：

权益净利率是一个综合性最强的财务比率，是杜邦分析体系的核心。它反映所有者投入资本的获利能力，同时反映企业筹资、投资、资产运营活动的效率，它的高低取决于总资产净利率和权益乘数。决定权益净利率高低的因素有三个方面，即权益乘数、销售净利率和总资产周转率。权益乘数、销售净利率和总资产周转率三个比率分别反映了企业的负债比率、盈利能力和资产管理比率。

权益乘数主要受资产负债率的影响。资产负债率越大，权益乘数越高，说明企业有较高的负债程度，给企业带来较多的杠杆利益，同时也给企业带来了较多的风险。总资产净利率也是一个重要的财务比率，综合性较强。它是销售净利率和总资产周转率的乘积，因此，要进一步从销售成果和资产营运两方面来分析。销售净利率反映了企业利润总额与销

图 4-2-1 杜邦分析图

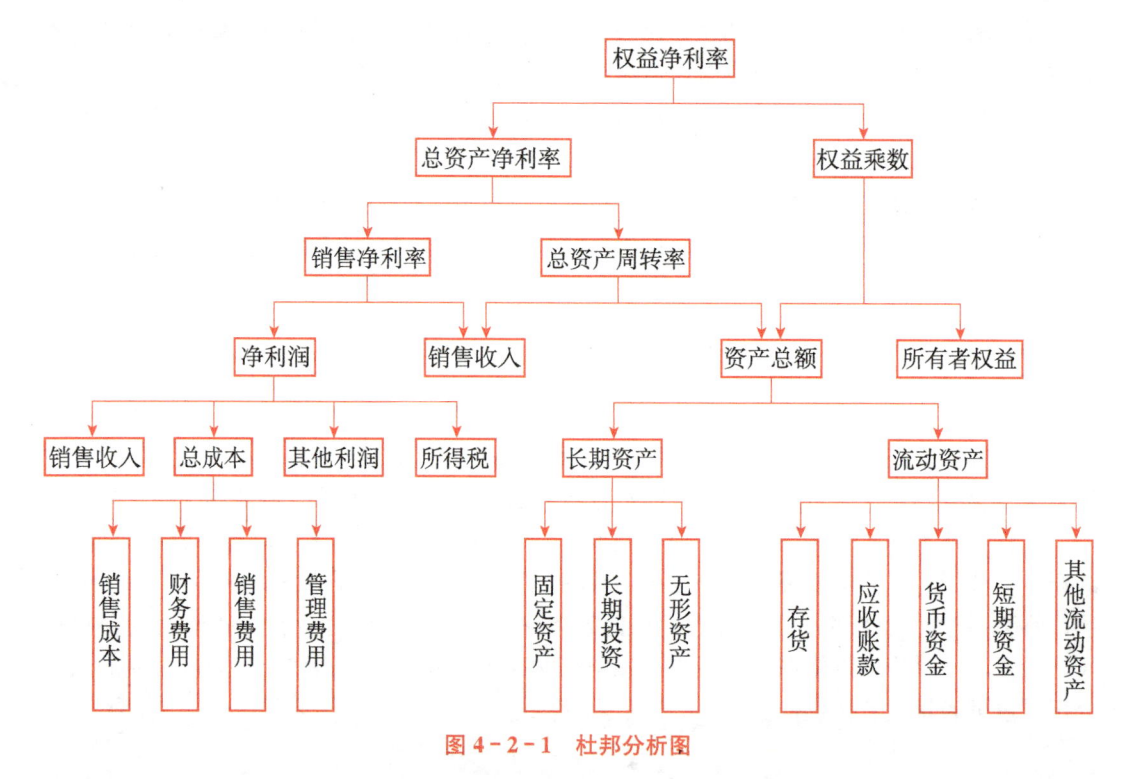

售收入的关系，从这个意义上看，提高销售净利率是提高企业盈利能力的关键所在。要提高销售净利率，一是要扩大销售收入，二是要降低成本费用。而降低各项成本费用是企业财务管理的一项重要内容。通过各项成本费用的列示，有利于企业进行成本费用的结构分析，加强成本控制，以便为寻求降低成本费用的途径提供依据。

企业资产的运营能力，既关系到企业的获利能力，又关系到企业的偿债能力。一般而言，流动资产直接体现企业的偿债能力和变现能力，非流动资产体现企业的经营规模和发展潜力。两者之间应有一个合理的结构比率，如果企业持有的现金超过业务需要，就可能影响企业的获利能力；如果企业的存货和应收账款过多，则既影响获利能力又影响偿债能力。为此，就要进一步分析各项资产的占用数额和周转速度。对流动资产，应重点分析存货是否有积压现象、货币资金是否闲置，在应收账款中，分析客户的付款能力和有无坏账的可能；对非流动资产，应重点分析企业固定资产是否得到充分的利用。

杜邦分析既涉及企业获利能力方面的指标（销售净利率），又涉及营运能力方面的指标（总资产周转率），同时还涉及举债能力指标（权益乘数），可以说杜邦分析法是一个"三位一体"的财务分析方法。

四、杜邦分析法的局限性

杜邦分析体系虽然被广泛使用，但也存在着某些局限性：
（1）计算总资产净利率的"总资产"与"净利润"不匹配。
总资产为全部资产提供者享有，而净利润则专属股东，两者不匹配。由于总资产净利率的"投入与产出"不匹配，该指标不能反映实际的报酬率。为了改善该比率，要重新调整分子与分母。公司资本的提供者包括无息负债的债权人、有息负债的债权人和股东，无息负债的债权人不要求分享收益，要求分享收益的是股东和有息负债的债权人。因此，需要计量股东和有息负债债权人投入的资本，并且计量这些资本产生的收益，两者相除才是合乎逻辑的总资产净利率，才能准确反映企业的基本盈利能力。

（2）没有区分经营活动损益和金融活动损益。

对于大多数公司来说，它们在金融市场上的活动主要是筹资，而不是投资。筹资活动不产生净利润，而是支出净费用。这种筹资费用是否属于经营活动费用，在会计准则制定过程中始终存在很大争议，各国的会计准则对此处理不尽相同。从财务管理角度看，公司的金融资产是尚未投入实际经营活动的资产，应将其与经营资产相区别。与此相应，金融损益也应与经营损益相区别，这样才能使经营资产和经营损益匹配。因此，正确计量盈利能力的前提是区分经营资产和金融资产、经营损益和金融损益。

（3）没有区分金融负债和经营负债。

既然要把金融活动分离出来单独考察，就需要单独计量筹资活动成本。负债的成本（利息支出）仅仅是金融负债的成本，经营负债是无息负债。因此，必须区分金融负债与经营负债，将利息与金融负债相除，才是真正的平均利息率。此外，区分金融负债与经营负债后，将金融负债与股东权益相除，可以得到更符合实际的财务杠杆。经营负债没有固定成本，本来就没有杠杆作用，将其计入财务杠杆，会歪曲杠杆的实际效应。

综上所述，杜邦分析法以权益净利率为主线，将企业在某一时刻的销售成果以及资产营运状况全面地联系在一起，层层分解，逐步深入，构成一个完整的分析体系。它能较好地帮助管理者发现企业财务和经营管理中存在的问题，能够为改善企业经营管理提供十分有价值的信息，因而得到普遍的认同并在实际工作中得到广泛的应用。

第三节 财务管理决策分析报告

在财务管理决策实训操作中，所有的模拟企业都具有相同的背景，拥有相同的资源，并追求相同的目标——股东财富最大化。然而，经过若干期经营之后，决策的结果却是千差万别，我们能够从中发现很多规律性的现象和内在联系。通过财务管理决策实训，总结决策实训中积累的心得并加以提炼和梳理，作为成功的经验与大家分享和交流是必要的，而学会和写好财务管理决策分析报告，更是作为企业财务管理参谋的必备能力要求。财务管理决策分析报告的基本框架为分析报告的目的、决策的指标分析、决策行为对企业运营的影响、决策行为的选择涉及的财务风险以及决策方案的建议等；财务管理决策分析报告涉及的内容主要包括筹资活动分析、投资活动分析、营运活动分析以及市场营销分析等。

一、财务管理决策分析报告基本框架

(一)财务管理决策分析报告的目的

由于财务管理决策分析报告内容不同,反映与评价角度也不同,所以,我们必须十分清楚地知道分析的目的。例如,作为经营者,分析生产性相关指标,是为了衡量企业生产是否达到企业的供货水平,是否还有降低生产成本、增加利润的能力等;分析市场性相关指标,是为了准确把握市场对产品的需求,定位企业销售的产品占市场的份额等。

(二)财务管理决策的指标分析

财务指标,是指总结和评价企业财务状况与经营成果的分析指标,包括偿债能力指标、运营能力指标、盈利能力指标和发展能力指标等。在明确了财务管理决策分析报告的目的之后,应了解分析相关指标。

首先,应确定分析的重点项目指标。例如,在进行杜邦分析时,财务分析报告使用者重点关注企业运营,分析总资产周转率这一指标。总资产周转率是销售收入除以平均资产总额得到的。当进行这一财务指标分析时,必然已经完成一年的模拟企业运营,所以销售收入为固定的已知项目数据,这里就要重点分析如何取得资产项目的数据。资产项目由固定资产项目与流动资产项目组成。实训中,固定资产项目一般包括厂房要素与生产线要素。而流动资产项目,我们可以从杜邦分析图中得知,包括现金要素、应收账款要素与存货要素等,这些可以从资产负债表中摘录相关数据。

其次,需要关注项目指标的内在联系。单独根据一个指标分析得出的结论可能是片面的,通过分析项目指标之间的内在联系,可以全面、客观地反映经济业务。例如,我们都知道:流动比率=流动资产总额÷流动负债总额×100%,流动比率越高,企业资产的流动性越强,但是该比率过高也同样表明企业的流动资金占用较多,会影响经营资金周转率和获利能力,所以一般认为合理的最低流动比率为2。

最后,对项目指标进行综合分析。在选择重点项目指标分析,关注项目指标之间内在联系的基础上,我们还要考虑企业财务报表反映的整体情况,通过杜邦分析图得出整体结论,从而做出综合分析判断。例如,关注三张报表之间的印证关系,通过各项目之间的印证关系,可以掌握企业的财务状况、现金流量、经营成果等基本情况,甚至可以找出某些造假的财务报表。

(三)分析相关财务管理决策行为对企业运营的影响

财务管理决策行为对企业运营的影响是多方面的。财务管理决策行为有战略性的,也有战术性的。如果战略不好,再好的战术也派不上用场;只有好的战略,战术不能适应现实情况,也是不可取的。例如,在财务管理决策实训中的初创模式下,前期是竞争的关键,此时企业资源较少,需要量力而行、循序渐进。产能的扩张必须以市场需求为依据,以现金预算为基础,以发展壮大为目标,以稳健适度为原则,如果急功近利,试图一蹴而就,势必给企业的后期经营带来隐患。

(四)关注财务管理决策行为的选择,规避企业财务风险

财务管理决策行为的选择是关键环节,决策方案选定之后,企业的财务运营进入正常状态,如果由于某个决策行为或方案的选择失误导致经营失败,那就太可惜了。例如,在模拟决策经营期初,选择保守经营,在购买生产线时,选择价格相对较低的手工生产线或半自动生产线,但在后期经营过程中发现这样的生产线远远达不到应有的生产规模,导致生产出的产品数量不足交单数量而违约,不仅无法取得本期货款,还要支付一定金额的违约金,从而给企业带来财务风险。

(五)提出财务管理决策方案的建议

提出财务管理决策方案的建议是高级财务管理人员的职责。前提条件是决策方案的建议有理有据,逻辑严谨,一切决定用数据说话,力求精通规则,看懂市场预测。科学的决策依靠周密严谨的计算和翔实可靠的数据支持,否则,一切跟着感觉走,结果只能沦为"四拍"式管理——拍脑袋决策、拍胸脯保证、拍大腿后悔、拍屁股走人。

二、财务管理决策分析报告的主要内容

财务管理决策分析报告的基本内容包括筹资活动分析、投资活动分析、营运活动分析以及市场营销分析等。

(一)筹资活动分析

分析企业的财务管理效率,是判定企业能否创造更多利润的一种手段。通过筹资活动财务指标的综合搭配分析,可以帮助企业的经营管理者认识筹资活动的效率。

> 1. 从长期负债、流动负债、销售收入的变化,分析企业的经营管理效率

(1)长期负债是企业负债经营情况的反映。如果长期负债增加,说明企业的负债经营风险提高,那么分析企业的经营效益就越发重要。如果企业在长期负债增加的同时,销售收入也增长,那么说明企业的举债经营正确,企业的财务状态发展良好;反之,销售收入降低,则说明企业的财务状态形势趋于严峻。

(2)分析长期负债的变化要同流动负债的增减变化结合起来。长期负债增加,流动负债减少,说明企业的生产经营资金有长期保证,是扩大经营业务的好机会。在这种情况下,如果企业销售收入增长,说明企业确实抓住了机会,经营有方。如果销售收入没有增长,那么可能有两种情况:一是企业通过增加在建工程来进行结构性调整,这时要着重分析在建工程的详细情况和预期效益;二是企业有可能通过恶化企业的资金结构,采用降低企业独立性、稳定性的办法,暂时回避短期资金的紧张。

(3)长期负债、流动负债、销售收入都在增长时,要看各个指标增长的幅度。如果销售收入的增长幅度大于长期负债和流动负债的增长幅度,则说明企业在所有者权益变化不大的情况下,进入了自我发展的良性循环。如果销售收入的增长幅度小于长期负债和流动负债的增长幅度,则说明企业经营规模的扩大并没有伴随经济效益的提高。

(4)长期负债、流动负债、销售收入都在下降时,销售收入的下降幅度更大,则说明企业在衰退,必须进行方向性战略调整才有可能摆脱困境。如果销售收入的下降幅度低于

流动负债和长期负债的下降,则表明企业在缩小经营规模的同时,在努力提高经济效益,企业处于调整时期。

(5) 流动负债减少、长期负债减少、销售收入在增长时,说明企业的经营管理有方,企业在缩减负债的同时,扩大了市场销售,经济效益明显提高,这是企业的一种最理想情况。

➢ 2. 将流动资产率(流动资产/总资产)的增长幅度与营业利润的增长幅度相比较,看企业的经营管理效率

(1) 流动资产率增长,营业利润也有所增长,说明企业正在发挥现有潜力,经营状况有所好转;反之,营业利润降低,则说明企业的产品销售不畅,经营形势有恶化趋势。

(2) 流动资产率降低,但营业利润有所增长,表明企业加速了资金周转,创造出了更多的利润;反之,营业利润降低,则说明企业的原有生产结构过时,经营不善,企业的财务状况有可能恶化。但要注意,如果在建工程或投资的增加幅度超过80%,也有可能说明企业在损失当前利益的同时,寻求一种长远利益,企业正处于生产和建设并举时期,那么投资者可以谨慎对待,关注长期投资价值。

▶▶▶ (二) 投资活动分析

"竞争战略之父"迈克尔·波特教授指出,战略就是在企业的各项运营活动之间建立一种配称。笔者认为,"配称"就是协调和匹配,包含着"恰好"的概念。资源配称可以有效避免资源浪费,使企业的整体绩效最大化。具体到财务管理决策实训操作中,就是要求生产线建设和材料采购、运输投产等环节"配称"。如原材料入库与上线生产能够协调一致,产能扩张与市场需求应保持同步,投资需求与资金供给应有效匹配等。

在财务管理决策实训中,经常会出现产、供、销脱节的现象。例如,有的实训小组开拓了市场,本应顺理成章地接到很多订单,却发现产能不足,即使生产线全力以赴也无法满足订单的要求;有的实训小组花费大量资金去购买全自动生产线、柔性生产线,产能很高,但市场狭小,订单较少,导致产品积压和生产线闲置;还有的实训小组营销和生产安排妥当,只等待正常的生产和交货即可有光明的前景,然而库存原料不够,只能停工待料或者紧急采购,打乱了事前的部署。所以,根据以上经常出现的问题,我们应注意分析下述几个方面的问题。

➢ 1. 比较各种生产线的性价比

手工生产线与全自动生产线相比,三条手工生产线在买价、产能与折旧费上相当于一条全自动生产线。但是三条手工生产线的维修费是3M,一条全自动生产线的维修费只需要1M;另外,三条手工生产线还要比一条全自动生产线多占两个机位,这会大大限制企业产能的扩张。

半自动生产线与全自动生产线相比,两条半自动生产线等于一条全自动生产线的产能。但是两条半自动生产线的买价、折旧费、维护费总和比一条全自动生产线都要高,并多占一个机位。

柔性生产线与全自动生产线相比,二者各有千秋,生产周期均为1期。柔性生产线的

优势在于转产，全自动生产线转产时要停工两期，并支付 4M 的转产费。柔性生产线的买价要比全自动生产线多 5M，残值多 1M，总体看来，柔性生产线比全自动生产线多支付 4M 现金；但柔性生产线总的折旧费比全自动生产线多 4M。柔性生产线比全自动生产线的安装周期多一期。所以企业在选择这两条生产线时，需要多角度考虑，如果中间不需要转产，那么购买全自动生产线是比较好的选择；如果根据市场需求，需要生产其他产品，那么购买柔性生产线是更好的选择。

基于以上分析，当企业采用多种产品组合模式时，全自动生产线性价比最高，是首选生产线；其次，若预计出现转产，则应考虑使用柔性生产线，同时如果打算购进柔性生产线，宜早不宜迟，因为越往后产品转产的概率越低，柔性生产线发挥不出优势，浪费资源的同时还增加了现金的压力；手工生产线可用来应急。

➤ 2. 生产线建设策略

生产线建设的最佳时点是保证产品研发与生产线建设投资同期完成。例如，C3 产品的研发周期是 6 期，全自动生产线的安装周期是 3 期，如果第一年的第一期开始研发 C3 产品，第一年的第四期开始建设生产线，那么第二年的第二期 C3 产品研发与生产线投资恰好同期完成，第二年的第三期上线生产 C3 产品。

➤ 3. 建设产能灵活的生产线

在财务管理决策实训操作中，由于竞争对手的情况并不明朗，应尽量建设产能灵活的生产线，以备给下一年选单留出余地。例如，如果企业第二年接单较少，产能出现闲置，那么可以延期全自动生产线的建设，这样第二年就不用为这条生产线支付维修费了。

➤ 4. 巧用手工生产线

根据生产线的性价比分析，是不是意味着手工生产线就没有任何用途呢？其实不然，手工生产线有一个重要的作用就是当选单遇到订单数量比实际产能多 1 个时，如果接下这张订单将有两种方法解决燃眉之急：一种是紧急采购一个产品，以弥补产能的不足；另一种方法是利用手工生产线即买即用的特点，在厂房机位有空余的情况下，第一期买一条手工生产线并投产，在第四期可以生产出一个产品，同时将手工生产线出售。手工生产线出售的损失为 4M，跟紧急采购的损失相同，但是比紧急采购要保守得多。当然，这种情况在实际操作中需要满足各种条件才适用，所以"巧用"是关键。

➤ 5. 何时出售生产线

从权益的角度看，当生产线还剩下一期折旧费未计提时，出售生产线是有利的。根据模拟运营规则：生产线按其残值出售，净值与残值之差计入损失，当出售的生产线还剩一期折旧费尚未计提时，残值变为现金，最后一期折旧费转入了损失，但节省了 1M 的维修费，提高了权益。

在实训操作中，经营的前期，核心问题就是生产线的更新换代。事实上，对于产能较低的手工生产线和半自动生产线要及时处理，空出的机位可以铺设产能较高的全自动或柔性生产线，从权益上讲也是有利的。至于全自动和柔性生产线，在正常情况下不宜出售。

(三)营运活动分析

1. "三零库存"原则

(1) 原材料零库存。

在财务管理决策实训操作中,产品的物料清单和原料采购提前期都是确定的,因此可以通过明确的生产计划,准确地计算出所需材料的种类、数量以及采购时间。例如,C3产品是由两个Y2和一个Y3组成的,假设在一条全自动生产线上,若想在第四期生产出一个C3产品,那么在第三季度必须上线生产了,此时需要的两个Y2和一个Y3原料都已经入库。由于Y2采购提前期为一个季度,Y3采购提前期为两个季度,所以需要在第一期下一个Y3原料订单,在第二期下两个Y2原料订单。这样,在第三期上线生产时刚好有足够的原材料,从而保证第四期C3产品完工,按时交货,这是最基本的采购排程,通过精确的排程计算,可以保证准时制生产,实现"原材料零库存"的目标。

当然,原材料零库存还应该符合灵活调整安排的要求。在有柔性生产线或者可能转产的情况下,第一期需要按照各种生产方案原料需求的最大值购进各种原料。例如,企业有一条柔性生产线,第一期需要根据接单情况任意选择生产C2、C3产品,这样就必须保证所需的原材料齐全,多采购的原材料可以在以后各季度逐渐消化,但年末必须实现零库存。

(2) 产品零库存。

企业将产品销售出去,便可取得收入,收回资金。在一定时期内,资金周转越快,就可以利用相同数量的资金生产出更多的产品,取得更多的收入,获得更多的利润。如果企业当年生产出的产品全部销售出去,年末实现零库存,就说明企业资金周转状况好,资金利用效率高,体现了企业供、产、销的协同。但相对于原材料零库存而言,产品零库存难度较大,因为它不仅需要采购与生产的密切链接,还需要合理的广告投放与选单相匹配。

在实训操作中,有些小组选择在年初有意保留一定的库存产品,这是一种高级战术,是在高水平对战中随机应变的一种策略,没有固定的规律可循。

(3) 现金零库存。

现金是企业的血脉,一旦现金断流,企业生产经营活动将无以为继。如果一定要说企业运营中哪个失误最严重、最致命,那就是现金不足了。那么,是不是库存现金越多越好呢?答案是否定的。根据会计学知识,资产流动性(变现能力)越强,其盈利性(获利能力)越差,资产的流动性与盈利性呈反方向变化。现金是流动性最强的资产,但同时又是一种非盈利性资产,不能给企业带来任何收益。除非企业的现金已经无处可以投资,否则持有过多的现金而不进行投资是非常不理智的行为。所以,现金管理就是在现金的流动性与盈利性之间进行权衡选择的过程。现金管理的核心环节和方法是现金预算管理,编制现金预算要从分析现金流入手。财务经理必须精打细算,保持现金预算与销售计划、生产计划、采购计划以及投资计划的协调一致。同时,如果市场形势、竞争格局发生变化,现金预算必须做动态调整,以适应变化。

在财务管理决策实训操作中,只要现金够用,当然是越少越好。每期经营过程中,在现金流入前,使现金余额为零,现金的作用才发挥到了极致,但是对于初学者,并不建议这样做。

> **2. 紧急采购的奇效**

在财务管理决策实训操作中,很多人认为紧急采购会产生较大的损失,是亏本的买卖,不能用。但事实上,如果敢于打破常规思维定式,则紧急采购可以发挥奇效。例如,在国际市场上,C1产品订单单价超过6M,超过Y1生产成本的三倍,而C1产品的紧急采购价格也就是6M,这意味着通过紧急采购来弥补产能不足的部分也是可行的。

> **3. 合理避税**

根据财务管理决策实训操作的规则,计算应交所得税时"向下取整",我们可以利用这项规则合理避税。例如,某年的应税利润是100M,应交所得税是25M,可以在当年进行一次贴现操作,主动增加5M的贴息,使当年的利润为95M,就可以不交所得税,这样做的效果相当于把税金变成了财务费用,当年的权益还会增加,通过贴现把应收款提前变成现金,增强了资产的流动性。

在财务管理决策实训操作中,如果首次到达应该缴税的情况,但应缴税金小于25M,按照向下取整的规则,所得税是零,那么是否真的避税了呢?答案是否定的,如果出现这种情况,则要与下一年的应税利润合并计算所得税。

(四)市场营销分析

> **1. 广告费投放原则**

在财务管理决策实训操作中,投放广告是模拟企业年度经营的开始,广告投放策略对于企业本年度的经营成果起着决定性的作用。投放广告的目的是拿到客户订单,从理论上说,广告投放的越多,获得的订单机会也越多。但企业的资源是有限的,市场上产品需求数量也是有限的。制定广告投放策略,主要是解决企业准备在哪些市场、哪些产品上投放广告以及投放多少的问题。科学合理的广告投放有助于企业拿到满意的订单而不造成资金浪费,提高广告收益率和资金的使用效率。企业在制定广告投放策略时,应遵循下述原则。

(1) 稳健性原则。

稳健性原则就是在认真分析市场的前提下,有目的地投放广告,避免盲目投放广告而造成资金浪费。企业经营需要理性,不能意气用事,更不能有赌的心理。实践证明,很多小组由于大肆投放广告,造成现金流出过多,从而不得不推迟产品研发、市场开拓以及生产线建设,最终导致产能无法扩张而丧失先前取得的优势。

(2) 准确性原则。

准确性原则就是通过对企业自身资源、市场和竞争对手情况等因素的全面分析,制定科学的广告投放策略,力争做到每1M广告投入都能收到成效。准确性原则要求做到以下几点:第一,明确企业每个季度各种产品的生产情况;第二,通过对市场预测的分析,正确估计每个市场不同年份的需求量和订单情况;第三,掌握主要竞争对手的资金与产能情况以及可能采取的策略等,尽量避免竞争激烈的细分市场。

(3) 集中性原则。

集中性原则就是当企业采用多种产品组合模式时,应将广告费集中投放某个市场上,争取"市场老大"的地位。在模拟经营后期，四种市场都已经逐步开拓完毕，广告要尽量集中投放在其中几个有优势的细分市场上。集中性原则也可以理解为广告投放要"狠"，这种基于周密计算的"狠"与靠"蛮力"狂砸广告费截然不同，那种狂砸广告费争抢"市场老大"地位的做法是得不偿失的。经验告诉我们，"市场老大"不是抢出来的，而是做出来的，凡是每年利润最高的团队，不论开局如何，最后自然是"市场老大"。

（4）效益性原则。

效益性原则就是使投放的广告费产生最大效益。反映广告投放效益的指标是广告投入产出比，广告投入产出比＝销售收入÷广告费，也就是单位广告费取得的销售收入，该比率越大，说明广告投放效益越高。在产品数量一定的情况下，销售收入的多少取决于产品单价的高低。在实践中，很多企业一旦取得某个"市场老大"的地位，便试图把它保持到底，这是一个误区。因为不同时期企业的主导产品是不同的，而在同一年份的不同市场上，产品单价却有较大差异。所以从效益性出发，就要敢于放弃"鸡肋"市场，而去争夺产品的最高价市场，从而增加企业的收益。

➢ 2. 选单技巧

（1）抓住广告投入时机。

在选单前，将各组投放广告费数据汇总并同步展示，以便确认各组都已经完成广告费投放。各组模拟企业可以将其他组广告费投放的情况进行记录并加以分析，以便调整选单策略。

例如，企业分别在区域和国际市场上投放了C3产品的广告费，通过观察其他企业的广告费投放情况，发现区域市场只有本企业和另一家企业投放了广告费，而本企业比另一家企业具有优先选单的权利，又根据市场预测了解到，区域市场至少有三张订单，那么说明本企业至少可以拿到两张订单。如果本企业在国际市场中并没有取得优先的市场地位，在这种情况下，本企业可以出于价格或者其他因素考虑放弃国际市场的选单，而将选单机会重点放在区域市场上。如果企业没有做这种分析，就可能与好的选单机会失之交臂。

（2）数量、单价与账期的选择。

在选单时，常常会遇到让人纠结的情况：数量大的订单往往单价比较低，利润少，心有不甘；单价高的订单往往数量少，又担心产品卖不出去会有库存。同时，每张订单的应收账期各有不同，为了避免贴现，当然要选择账期短的，这与订单的数量、单价又会发生冲突。

选单时，运营前期，在市场狭小、产品单一、竞争激烈的情况下，企业应尽可能选择数量大的订单，而将单价和账期放在次要考虑位置，而随着市场开拓和产品研发逐渐完成，企业的选择余地会越来越大。在有足够的生产力的情况下，很多时候只要投100M就可以抢到订单，卖完已经不是最重要的任务了，更多的考虑是如何卖好，如果再一味地抢大单就不合理了，单价成为选单时需要首要考虑的因素。就账期而言，当企业资金比较紧张时，应该选择账期较短的订单；如果企业没有资金短缺的问题，则不考虑这一因素。

（3）利用好ISO资格优势。

当有生产ISO产品资格的企业选单时，可以比没有生产ISO产品资格的企业少投放广告费，而且又能得到订单。一般 ISO 产品订单，因为生产资格有更高的要求，所以产品单价比一般订单的产品单价要高，所以利润高。

➤ 3. 交单技巧

合理安排好交单顺序，可以在一定程度上缓解资金压力，尽量减少由于应收款贴现而发生的财务费用支出。在选择交单顺序时，应结合企业事先编制的现金预算，计算出在某季度某步骤需要的现金量，使应收款在此节点前到期收现，从而避免贴现，起到"节流"效果，增加所有者权益。

（1）账期不同。

相同数量的两张订单，由于账期不同，交单顺序会直接影响企业的现金回笼情况。在现金暂时无忧的情况下，可以先交账期长的订单；在企业现金非常紧张的情况下，为了及时回笼现金，以便缓解现金压力，就应该先交账期短的订单。

（2）数量不同。

通常情况下，企业每个季度都会生产出产品，有时候企业也可以考虑先将生产出的产品囤积起来，交数量大的订单，往往数量大的订单总价高。

（3）是否存在加急订单。

企业如果在选单时选择了加急订单，那么必须优先交货，还要满足库存足够交货订单数量，否则将面临支付违约金的处罚。

中篇 财务管理决策软件介绍

第五章

财务管理决策软件的说明与使用规则

第一节 课程描述

一、课程设计

财务管理决策实训操作的首要环节是课程设计,它主要包括下述几个方面。

▶▶▶ (一)设置情境角色

将实训人员分成若干小组,分别模拟一家类似制造业行业、规模相当、起点一致的企业。每个小组由5~7名人员组成,分别担任企业经营过程中需要的主要管理人员,如总经理、财务总监、营销总监、生产总监、采购总监等。教师则担任多重角色:一方面在模拟对抗中扮演市场和执行的角色;另一方面在教学活动中通过指导小组演练并根据小组在教学现场的实际操作数据,动态地分析成败的原因和关键因素，促使小组将操作过程中获得的感性体验升华为理性认识。

▶▶▶ (二) 模拟企业经营

对企业经营者来说，接手一个企业时，需要对企业有一个基本的了解，包括股东期望、企业目前的财务状况、市场占有率、产品、生产设施、盈利能力等。基本情况描述以企业起始年的两张主要财务报表（利润表和资产负债表）为基本依据，逐项描述企业目前的财务状况和经营成果，并对其他相关方面进行补充说明。

每个小组（企业）连续从事 4~6 个会计年度的经营活动。在模拟运营前，每个小组要制定企业营运规划；在模拟对抗中，小组将遇到企业经营中常出现的各种典型问题，成员们必须一同发现机遇、分析问题、制定决策，保证企业正常运转，取得商业上的成功及不断成长。模拟经营过程可使小组成员身临其境地感受企业经营者直面市场竞争的精彩与残酷，体验承担责任的乐趣与艰辛，进而体悟企业经营管理的关键。同时，小组成员把课堂理论学习中存在的疑问带到模拟实训中加以解决，真正达到了理论与实践相结合，进一步增强了分析与解决问题的能力。总之，通过模拟企业经营，可使小组成员在参与、体验中完成从知识到技能的转化。

▶▶▶ (三) 总结与评析

案例教学是经营类专业的主要教学方式之一，在教学中发挥着重要的作用。通过财务管理决策软件模拟课程的实践，在动态的市场背景下形成了一系列个性化、鲜活、直观的模拟企业运营案例。由于这些案例数据源于小组成员自身体验，具有真实背景，易于理解和驾驭。因而，现场案例解析是财务管理决策软件模拟教学环节的点睛之笔、精髓所在。

每一轮模拟经营结束后，各小组要提交相关报告并互动讨论。企业管理者要对企业的经营结果进行分析，深刻反思成功或失败的原因、竞争对手情况如何、是否需要对企业战略进行调整，教师结合财务管理决策软件模拟对抗中形成的模拟企业运营案例，找出小组普遍存在的困惑，针对现场典型案例进行深层剖析，透过现象深入分析企业的经营状况，用数据说话，与先前的规划对比，分析存在的问题，从中找出薄弱环节或症结所在，再提出切实有效的解决之道。比如团队成员如何分工与协作，如何评估企业的内部资源与外部环境，如何编制现金预算，如何制定细分市场的广告方案，如何安排采购计划和生产排程，如何分析企业的财务状况和经营成果，如何处理风险和收益的关系等。同时，由教师对各小组成员的表现进行评析，指出其优势与不足。

通过案例评析，小组成员不仅知其然，而且知其所以然。通过总结交流，小组成员即可完成从实践到理论的升华。

财务管理决策实训课程按照"情境设置—软件载体—模拟经营—对抗演练—教师评析—小组感悟"这样一个基本逻辑设计教学环节，需要提醒的是，学员在软件模拟中要做到诚信和亲力亲为，诚信是企业的生命，是企业的生存之本。在企业经营过程中，要严格遵守财务管理决策实训操作规则，学习的目的就是发现问题，努力寻求解决方法。

二、课程内容

财务管理决策实训课程是基于财务管理决策软件，采取直观的软件系统，让小组成员虚拟建立一个企业，运用所学知识进行企业若干年的全面经营，融角色扮演、案例分析和专家诊断于一体，使小组成员将理论运用于实践，并在实践中升华理论。具体来说，该课程涉及的教学内容包括：

（1）整体战略规划方面。有评估内部资源与外部环境、预测市场趋势、制定中长期经营策略。

（2）生产运作方面。有获取生产能力的方式，设备更新与生产线改良，调配市场要求、交货期与数量，库存管理及产销配合。

（3）市场营销方面。有市场分析与开发新产品决策、产品组合与市场定位策略制定、市场地位的建立与维护、不同市场盈利机会的研究与开拓。

（4）财务管理方面。有制订投资计划、评估应收账款回收期、现金流量的管理与控制、财务报表的编制、财务分析与内部诊断、协助管理决策、评估决策效益等。

财务管理决策实训课程是一种全新的教学模式，它将企业结构和管理流程全部展示在模拟软件上，把复杂、抽象的管理理论以最直观的方式呈现，同时让小组成员直接参与企业运营，通过"做"来"学"，与传统的课堂灌输形式截然不同。该种教学模式集知识性、趣味性、直观性、竞争性与综合性等特点于一身，为小组成员理解企业实际运营提供了一个实战平台。教学实践证明，财务管理决策实训课程的引入，受到了广大师生的普遍欢迎和好评，课堂面貌焕然一新，取得了显著的教学效果。该课程使学员将自己的所学直接运用到实践中，并能即时、直接地获得反馈信息，这是传统教学难以达到的效果。

三、教师的作用

在财务管理决策实训课程中，教学活动从以"教"为中心转向以"学"为中心，小组成员成为教学活动的主体，学习活动成为教学活动的中心，教师课堂讲授与小组自主式、互动式、体验式学习相结合，教师的作用从以课堂讲授为主转向以教学设计与组织，领导、监控和考核小组的学习活动为主。在这个过程中，教师处在辅助的地位上，但这并不意味着教师是无所作为的旁观者，恰恰相反，教师在课程的不同阶段分别扮演着导演、顾问、观察家、分析家等角色，发挥着不可代替的作用。扮演好这些角色，对教师的群体互动能力和临场应变能力要求很高。

教师的作用在总结和评析环节显得尤为重要。尽管财务管理决策实训操作没有标准答案，但是如果教师谈不出一些独到、对小组有启迪的见解，如果教师不能从企业经营的战略战术乃至哲学的高度谈出几点高屋建瓴的看法，那么，不仅这一次的现场点评与总结有缺陷，而且会在一定程度上降低小组在下一次课堂互动讨论的积极性。此外，教师还要善于为小组自主、互助学习创设良好环境，因为只有在宽松、和谐、互相尊重的氛围中，小组成员才可能有独立的意识，并敢于大胆提出想法、表达思想，从而迸发出创新的火花。可见，与传统的单纯授式教学相比，教师在财务管理决策实训课程中扮演着更重要的角色，这无疑是对教师的教学水平、执教能力和敬业精神提出了更高的要求。

第二节

财务管理决策软件的架构与功能简介

财务管理决策实训课程将企业中重要的生产经营与管理部门都集中反映在一个界面上,便于小组成员了解财务管理决策软件的基本架构和功能。财务管理决策软件的基本架构和功能如图 5-2-1 所示。

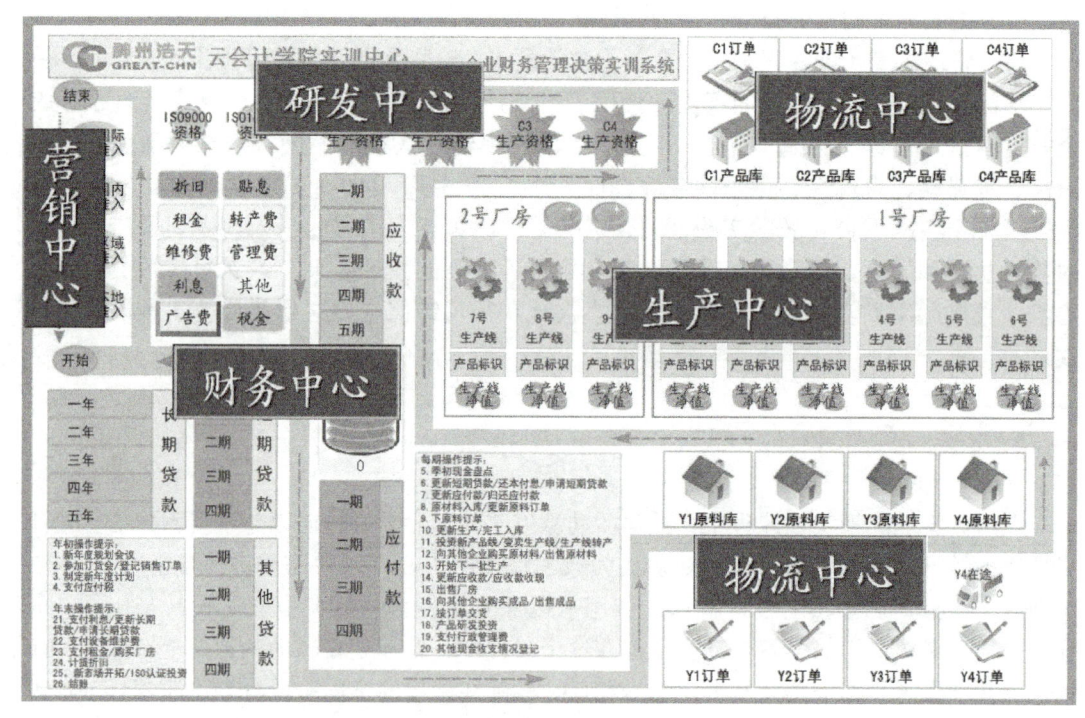

图 5-2-1 财务管理决策软件的基本架构和功能

财务管理决策软件的基本架构一般包括下述几个方面。

一、营销与研发中心

企业销售部门是站在企业最前沿的部门,在这里,作为营销主管,其任务是为企业获得尽可能多的利润,将企业生产的各种产品销售到市场上是其主要责任。因此,开拓市场、产品的 ISO 认证工作将等待着营销主管去完成。研发中心是生产产品的方向标,根据市场的开拓情况及需求,先一步取得生产资格。

在软件中,营销中心主要包括三个区域:市场开拓规划区域、产品研发规划区域和

ISO 认证规划区域。

（1）市场开拓规划区域。该区域确定企业需要开发哪些市场。各企业早已进入本地市场，选择待开拓的市场有区域市场、国内市场、国际市场。

（2）产品研发规划区域。该区域确定企业需要研发哪些产品。各企业早已生产了 C1 产品，可供选择开发的有 C2、C3 和 C4 产品。

（3）ISO 认证规划区域。该区域确定企业需要争取获得哪些国际认证，包括 ISO9000 和 ISO14000 环境认证。企业只有取得相应的资格认证，才能进入相应的市场，获得相应的产品生产资格。

ISO 的全称是 International Organization for Standardization，翻译成中文就是"国际标准化组织"。国际标准化组织成立于 1947 年，其成员由来自世界 100 多个国家的国家标准化团体组成，代表中国参加 ISO 的国家机构是中国国家标准化管理委员会（由国家市场监督管理总局管理）。ISO 现有 165 个成员，其最高权力机构是每年一次的"全体大会"，其日常办事机构是中央秘书处，设在瑞士的日内瓦。ISO 的宗旨是"在世界上促进标准化及其相关活动的发展，以便于商品和服务的国际交换，在智力、科学、技术和经济领域开展合作。"中国于 1978 年加入 ISO，在 2008 年 10 月的第 31 届国际化标准组织大会上，中国正式成为 ISO 的常任理事国。

对于"认证"，举例来说，对第一方（供方或卖方）生产的产品甲，第二方（需方或买方）无法判定其品质是否合格，可由第三方来判定。第三方既要对第一方负责，又要对第二方负责，不偏不倚，出具的证明要能获得双方的信任，这样的活动就叫作"认证"。

二、生产中心

生产中心是生产型企业的源头，所有产品都从这里生产出来。生产中心的任务是将人力、物料、设备、技术、信息、能源等生产要素有效地转化为有形产品或服务，简单地说就是投入、转化、产出的过程。财务管理决策软件规范了企业生产过程中的设计、计划、组织与控制，使学员能更好地组织公司的日常生产。在软件中，生产中心主要由厂房（土地和建筑）、生产线、产品标识和生产线净值四部分构成。

（1）厂房（土地和建筑）。软件设计了大、小两种厂房，大厂房可以安装 6 条生产线，小厂房可以安装 4 条生产线。

（2）生产线。生产线的种类有手工生产线、半自动生产线、全自动生产线、柔性生产线。不同生产线的生产效率及灵活性不同，企业拥有哪种生产线，软件就会显示哪种生产线的图标。

（3）产品标识。企业可供选择的生产或研发后生产的产品种类有四种，分别为 C1、C2、C3 和 C4 产品，企业的生产线生产哪种产品，软件就会对应显示哪种。

（4）生产线净值。在产品标识的下方，代表的是生产线的剩余价值。

三、物流中心

物流中心是连接生产与消费的桥梁。该中心起着对物资保管、运输、装卸、包装、加工等功能。物流中心包括两大部分：其一，以采购主管为首，其职责是根据生产部门的请购单从供应商处采购相应物料，及时准确地按生产部门的要求将原料提供给生产部门，同时保持零库存的状态；其二，将生产出的产品及时交付给购货方，完成销售产品其中的一环。在财务管理决策软件中，它是相对简单的一个中心，但是在真实的企业中，这个部门的工作比较复杂。

在软件中，物流中心分为两个部分。这两个部分主要体现为原材料订单、在途原材料、原材料库、产成品库和产品订单五个功能区域。

（1）原材料订单区域。该区域表示与供应商签订的订货合同，原材料订单按Y1、Y2、Y3、Y4品种分别列示。

（2）在途原材料区域。原材料采购分为两步：下原材料订单；原材料入库。这两个步骤之间的时间差称为采购提前期。Y1、Y2原材料的采购提前期为一个季度；Y3、Y4原材料的采购提前期为两个季度，这就导致Y3、Y4原材料有一个季度为在途原材料，以"在途"标注列示。

（3）原材料库区域。分别按照原材料品种列示，用于存放Y1、Y2、Y3、Y4原材料，每个价值为1W（代表万元，后同）。

（4）产成品库区域。分别按照产品品种列示，用于存放C1、C2、C3和C4产成品。

（5）产品订单区域。分别按照C1、C2、C3和C4产品列示，用于放置企业取得的产品订单。

四、财务中心

确立企业财务管理目标对企业整体运行具有重大影响，它是明确现代理财思想、建立现代理财方法和措施所必须重点考虑的问题。财务中心相当于真实企业的财务、会计的结合体，既要做好会计核算，又要做好财务管理，即管好资金流动、做好各项财务报表与分析、进行资金预算与筹集等。

在软件中，财务中心涵盖的内容更加广泛，分为四个大的区域：费用区域、贷款区域、现金区域、应收款和应付款区域。

（1）费用区域。主要包括折旧、税金、贴息、利息、维修费、转产费、租金、管理费、广告费和其他企业经营期间发生的各项费用。当企业发生上述费用时，系统将扣除相应金额，反映现金减少。

（2）贷款区域。用于体现贷款情况，主要包括长期贷款、短期贷款和其他贷款（高利贷）。企业的贷款金额规定是1 000W的整数倍，企业发生贷款时，系统按照贷款性质，将贷款的标志反映在对应的位置上。长期贷款按年分期，最长5年；短期贷款和其他贷款按照季度分期，最长为4期。

(3) 现金区域。用于存放现金，每单位价值 100W。

(4) 应收款和应付款区域。用于列示企业的应收款、应付款。其中，应收款区域按照季度分为 5 个账期，离现金最近的为即将收回的款项。

综上所述，将财务管理决策软件基本要素构成进行总结，如表 5-2-1 所示。

表 5-2-1 财务管理决策软件构成要素一览表

中心名称	关键环节	主要职能	简要说明
营销与研发中心	战略规划、市场营销	市场开拓规划	四大市场：本地、区域、国内、国际
		产品研发规划	四种产品生产资格：C1、C2、C3、C4
		ISO认证规划	两类认证：ISO9000 和 ISO14000
生产中心	设备管理、生产运作	厂房购置	大厂房和小厂房
		生产线建设	手工生产线、半自动生产线、全自动生产线和柔性生产线
		产品生产	生产线可安排生产已研发完成的产品
物流中心	物资采购、库存管理	采购提前期管理	Y1、Y2 的采购提前期为一个季度；Y3、Y4 的采购提前期为两个季度
		原材料订单管理	代表与供应商签订的采购合同
		原材料库存管理	四个原料库分别存放 Y1、Y2、Y3、Y4
		产品库存管理	四个产品库分别存放 C1、C2、C3、C4
财务中心	会计核算、财务管理	现金管理	设有现金库存放企业的现金
		贷款管理	长期贷款、短期贷款和其他贷款，用空桶表示
		应收款、应付款管理	应收款和应付款分账期
		费用管理	发生的期间费用

第三节 企业运营的市场规则

市场是企业进行产品营销的场所，企业的生存和发展离不开市场这个大环境。谁赢得了市场，谁就赢得了竞争。市场是瞬息万变的，变化增加了竞争对手的对抗性和复杂性。所以，必须依靠市场大环境来进行企业经营。小组成员利用软件进行财务管理决策实训，必须遵守市场规则与软件的操作规范。

一、营销与研发规则

▶▶▶ （一）市场开发

企业除拥有本地市场之外，还有区域市场、国内市场、国际市场有待开发。

➢ 1. 市场预测

在财务管理决策实训操作中，市场预测是各企业能够得到的关于产品市场需求预测的唯一可以参考的有价值的信息，对市场预测的分析与企业的营销方案策划息息相关。市场预测包括近几年关于行业产品市场的预测资料，包括各市场、各产品的总需求量、价格情况、客户关于技术及产品质量的要求等，市场预测对所有企业而言都是公开透明的。市场预测分析如图 5-3-1 所示，此图说明：

（1）该市场为本地市场。
（2）生产 C1 产品。
（3）市场订单数量大约 35 个。
（4）单价大约为 550W。

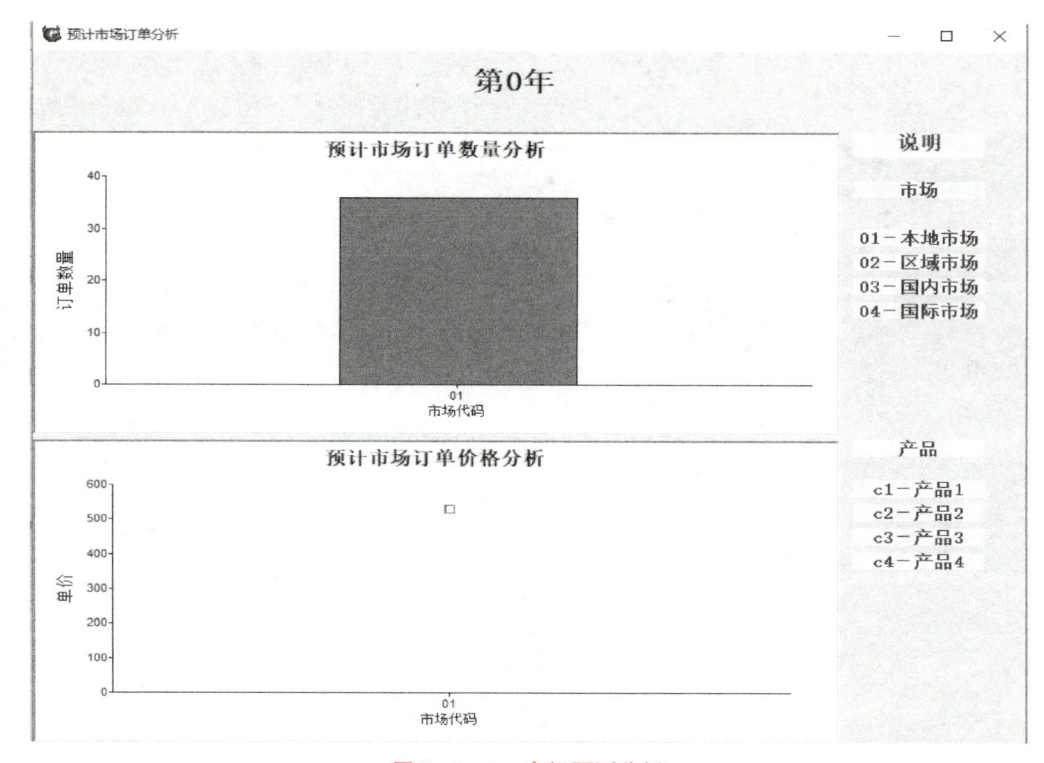

图 5-3-1 市场预测分析

➢ 2. 市场开发

由于各个市场地理位置及地理区划不同，开发不同的市场所需的时间和资金投入也不同，在市场开发完成之前，企业没有进入该市场销售的权利。市场准入资格如图 5-3-2 所示，该图说明：

（1）小组在运行系统之初，系统中设置已拥有本地市场准入资格。待开发的有区域市场、国内市场、国际市场。
（2）由于系统限定，待开发市场每年需投入 1M，不可超前投资，允许中断或终止。三个项目的关系为：每年投资额×最短投资周期＝投资总额。

（3）操作者既可以同时投资三个待开发市场，也可以根据市场需求有针对性地选择投资待开发市场。

（4）投资待开发市场所需费用计入当年综合费用。

市场	每年投资额	最短投资周期	投资总额
区域市场	1M	1年	1M
国内市场	1M	2年	2M
国际市场	1M	4年	4M

图 5-3-2　市场准入资格

3. 市场准入

当某个市场开发完成后，该企业就取得在该市场上经营的资格，此后就可以在该市场上进行宣传，争取客户订单。

（二）产品研发

1. 生产资格取得

由于各个市场对产品需求不同，开发不同产品所需资金投入也不同，在开发完成之前，企业没有该产品的生产权利。产品研发资格如图 5-3-3 所示，该图说明：

（1）小组在运行系统之初，系统中设置已获得 C1 产品的生产资格，C2、C3、C4 产品的生产资格需要研发获得。

（2）各产品可同步研发；按研发周期平均支付研发投资；资金不足时，可随时中断或终止，不允许超前或集中投入，已投资的研发费不可回收。

（3）全部投资完成的下一个周期方可开始生产。

产品	每季度投资额	最短投资周期	投资总额
C2	1M	6期	6M
C3	2M	6期	12M
C4	3M	6期	18M

图 5-3-3　产品研发资格

▶ 2. 产品构成

由于生产不同的产品，所需的原料也是不同的。每条生产线只能有一个产品在线。产品上线时需要支付加工费，不同生产线的技术装备水平不同，需要支付的加工费也是不同的。产品原材料构成表（如表 5-3-1 所示）反映的是产品所需的原材料构成，以及生产不同产品的费用构成。

表 5-3-1　产品原材料构成表

产品	原料	原料价值	加工费	直接生产成本
C1	Y1	1M	1M	2M
C2	Y1＋Y2	2M	1M	3M
C3	2Y2＋Y3	3M	1M	4M
C4	Y2＋Y3＋2Y4	4M	1M	5M

▶▶▶ （三）订单规则

▶ 1. 订单取得步骤

市场预测和客户订单是企业制订生产计划的依据，企业是以销定产、以产定购的生产类型。客户订单的获得对企业的影响至关重要，那么如何才能拿到订单呢？以下是订单取得的步骤：

（1）客户订货会。每年年初举办客户订货会，各企业派营销主管参加。订货会分市场召开，依次为本地市场、区域市场、国内市场和国际市场，每个市场又是按照 C1、C2、C3、C4 的顺序逐一进行。

（2）营销方案与订单争取。为了让客户了解企业，了解企业的产品与服务，企业会投入大量的资金和人力用于品牌和产品宣传，以争取到尽可能多的客户订货。广告是分市场、分产品投放的，投入 1M 有一次选取订单的机会。

（3）选单顺序。在每一年度的销售会议上，将综合企业的市场地位、广告投入、市场需求及企业间的竞争态势等因素，按照规定程序领取订单。客户订单是按照市场划分的，首先发放本地市场的订单，按 C1、C2、C3、C4 产品的顺序发放，再发放区域、国内、国际市场的订单，也按照 C1、C2、C3、C4 产品的顺序发放。选单次序如下：

1）第一年必须依靠广告的投放量进行选单。

2）在以后年度中，"市场老大"只要投入 1M 的广告费就可以优先选单。

3）无论投入多少广告费，每次只能选一张订单，等所有有资格选单的企业选择一轮完毕后才能得到下一次选单机会。

4）广告费的投入是自愿的行为，若没有投入广告费，也就失去了选单资格。

5）取得选单资格后，根据企业自身的需求，可以放弃继续选单。

6）市场地位是针对每个市场而言的。企业的市场地位根据上一年各企业的销售额排列，销售额最高的企业称为该市场的"市场老大"。

7）只在每年年初有一次客户订货会，即每年只有一次拿订单的机会。

▶ 2. 订单分类

订单分为普通订单、加急订单、ISO9000 订单和 ISO14000 订单。订单分类说明如

表5-3-2所示。

表 5-3-2 订单分类说明

订单类别	交货时间	取得订单资格
普通订单	本年任意一个季度	任何一个小组
加急订单	本年第一季度	任何一个小组
ISO9000 订单	本年任意一个季度	具有 ISO9000 认证资格，且在该订单所在市场当年支付 ISO9000 广告费的小组
ISO14000 订单	本年任意一个季度	具有 ISO14000 认证资格，且在该订单所在市场当年支付 ISO14000 广告费的小组

市场需求用客户订单卡片的形式表示，卡片上标注了市场、产品组成、产品数量、产品单价、订单价值总额、账期等要素。市场订单如图5-3-4所示，这是一个本地市场的订单，此订单说明购买方需要两个C3产品，每个C3产品是由两个Y2和一个Y3组成。C3产品销售单价为7 500 000元，总额为15 000 000元，此销售款需4账期收回。

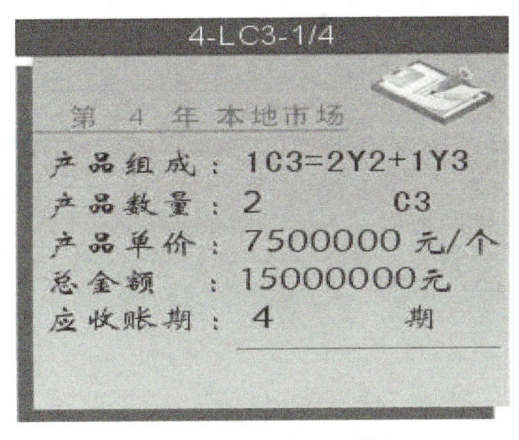

图 5-3-4 市场订单

需要说明的是，订单上的应收账期还代表客户收货时货款的交付方式。若为0账期，则现金付款；若为3账期，则代表客户付给企业的是3个季度到期的应付账款。

如果没有特殊说明，普通订单可以在当年任一季度交货。卡片上标注有"加急"字样的订单，必须在第一季度交货。如果由于产能未达到或者其他原因导致本年不能交货，则视为违约，需缴纳违约金。当企业逾期没有交货时，缴纳的违约金计算如表5-3-3所示。

表 5-3-3 违约金计算表

订单类别	违约金	后续处理
普通订单	本年度结账前缴纳违约金＝订单销售总额×20%向下取整	收回订单，无须再交货
加急订单	本年度结账前缴纳违约金＝订单销售总额×20%向下取整	收回订单，无须再交货

3. ISO 认证

ISO 认证在前文已经讲述过。操作者既可以同时投资两种认证资格，也可以根据市场需求有针对性地选择投资其中一种，认证投资计入当年综合费用。ISO 认证资格如图 5-3-5 所示，该图说明：

（1）ISO 认证需分期投资开发，每年一次，每次 1M。三个项目的关系为：每年投资额×最短投资周期＝投资总额。

（2）投资期间可以中断，不允许集中或超前投资。

认证	每年投资额	最短投资周期	投资总额
ISO9000	1M	2年	2M
ISO14000	1M	3年	3M

图 5-3-5　ISO 认证资格

二、生产中心规则

（一）厂房购买、出售与租赁

企业目前有两种厂房可供选择。有关各厂房购买、租赁、出售的相关信息如表 5-3-4 所示。

表 5-3-4　厂房相关信息表

厂房	买价	租金	售价	容量
大厂房	4 000W	200W	4 000W	6 条生产线
小厂房	2 000W	100W	2 000W	4 条生产线

厂房相关信息表规则说明：

（1）厂房不计提折旧。

（2）已购买的厂房无须缴纳租金；未购买的厂房中，若有生产线，则需要缴纳租金。

（3）未购买的厂房中当年曾经有过生产线，但在最后一个季度将生产线出售了，即运行到"支付租金"操作时厂房中已无生产线，则无须缴纳租金。

（4）变卖厂房时，若厂房内还有生产线，则这些生产线转为租赁，租赁期不满一年，按一年计算租金。厂房可以按照购买价值出售，得到的是 4 个账期的应收账款。

(二）生产线购买、转产与维修、出售

生产线共分为四种：手工生产线、半自动生产线、全自动生产线、柔性生产线。所有生产线都可以生产所有产品，不同类型的生产线的主要区别在于生产效率和灵活性不同。生产效率是指单位时间生产产品的数量，不同的生产线，其生产周期不同，生产效率也不一样；灵活性是指转产新产品时设备调整的难易性。生产线如图 5-3-6 所示，说明了不同生产线的生产周期。

图 5-3-6　生产线

1. 投资新生产线

按照生产线安装周期平均支付投资费用，全部投资到位后开始生产，其间可以中断投资。以购买全自动生产线为例，生产线安装周期如表 5-3-5 所示。

表 5-3-5　生产线安装周期

时间	投资额	操作内容
一期	400W	启动一期安装
二期	400W	完成一期安装，启动二期安装
三期	400W	完成二期安装，启动三期安装
四期	400W	生产线安装完毕，可以开始生产

2. 生产线转产

生产线转产是指生产线转生产其他产品，现有生产线转产新产品时需要一定转产周期并支付一定转产费用，最后一笔费用支付到期一个季度后方可更换产品标识。如半自动生产线原来生产 C1 产品，如果转产 C2 产品，则需要改装生产线，因此需要停工一个周期，并支付 100W 的转产费用。

3. 生产线维修

维护费用因生产线不同而不同，当年在建（未生产）的设备不用支付维护费，如果设备已建成并投入使用，则需要交纳维护费；当年已出售的生产线不用支付维护费；已建成、当年未投入生产的设备需要交纳维护费。

4. 计提折旧

固定资产在长期使用过程中，实物形态保持不变，但因使用、磨损及陈旧等原因会发

生各种有形或无形的损耗。固定资产的服务能力随着时间的推移逐步消失，其价值也将随之发生损耗。企业应采取合理的方法，将固定资产的损耗分摊到各经营期，记作每期的折旧费用。企业可以采用平均年限法，也可以采用加速折旧法计提折旧，但应注意要与当期营业收入相匹配。

在财务管理决策实训操作中，生产线从建成的下一年开始计提折旧，折旧方法采用加速折旧法中的双倍余额递减法。双倍余额递减法，是指在不考虑固定资产预计残值的情况下，将每期固定资产的期初账面净值乘以一个固定不变的百分率，以计算折旧额的一种加速折旧的方法。相关计算公式如下：

年折旧率＝2÷预计的折旧年限×100%

年折旧额＝固定资产期初折余价值×年折旧率

月折旧率＝年折旧率÷12

月折旧额＝年初固定资产折余价值×月折旧率

固定资产期初账面净值＝固定资产原值－累计折旧

最后两年每年折旧额＝（固定资产原值－累计折旧－净残值）÷2

规则说明：

（1）按照规定，当年建成的生产线不计提折旧。

（2）当年未使用的固定资产，照样计提折旧。

因为折旧额的计算结果可能出现小数，所以本着加速折旧法的精髓——均衡计提折旧的原则，取整计算。所有设备的可使用年限均为10年，折旧计提完成后，也就是当年生产线净值小于等于残值时，不再计提折旧，但是生产线可以继续使用。待设备出售时，按残值计价。

5. 生产线出售

如果生产线的净值小于残值，则将生产线净值直接转到现金库中；如果生产线的净值大于残值，则从生产线净值中取出等同于残值的部分置于现金库中，将差额部分计入综合费用的其他项目。

综上所述，有关生产线购买、转产与维修、出售的相关信息如表5-3-6所示。

表5-3-6 生产线相关信息表   金额单位：W

生产线	购置费	安装周期	生产周期	转产费	转产周期	维修费	残值
手工生产线	500	0	4	0	0	100	100
半自动生产线	800	2	2	100	1	100	200
全自动生产线	1 600	4	1	400	2	100	400
柔性生产线	2 400	4	1	0	0	100	600

（三）生产规划

生产规划是企业经营战略的具体化，对企业各项活动起到"调节器"的作用，是制造企业最基本的管理和控制手段，企业管理者必须有效地管理好生产规划。

制定生产规划的基本逻辑是：根据主生产计划（要生产什么）、物料清单（即产品结构文件，用什么生产）和库存记录（已经有什么），对每种物料进行计算（还需要什么），指出何时将会发生物料短缺，进而在恰当的时候（订货点）采购恰当的数量（订货量）。

三、物流中心规则

（一）采购计划

采购计划主要解决三个问题，即采购什么、采购多少、何时采购。

（1）采购什么。采购计划的制订与物料需求计划直接相关，并直接上溯到生产计划。根据生产计划，减去产品库存，并依据产品的物料清单，就可求得为满足生产所需还要采购哪些物料。

（2）采购多少。采购多少与库存数量和采购批量有直接联系。

（3）何时采购。要结合生产线状态和原材料采购提前期进行排程计算，准确地下原材料订单，达到"既不出现库存积压（过早），又不出现物料短缺（过晚）"的管理境界，实现"零库存"目标。

（二）存货管理

1. 原材料采购与入库步骤

采购的任务是适时、适量、适价地采购到生产所需的原料。适时与生产计划和采购提前期相关；适量与生产计划和产品结构相关；适价是指要注意控制采购成本。

当货物运抵企业时，企业必须无条件接受并支付料款。原材料到达原料库后，企业支付相应现金。

2. 产品更新生产与完工入库

在每一期，软件自动将各生产线上的在制品推进一格，产品下线表示产品完工，将产品放入对应的产品仓库中。

3. 交货与收现

（1）交货。在财务管理决策实训操作中，必须按照订单中规定的数量一次性整单交货，一张订单不允许分批交货。交单可提前，不可延后。

（2）收现。若为现金（0 账期）销售，货款收回后将直接进入现金库；若为赊销，则货款将计入应收款的相应位置上，从下一个季度开始，每个季度软件将应收款按照账期推进一格，当应收款达到账期时，自然就表示收回现金了。当然，也可以使用贴现方式提前收回应收款。

4. 紧急采购

（1）紧急采购原料。在实训操作中，如果采购总监没有下原材料订单，就不能从供应商处购买原料，可能会出现停工待料的情况。为了不影响产品上线生产，可以紧急采购原材料，也就是在没有预定的情况下，付款后原材料即入库，买价为其价值的两倍，多付出的部分计入有关综合费用的损失项。

（2）紧急采购产品。在模拟运营中，如果由于产能不足、原料不足或现金不足等造成不能按订单要求交货，则不仅无法实现销售收入，还要支付违约罚款。为了避免违约，可以采取紧急采购产品的方法，付款后产品即入库，买价为其直接成本的三倍，多付出的部分计入有关综合费用的损失项。

四、财务中心规则

▶▶▶ （一）现金预算

资金是企业的"血液"，是企业所有活动的支撑。在企业经营中，成本费用的支付需要现金，各项投资需要现金，到期还债也需要现金，如果没有一个准确详尽的现金预算，管理者很快就会焦头烂额、顾此失彼。财务管理决策实训操作中，企业可以出现亏损，但现金流不可以断裂，一旦现金流断裂，模拟企业就将宣告破产。因此，每年年初编制现金预算是非常必要的。

现金预算就是运用一定的方法合理估测企业未来一定时期内的现金收支情况，并对预期差异采取相应对策的活动。现金预算的作用在于：可以揭示现金过剩或者现金短缺的时期，以避免不必要的资金闲置或短缺；可以在实际收支实现以前了解企业经营计划的财务结果；可以预测未来时期企业对到期债务的直接偿付能力等。通过编制现金预算，可以较为有效地预计未来现金流量，是现金收支动态管理的一种有效方法。

▶▶▶ （二）融资方式

在财务管理决策实训操作中，模拟企业尚未上市，因此，其融资渠道只能是从银行贷款、特别贷款和紧急融资。

➢ 1. 从银行贷款

从银行贷款包括长期贷款与短期贷款。当模拟企业需要资金时，可以向银行申请长期贷款或短期贷款，长期贷款的使用期限最长为5年，短期贷款的使用期限为4个季度。企业全年总共有4次申请短期贷款的机会，在各期期初，分别有一次申请短期贷款的机会；在年末，有一次申请长期贷款的机会。财务管理决策软件中约定：从银行贷款的额度取决于企业上年年末所有者权益的多少，贷款最大额度不能超过上年年末所有者权益的两倍，并以1 000W为基本贷款单位。模拟企业发生的利息费用在利润表中单列为财务费用，不计入综合费用。

在软件中，长期贷款区域分为五个方格，每个方格代表一年，系统从取得贷款的下一年，每年年初移动一格，表示归还本金的期限缩短一年；短期贷款区域按季度分为四个方格，每个方格代表一个季度，系统从取得贷款的下一季度，每个季度移动一格，表示还款期限在缩短。

➢ 2. 特别贷款

在财务管理决策实训操作中，若出现模拟企业破产情况，为保证教学秩序和顺利完成教学任务，授课教师可以灵活掌握，如提供给破产企业适当额度的特别贷款。特别贷款在软件中的"其他贷款"区列示，企业可在需要时随时申请。特别贷款以1 000W为基本贷款单位，使用期限为4个季度，年利率为20%，到期还本并支付最后一年的利息。模拟企业发生的利息、贴息等费用在利润表中单列为财务费用，不计入综合费用。在考核中，系统对于借入特别贷款的企业将给予一定扣分处理。

> **3. 紧急融资**

（1）应收款贴现。应收款贴现就是将尚未到期的应收款提前兑换为现金，当模拟企业满足有尚未到期的应收款的条件下，可在需要时随时申请贴现，但需要支付贴现息。模拟企业发生的贴现费用在利润表中单列为财务费用，不计入综合费用。

约定贴现率为 1/7，即每 7M 应收款贴现，从中取出 1M 作为贴现息，放在费用的"贴息"项，其余 6M 放入现金库。贴息向上取整，即贴现息不足 7M，也要承担 1M 贴现息。

（2）厂房贴现。在紧急情况下，厂房可以贴现，在扣除贴现息和厂房租金后得到 4 个账期的应收款项。

（3）出售库存。

1）库存原材料按其成本的八折出售，取得现金（向下取整）后，折价部分计入有关综合费用的损失项。

2）库存商品可以按直接成本出售，取得现金。例如出售一个 C2 产品，可以取得 300W 现金。当产品存在大量库存而资金紧张时，也可以将该方法作为一种应急的融资手段。

综上所述，部分融资手段及财务费用对比如表 5-3-7 所示。

表 5-3-7 融资方式对比表

融资方式	规定贷款时间	最高限额	费率	还款约定
长期贷款	每年年末	上年所有者权益×2-已贷长期贷款	10%	年底付息，到期还本
短期贷款	每季度初	上年所有者权益×2-已贷短期贷款	5%	到期一次还本付息
特别贷款	任何时间	与银行协商	20%	到期一次还本付息
应收款贴现	任何时间	根据应收账款额度按 1∶6 的比例	1/7	贴现时付息

五、其他补充说明

▶▶▶ （一）综合管理费用

在软件中，为了简化运行程序，系统设定综合管理费用区别于正常企业经营使用的会计规范。系统设定综合管理费用包括管理费、广告费、维修费、损失、转产费、厂房租金、新市场开拓投资、ISO 资格认证投资、产品研发费、人工费、贴现费、折旧费、税金、利息和其他费用。期末，根据各项明细就可以编制综合管理费用明细表。

▶▶▶ （二）所得税

每年的所得税计入应付税金项目，在下一年年初缴纳。所得税按照弥补以前年度亏损后的余额为基数计算，按照盈利的 25% 向下取整提取。如果企业未盈利，则企业不交所得税。

(三)破产规则

破产有两种情况:第一,所有者权益为负数即破产;第二,若流动资金不足,且没有办法继续融资,则视为破产。破产的企业在系统中将不再运行,不能进行最后成绩排名和数据分析。

(四)系统评分标准

(1)厂房。大厂房每个加 15 分,小厂房每个加 10 分。

(2)生产线。手工生产线每条加 5 分,半自动生产线每条加 10 分,全自动生产线每条加 15 分,柔性生产线每条加 15 分。

(3)市场。区域市场开发加 10 分,国内市场开发加 15 分,国际市场开发加 20 分。

(4)ISO 资格认证。ISO9000 资格认证加 10 分,ISO14000 资格认证加 10 分。

(5)产品研发,C2 产品研发加 10 分,C3 产品研发加 10 分,C4 产品研发加 15 分。

(6)每个市场的"市场老大"加 15 分。

(7)权益系数=系统统计评分/(100+1);

权益=股东资本+利润留存+年度净利润;

总分=权益系数×权益。

第四节 起始年度操作流程的介绍

在使用财务管理决策软件的过程中,各组按照相同的步骤操作,但最后结果千差万别、复杂多样。下面以常规模式下起始年度模拟企业运营为例,介绍相关操作流程,总共分为 27 个步骤。

(1)学员在电脑桌面点开图标"jxsypt"(如图 5-4-1 所示),点开后进入登录界面(如图 5-4-2 所示),此时需要输入用户名代码"201801"及用户名称"01",用户密码为空,点击"登录"按钮。

图 5-4-1 软件图标

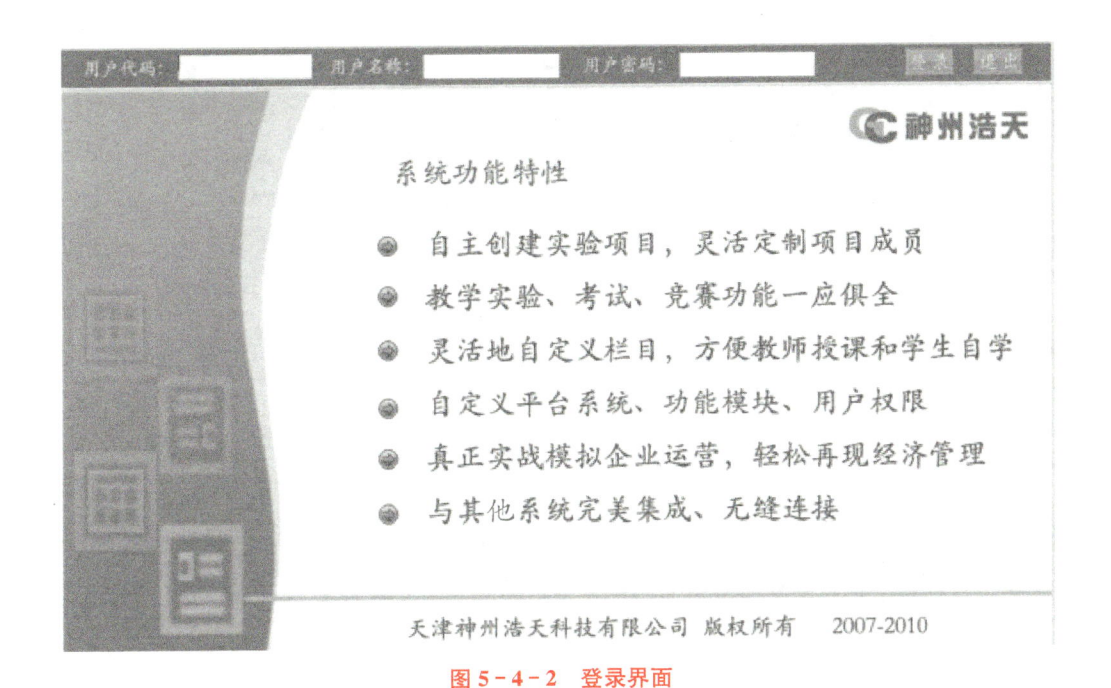

第五章　财务管理决策软件的说明与使用规则　71

图 5-4-2　登录界面

（2）登录后，系统显示项目目录列表（如图 5-4-3 所示），从项目列表中查找项目代码为"学生1班"的项目，点击鼠标选中。

图 5-4-3　项目目录列表

（3）进入操作界面，此时系统设定初始状态现金为 2 000W。点击"下一步"按钮，出现广告费录入提示（如图 5-4-4 所示），学员根据市场订单和生产计划等输入广告费，点击"保存"按钮后关闭界面。

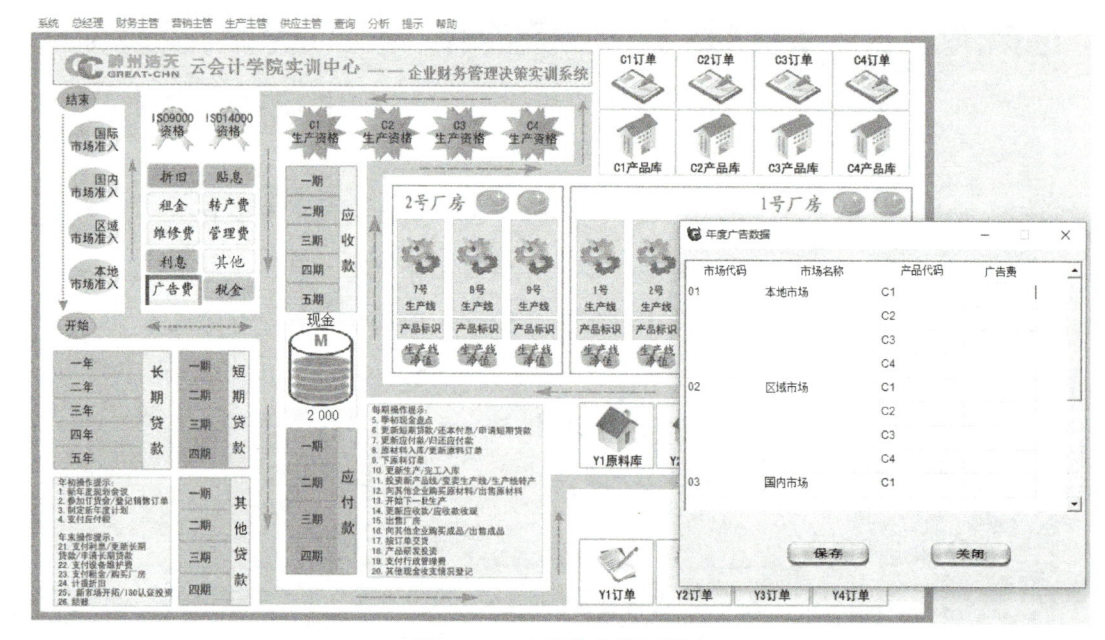

图 5-4-4　广告费录入提示

（4）点击"下一步"按钮，出现销售选单界面（如图 5-4-5 所示），可以看到系统已经为经营小组派发了一个订单，此时可以查询订单的详细信息，之后关闭界面。

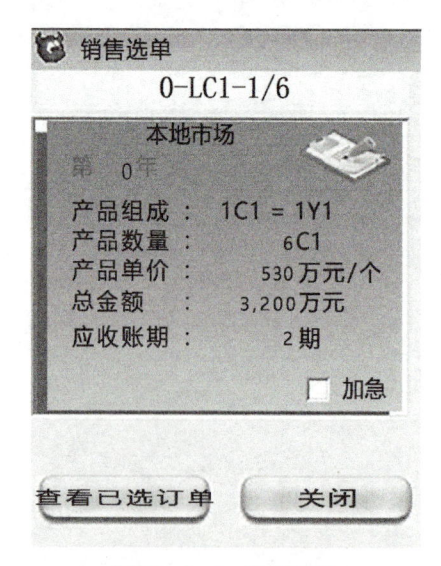

图 5-4-5　销售订单

（5）点击"下一步"按钮，出现制订新年计划界面（如图 5-4-6 所示），此步骤为自主讨论环节，学员将之前讨论的经营计划、需在每期生产多少个产品、对应购买多少原材料对应录入系统，点击"保存"按钮后关闭界面。

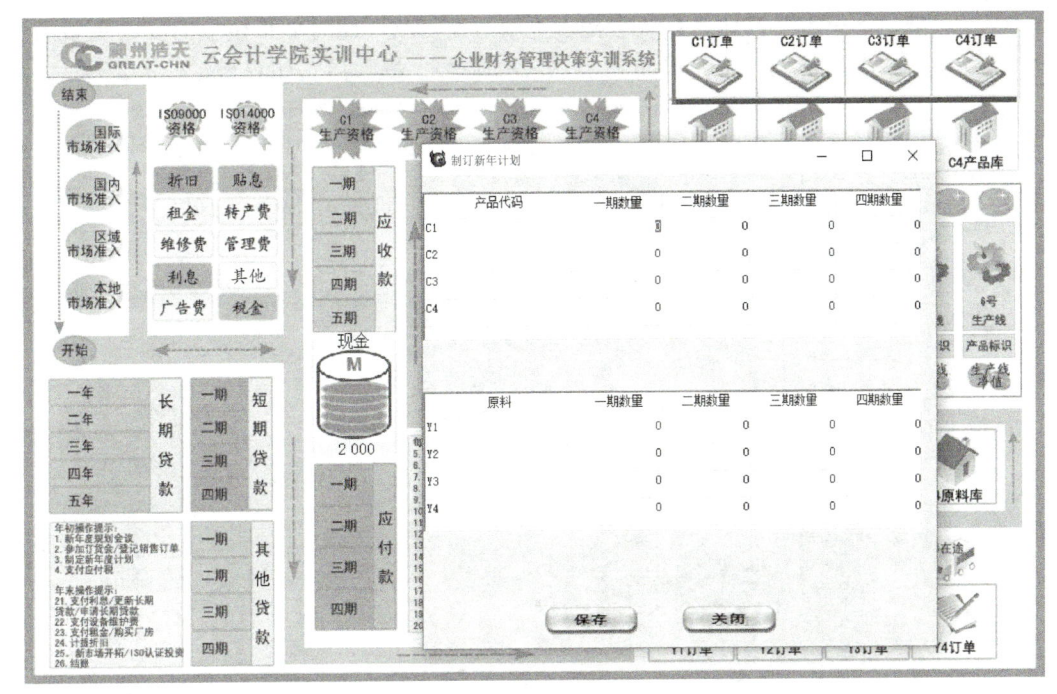

第五章 财务管理决策软件的说明与使用规则 73

图 5-4-6 制订新年计划

（6）点击"下一步"按钮，出现支付所得税界面（如图 5-4-7 所示），此时由于初始状态设定的是常规模式，系统默认需要支付 100W 元的所得税费用，点击"M 桶"支付企业所得税后关闭界面。

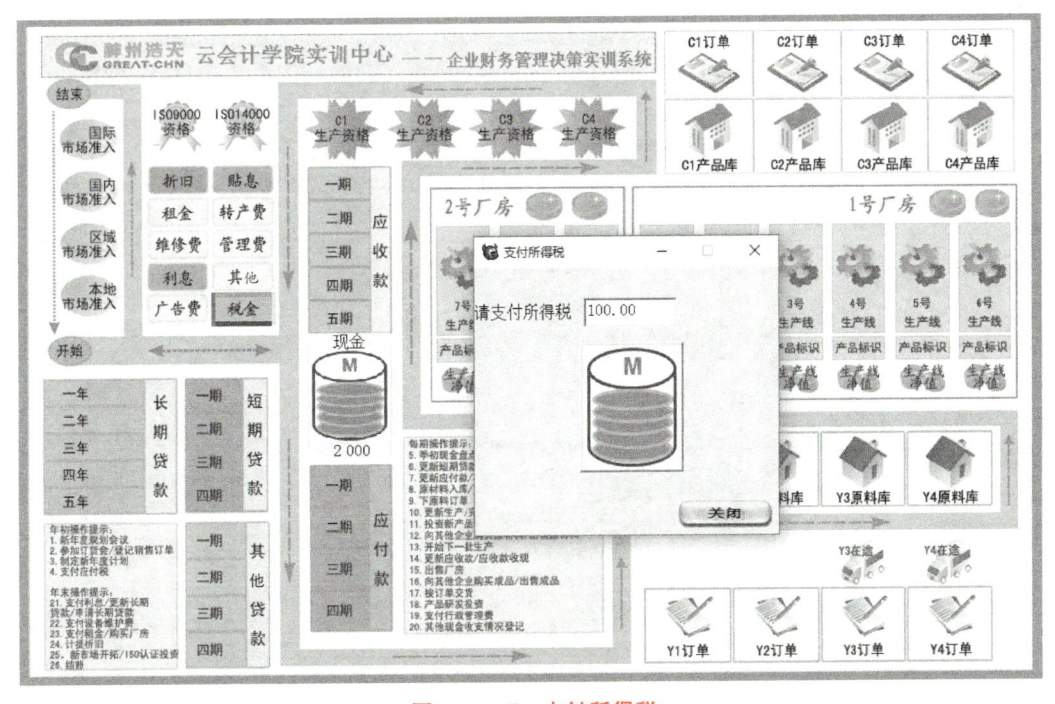

图 5-4-7 支付所得税

（7）点击"下一步"按钮，系统会提示更新短期贷款，此时如果企业需要借更多的资金，可以点击"申请贷款"按钮（如图5-4-8所示）。操作后关闭界面。

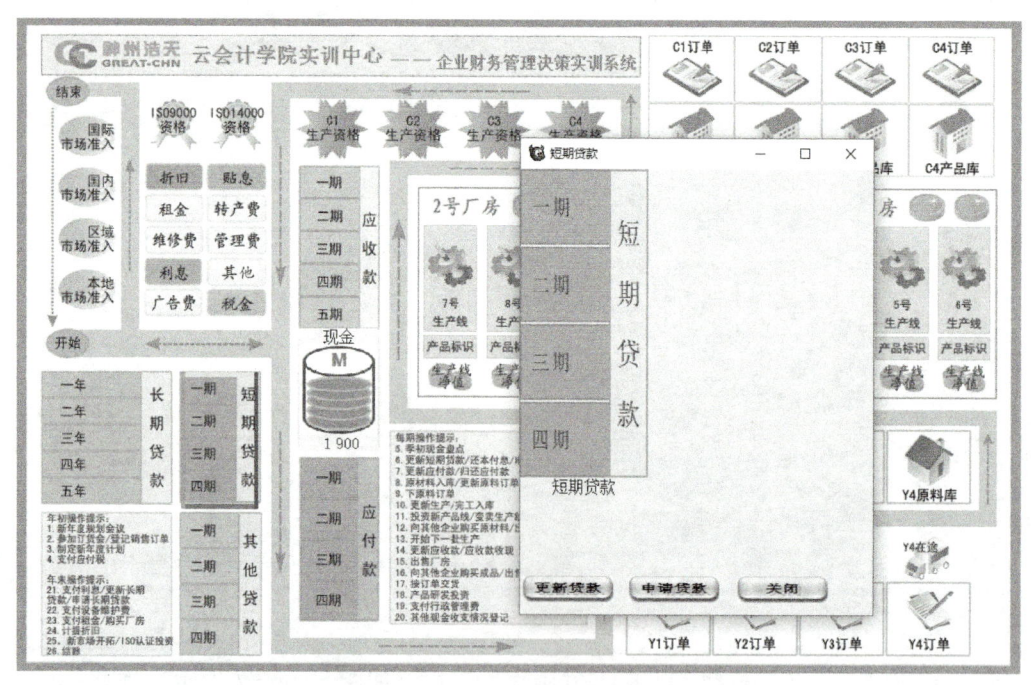

图5-4-8　申请短期贷款

（8）点击"下一步"按钮，出现更新应付款的图标（如图5-4-9所示），在经营期间若没有应付款，可以选择直接关闭界面。

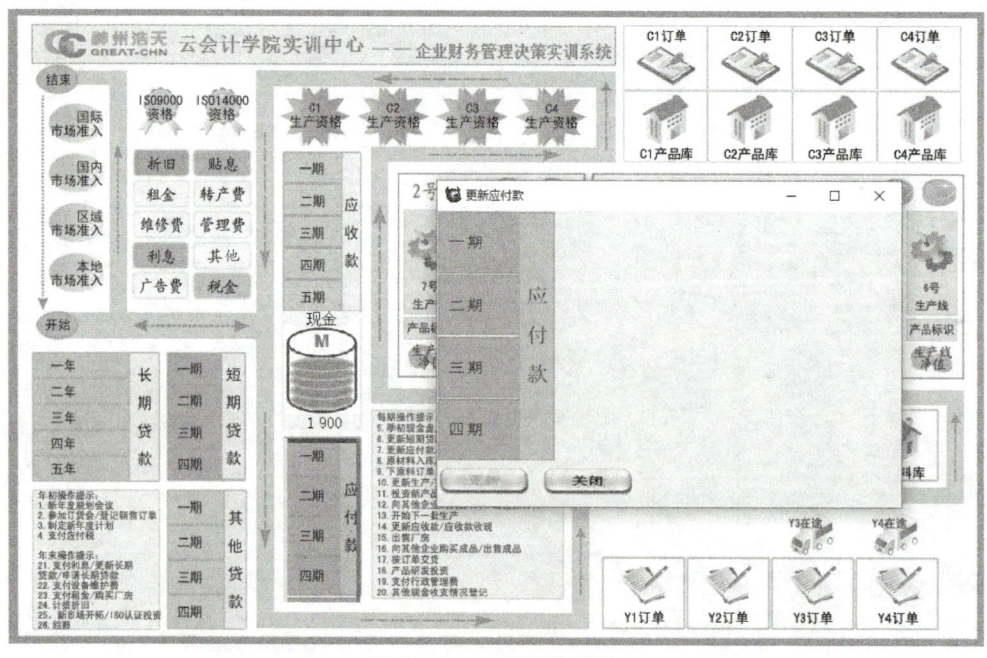

图5-4-9　更新应付款

(9) 点击"下一步"按钮，显示原材料更新入库界面（如图 5-4-10 所示），入库后，此时 Y1 的库存数量将会变成 5 个，这是系统在起始年度设定的数据。操作后关闭界面。

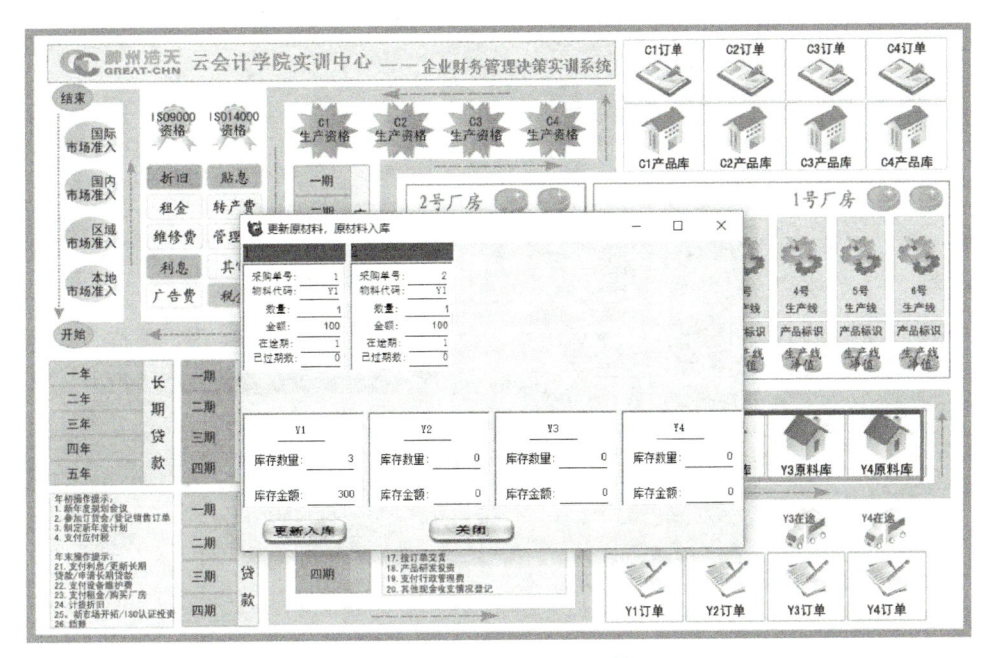

图 5-4-10 更新原材料

(10) 点击"下一步"按钮，系统提示购买第二期所需原材料（如图 5-4-11 所示）。根据生产计划，点击购买所需的原材料，购买的原材料会在第二期更新入库。例如购买一个 Y1，就点击 Y1 一次。操作后关闭界面。

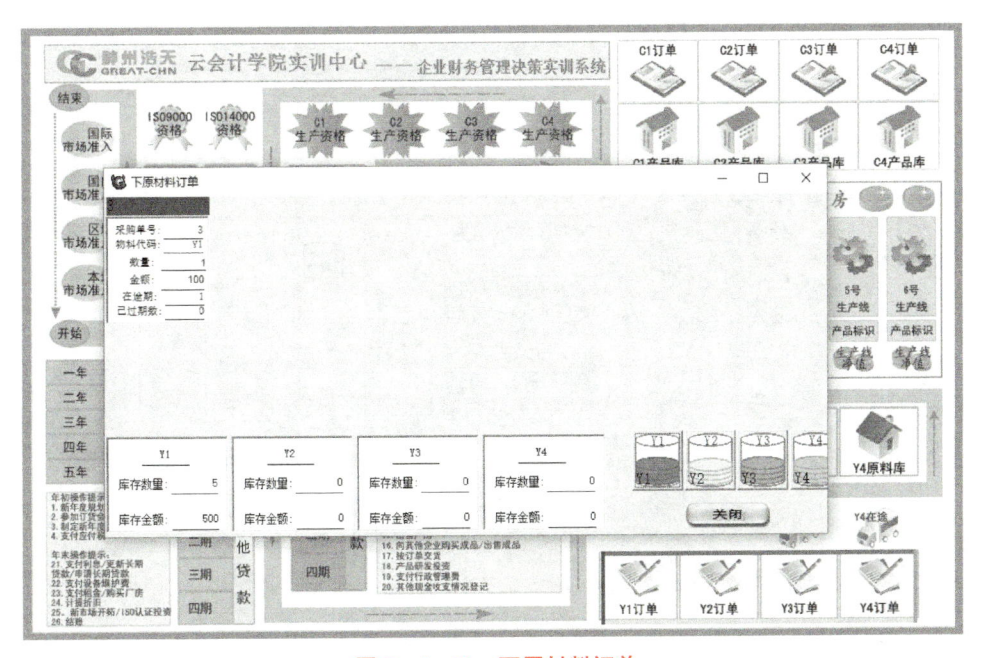

图 5-4-11 下原材料订单

(11) 点击"下一步"按钮，该步骤是在产品的更新入库，点击更新后如图 5-4-12 所示。操作后关闭界面。

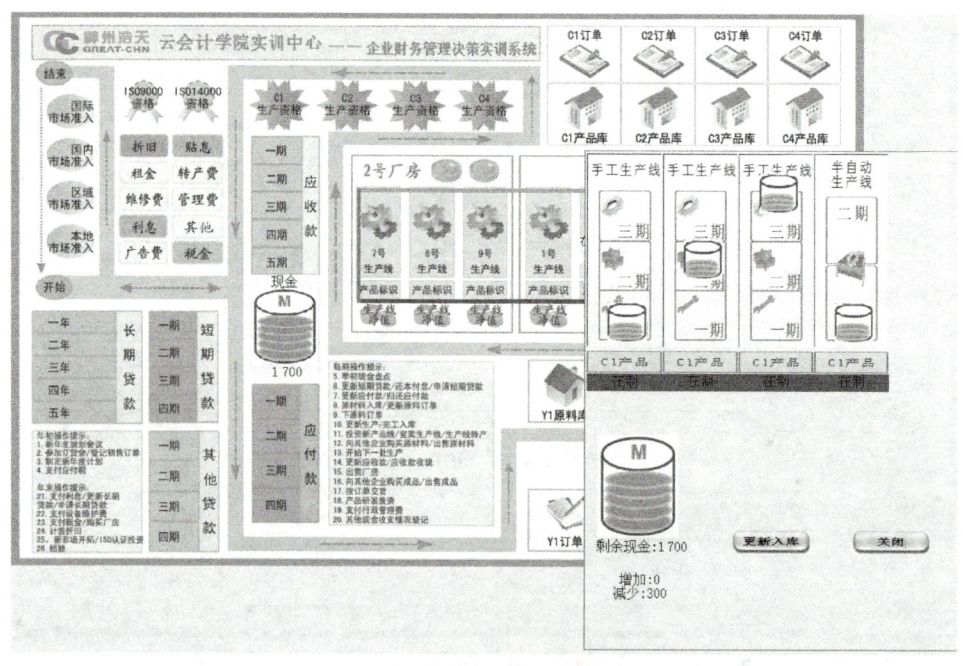

图 5-4-12　更新在产品

(12) 点击"下一步"按钮，在该步骤，可以根据生产需求、生产效率及库存现金等情况来购买生产线。新购买的生产线，即蓝色标注"在建"的生产线，需要在该生产线上点击投资，否则将影响以后期间的使用。若不购买生产线，则可以直接关闭界面，购买生产线后的情况如图 5-4-13 所示。

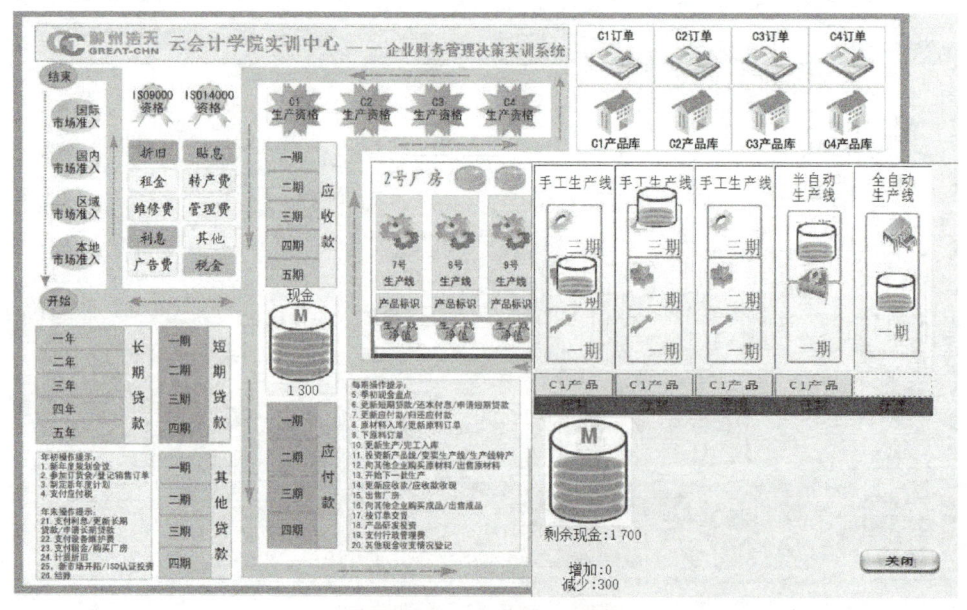

图 5-4-13　购买生产线

(13) 点击"下一步"按钮,此步骤为买卖原材料(如图 5-4-14 所示)。此时,各组之间可以互相交易,将多余的原材料卖给其他小组,或进行紧急采购。买卖双方必须达成一致,一组点击卖出,另一组接受买入,系统方可弹出交易的对话框。如不需要买卖原材料,则直接关闭界面。

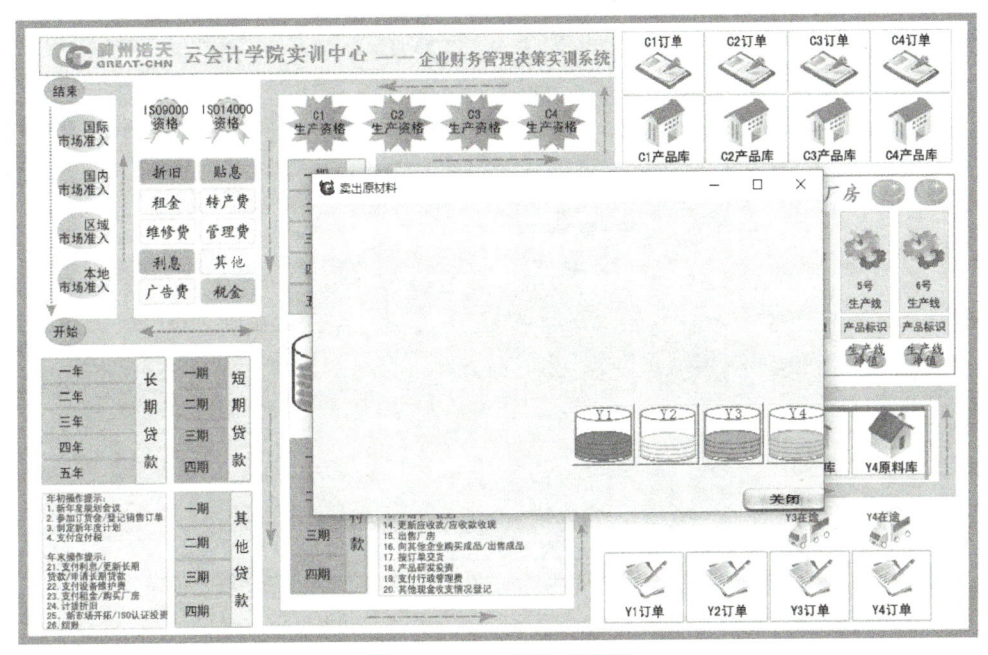

图 5-4-14 买卖原材料

(14) 点击"下一步"按钮,此步骤为更新生产线(如图 5-4-15 所示)。在显示空闲的生产线上点击生产后,即"空闲"字样将变为"在制"。操作后关闭界面。

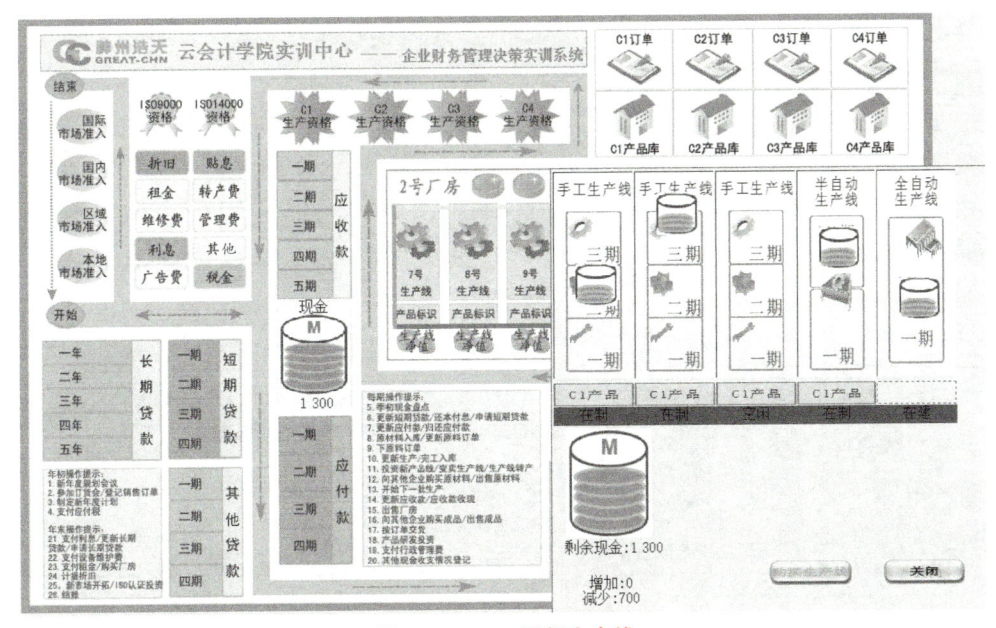

图 5-4-15 更新生产线

(15) 点击"下一步"按钮,此步骤为更新应收款(如图 5-4-16 所示)。点击"更新"按钮,圆桶从一期自动转为二期。此时也可紧急融资,点击鼠标右键,将出现"贴现"字样。操作后关闭界面。

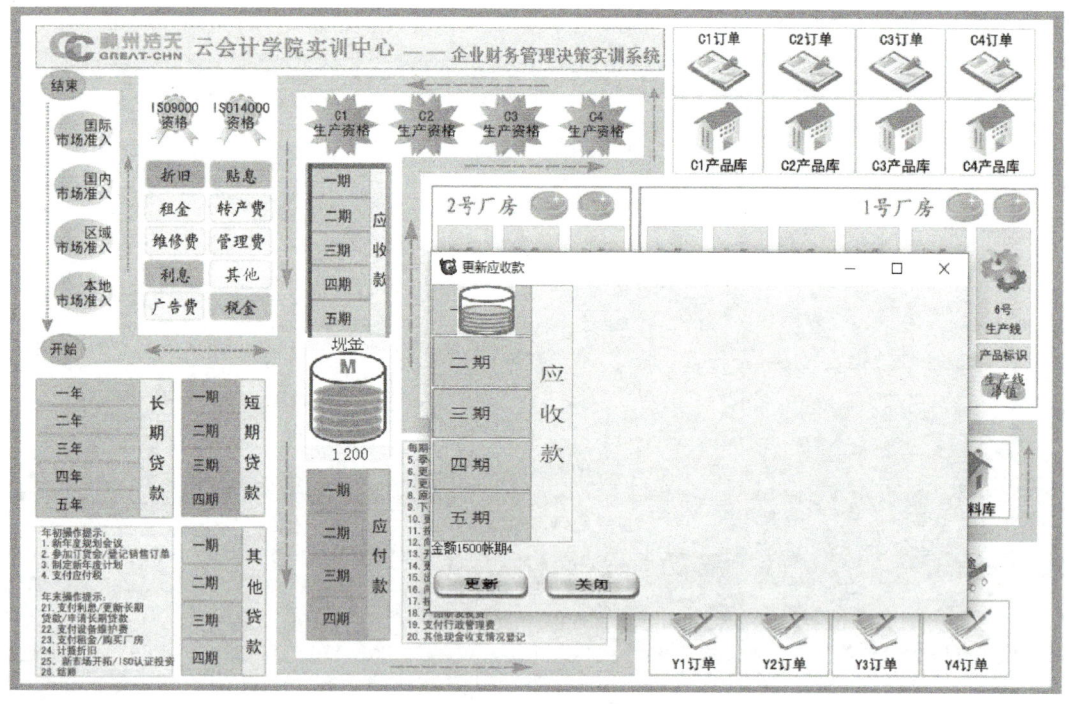

图 5-4-16　更新应收款

(16) 点击"下一步"按钮,此步骤为出售厂房(如图 5-4-17 所示)。一般不建议进行这种操作,选择直接关闭界面,但当企业无法继续经营下去,需要做最后清算时,可以选择出售厂房。

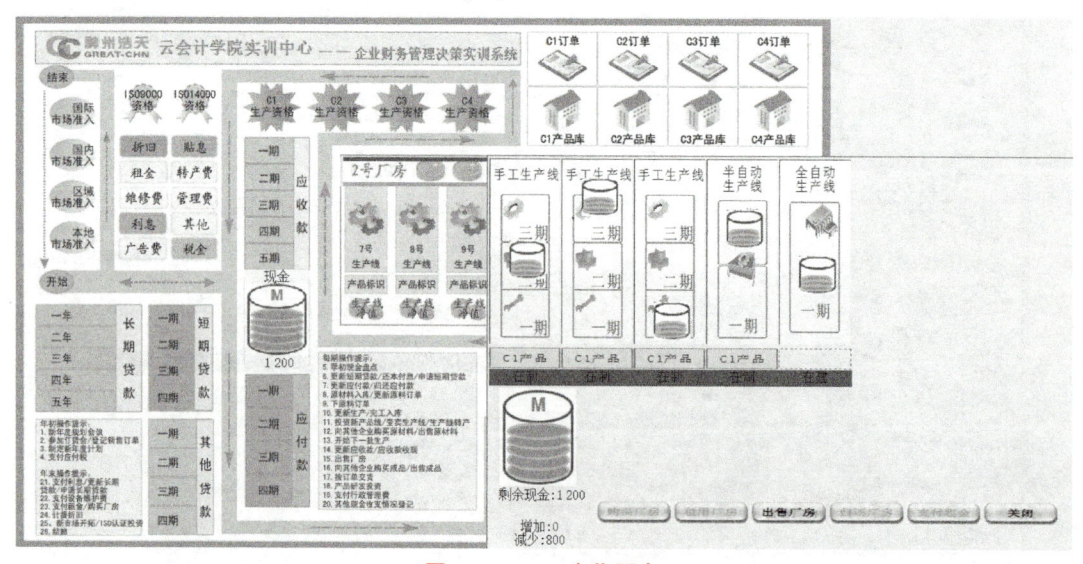

图 5-4-17　出售厂房

第五章　财务管理决策软件的说明与使用规则　79

（17）点击"下一步"按钮，此步骤为买卖产品（如图 5-4-18 所示）。此时，各组可以互相交易，将多余产品卖给其他小组，或进行紧急采购。买卖双方必须达成一致，一组点击卖出，另一组接受买入，系统方可弹出交易的对话框。如不需要买卖产品，则直接关闭界面。

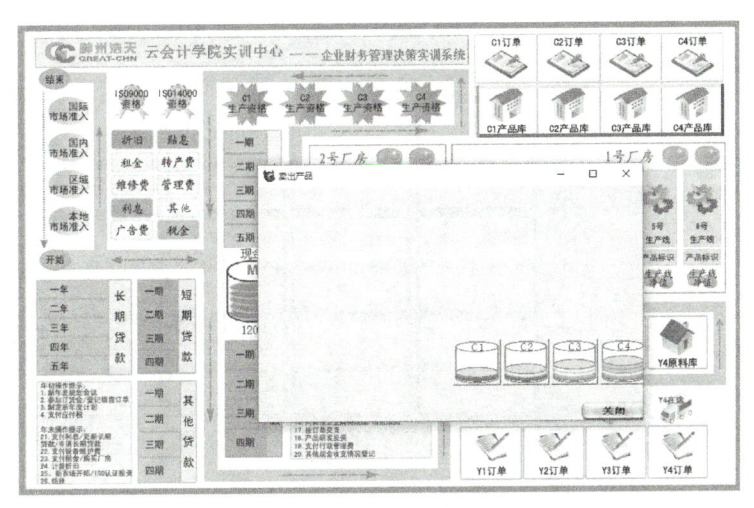

图 5-4-18　买卖产品

（18）点击"下一步"按钮，此步骤为交货环节，当库存数量满足订单所需数量时，即点击"交货"按钮。如图 5-4-19 所示，C1 的库存数量为 4 个，订单所需 C1 产品数量为 6 个，不满足要求，故本期无法交货，需要下面几期继续生产，达到订单数量后方可交货。操作后关闭界面。

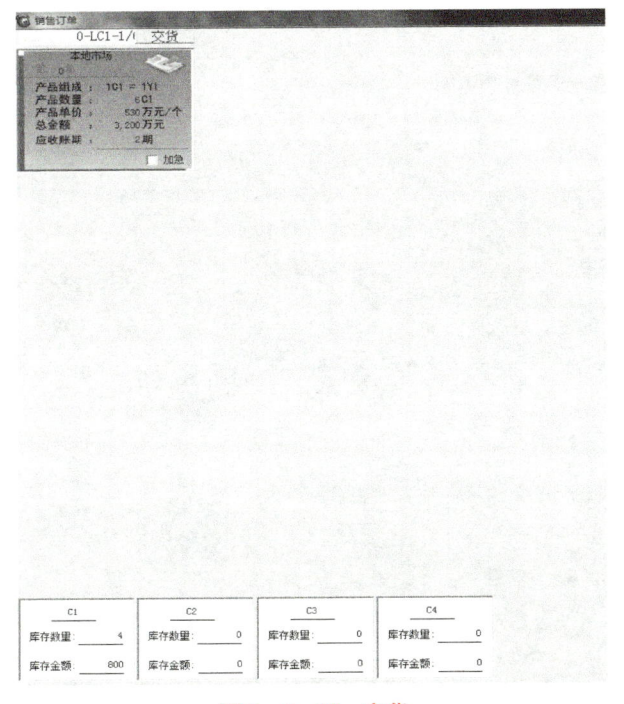

图 5-4-19　交货

(19) 点击"下一步"按钮,此步骤为产品研发投资(如图 5-4-20 所示)。此时,根据生产计划,投资研发所需生产的产品,取得相应的生产资格。操作后关闭界面。

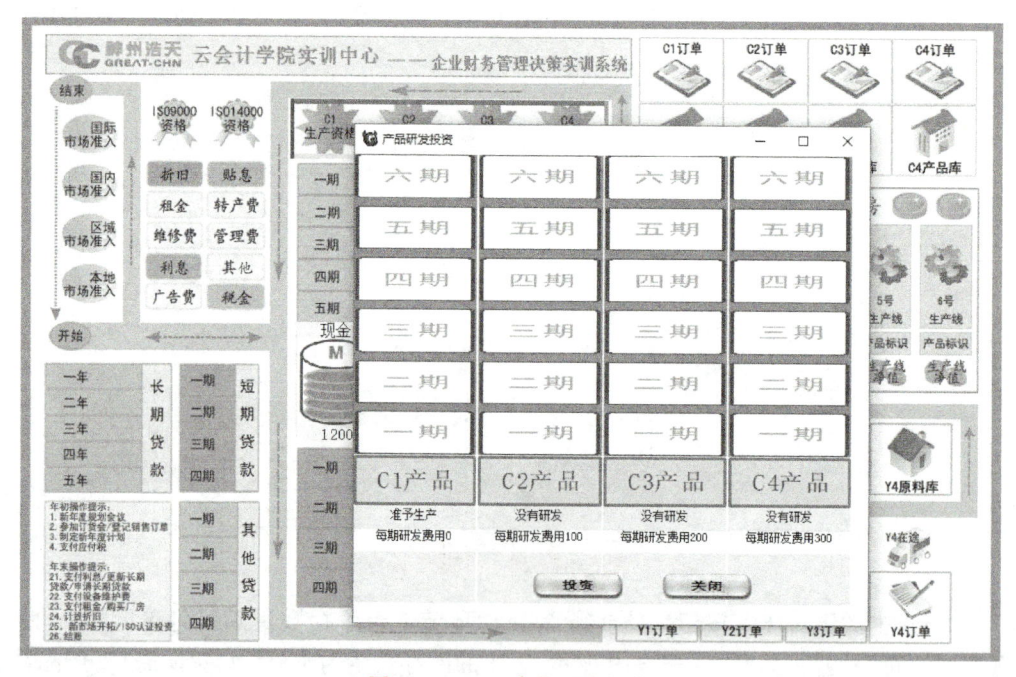

图 5-4-20 产品研发投资

(20) 点击"下一步"按钮,点击"M桶",支付 100W 行政管理费,系统在每一期都会提示支付,如图 5-4-21 所示。操作后关闭界面。

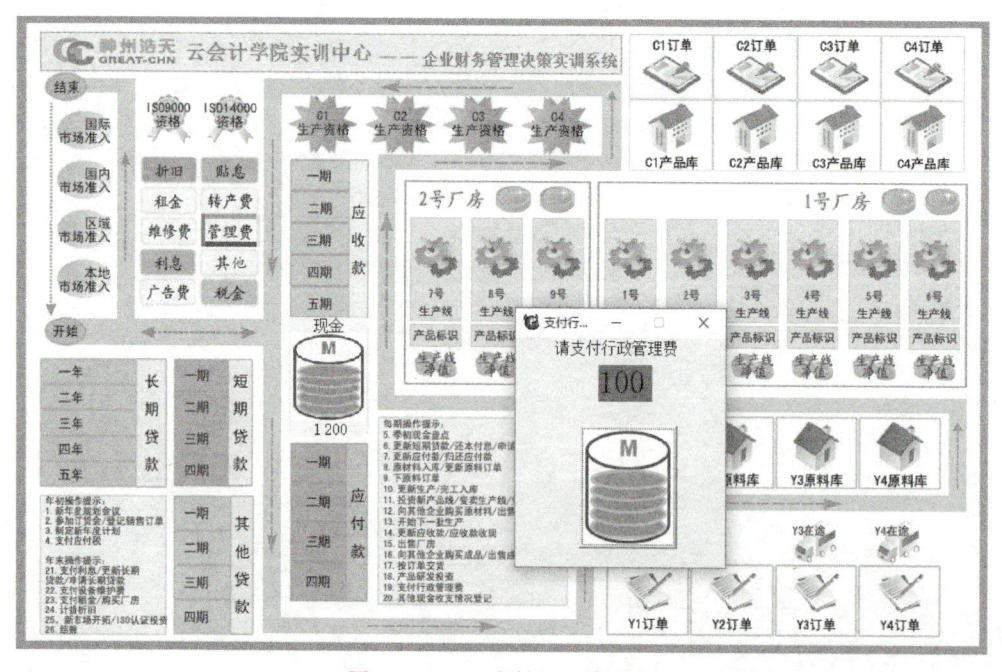

图 5-4-21 支付行政管理费

(21) 以上操作完成后，小组将进入第二期的模拟企业运营，第二期季初现金盘点如图 5-4-22 所示，按照上述流程直到系统运行到第四期期末。

图 5-4-22　第二期季初现金盘点

(22) 系统运行到第四期期末，会提示更新长期贷款（如图 5-4-23 所示），此时，如果企业需要借更多的资金，则可以点击"申请贷款"按钮。操作后关闭界面。

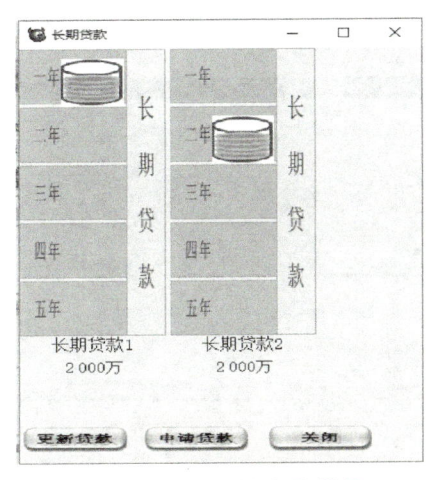

图 5-4-23　更新长期贷款

(23) 点击"下一步"按钮，点击"M 桶"，支付生产线维修费，如图 5-4-24 所示。每条生产线对应 100W 的维修费，总共为 600W 的维修费，说明此时有 6 条生产线在生产产品。支付后关闭界面。

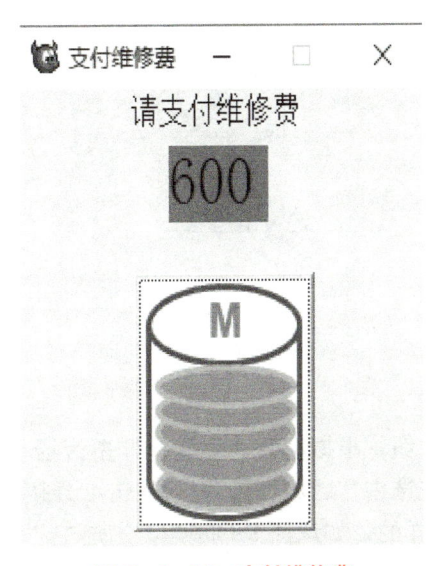

图 5-4-24　支付维修费

(24)点击"下一步"按钮,此步骤为厂房交易环节(如图 5-4-25 所示)。小组为了扩大生产规模,可以购买或租用新厂房。常规模式下,基年数据说明厂房为固定资产,所以不需要考虑"支付租金"和"归还厂房"选项。操作后关闭界面。

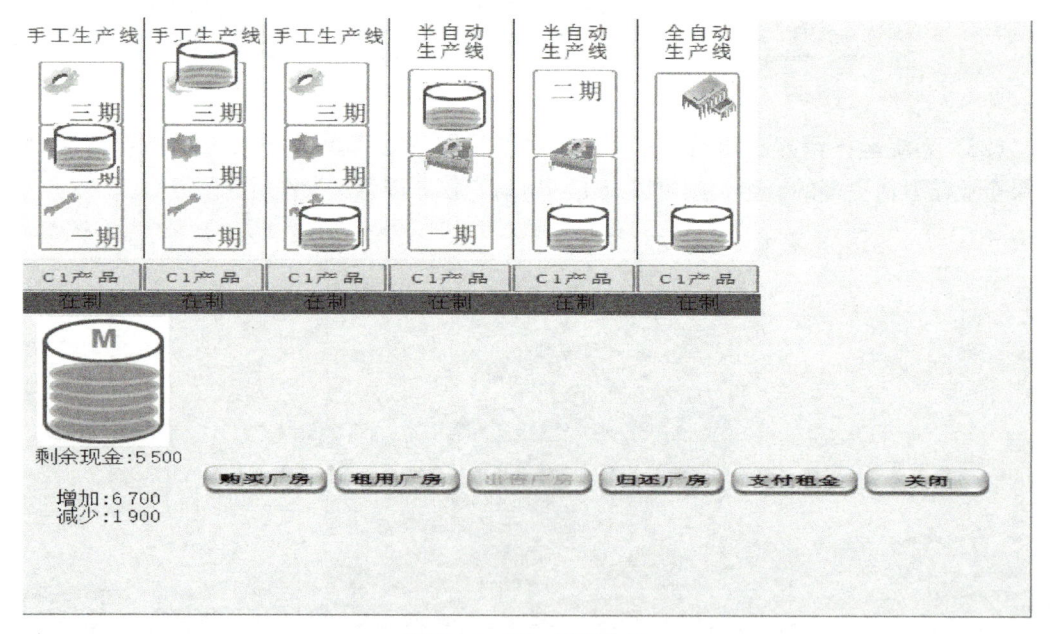

图 5-4-25 厂房交易

(25)点击"下一步"按钮,点击"M桶",计提生产线折旧(如图 5-4-26 所示)。具体折旧金额由系统自动计算得出。操作后关闭界面。

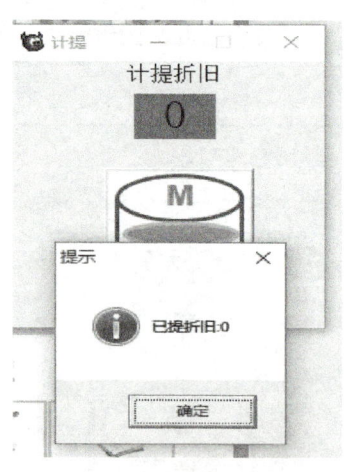

图 5-4-26 计提生产线折旧

(26)点击"下一步"按钮,根据经营计划选择开拓市场和 ISO 认证(如图 5-4-27 所示)。如开拓区域市场,先选中"区域市场",再点击"开拓市场"按钮,系统自动扣除投资费用,操作即成功。同样的,如认证 ISO9000,先选中"ISO9000",再点击"ISO 认证"按钮,系统自动扣除投资费用,操作即成功。操作后关闭界面。

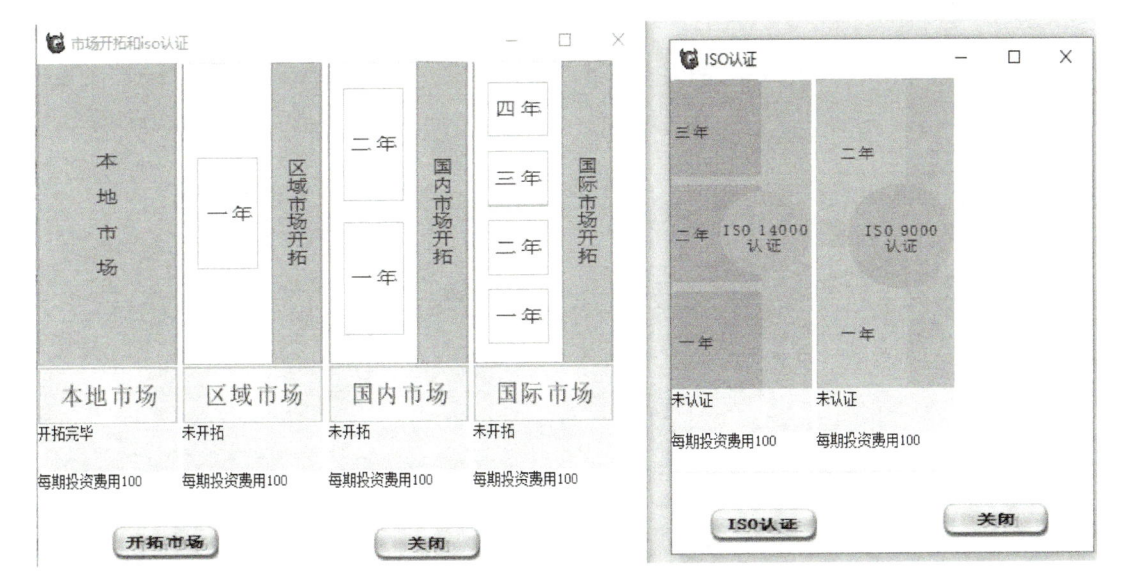

第五章 财务管理决策软件的说明与使用规则　83

图 5-4-27　市场开拓和 ISO 认证

（27）点击"下一步"按钮，这是本年所有操作完成前的最后一步。点击电脑屏幕上方总经理下面的"结账"按钮，在系统提示界面点击"确定"按钮，即完成一年模拟企业运营，如图 5-4-28 所示。

图 5-4-28　结账

下篇 财务管理决策实训操作

第六章

财务管理决策实训

本书所介绍的财务管理决策软件分为三种实训操作模式,即常规模式、初创模式和亏损模式。本章将围绕这三种操作模式展开训练。常规模式下,模拟企业经历了几年良好的经营积累,利润留存为正值。初创模式下,模拟企业处于成立之初,所有项目都尚待建设,只有期初现金,暂无利润留存。亏损模式下,模拟企业处于恶性的经营情况,利润留存为负值。

在财务管理决策实训操作过程中,使用者在同样的起始状态下,经过几年的经营,最后结果却千差万别。这是因为实训过程中涉及很多变量,使得变化复杂多样,例如生产不同的产品、使用不同的生产线、借入不同的贷款、投入不同的广告费等。

下篇分为五个实训项目,前三个实训项目分别为不同模式下的单一变量对企业经营的影响,第四个实训项目为多变量对企业经营的影响,最后一个实训项目为自主模拟变量,分析不同变量对企业经营的影响。本篇所涉及的报表一律采用简表。

实训项目可以单人操作,也可以分为2~3个小组操作,为保证学员能够积极参与模拟企业经营,每组成员尽量不多于3个。

第一节 亏损模式实训

在亏损模式下，比较各组使用不同的融资方式对经营结果的影响。为了反映财务费用为单一变量，本实训将其他变量设置为相同。按照操作流程建立竞赛，名称为"kuisun"；将操作者分为两个小组，A组和B组。各组成员按照所分配到的账号登录。为了更好地进行模拟经营，小组成员需要先了解企业基年初始状态参数。亏损模式下，初始状态的参数如表6-1-1和表6-1-2所示。

表6-1-1　基年资产负债表（简表）　　　　　　　　　　　　　　　　单位：W

项目	期初余额	项目	期初余额
流动资产：		负债：	
现金	1 500	短期负债	0
应收款	0	长期负债	4 000
在制品	0	应付款	0
成品	400	应交税费	0
原材料	600	一年内将到期的长期贷款	0
流动资产合计	2 500	负债合计	4 000
固定资产：		所有者权益：	
土地建筑	4 000	股东资本	5 000
机器设备	1 100	利润留存	−1 100
在建工程	0	年度净利润	−300
固定资产合计	5 100	所有者权益合计	3 600
总资产	7 600	权益	7 600

表6-1-2　基年利润表（简表）　　　　　　　　　　　　　　　　　　单位：W

项目	期初余额
销售收入	2 100
直接成本	1 200
毛利	900
综合费用	1 000
折旧前利润	−100
折旧	0
支付利息前利润	−100
财务收支	200
其他收支	0
税前利润	−300

续表

项目	期初余额
所得税	0
净利润	-300

一、分析基年资产负债表和基年利润表

分析基年资产负债表和基年利润表，可以得出以下结论：

（1）由资产负债表中的流动资产项目可以得知，初始现金为1 500W，无应收款，存货合计1 000W，其中原材料为600W，成品为400W，无在制品。

1）基年已经入库的原材料有四个Y1，金额为400W；两个Y2，金额为200W，如表6-1-3所示。

表6-1-3　基年原材料库存情况　　　　　　　　　　　　　金额单位：W

物料代码	库存数量	库存金额
Y1	4	400
Y2	2	200
Y3	0	0
Y4	0	0

2）基年已下原材料订单，但尚未更新入库，物料订单是两个Y1和两个Y2，将在第0年第1期花费400W，物料入库后更新，如表6-1-4所示。

表6-1-4　基年采购订单情况　　　　　　　　　　　　　金额单位：W

采购单号	物料代码	采购数量	采购金额	单价	在途期	状态	已过期数
1	Y1	1	100	100	1	在途	0
2	Y1	1	100	100	1	在途	0
3	Y2	1	100	100	1	在途	0
4	Y2	1	100	100	1	在途	0

3）基年已经更新入库的产成品C1有2个，金额为400W，如表6-1-5所示。

表6-1-5　基年产品库存情况　　　　　　　　　　　　　金额单位：W

物料代码	库存数量	库存金额
C1	2	400
C2	0	0
C3	0	0
C4	0	0

（2）由资产负债表中的固定资产项目可以得知，企业有一个大厂房和生产线设备。

1）大厂房的价值为4 000W。大厂房中总共能安装六条生产线，现有六条生产线，所以其使用效率已经达到最大值。厂房的类型是购入，所以每年第四季度不用支付租金等费

用。基年厂房信息如表6-1-6所示。

表6-1-6 基年厂房信息　　　　　　　　　　　　　　　金额单位：W

厂房ID	厂房代码	厂房名称	价值	类型	每年租金	总生产线数量	现有生产线数量
of-big01	of-big	大厂房	4 000	购买	0	6	6

2）基年有六条生产线，生产线上的机器设备现值总计为1 100W。基年所有生产线均为闲置状态，代表生产线上暂无在制品。折旧费为零，说明所有生产线均已计提足够折旧费，所有生产线每年不再计提折旧费，现值与最后净残值相等。每年每条生产线需要缴纳维护费100W。基年生产线信息如表6-1-7所示。

表6-1-7 基年生产线信息　　　　　　　　　　　　　　金额单位：W

生产线ID	生产线代码	生产线名称	厂房ID	生产产品代码	在制品数量	在制品金额	总生产周期	现已生产期数	状态
101	1	手工生产线	of-big01	0	0	0	3	0	空闲
102	1	手工生产线	of-big01	0	0	0	3	0	空闲
103	1	手工生产线	of-big01	0	0	0	3	0	空闲
201	2	半自动生产线	of-big01	0	0	0	2	0	空闲
202	2	半自动生产线	of-big01	0	0	0	2	0	空闲
301	3	全自动生产线	of-big01	0	0	0	1	0	空闲

现值	维护费	折旧	残值	转产周期	已过转产周期	投资总期数	已投资期数	已投资费用	加工费用
100	100	0	100	0	0	0	0	500	0
100	100	0	100	0	0	0	0	500	0
100	100	0	100	0	0	0	0	500	0
200	100	0	200	1	0	2	2	800	0
200	100	0	200	1	0	2	2	800	0
400	100	0	400	2	0	4	4	1 600	0

（3）由资产负债表负债项目可以得知，基年有银行贷款4 000W，无其他负债项目。其中，基年分别有两笔2 000W的长期贷款，一笔是基年新申请的贷款，另一笔是基年之前的一年申请的贷款。由于长期贷款的年利率为0.1，所以每年利息费用为200W。长期贷款账期均为五年，两笔贷款均未还清。基年贷款信息如表6-1-8所示。

表6-1-8 基年贷款信息表　　　　　　　　　　　　　　金额单位：W

贷款号	贷款金额	总账期	贷款类型	年利率	已过期数	已交利息	状态
1	2 000	5	长期贷款	0.1	0	0	未还清
2	2 000	5	长期贷款	0.1	1	200	未还清

（4）由资产负债表中的所有者权益项目可以得知，股东资本为5 000W、利润留存为－1 100W、年度净利润为－300W，所有者权益总计3 600W。

二、了解其他信息

除了上述信息外，模拟经营前还需要了解三项开发投资的进度情况，分别为产品研发、市场开拓和 ISO 认证。

（1）查询在研产品信息得知，C1 和 C2 产品已经研发完毕，取得生产资格，可以直接生产。C3 和 C4 产品尚未开始研发，研发总周期为 6 期。C3 产品每期研发费用为 200W，研发总费用为 1 200W；C4 产品每期研发费用为 300W，研发总费用为 1 800W。在研产品信息如表 6-1-9 所示。

表 6-1-9 在研产品信息　　　　　　　　　　　　　金额单位：W

产品代码	总期数	已过期数	每期研发费用	状态	研发总费用	累计研发费用
C1	0	0	0	研发完毕	0	0
C2	6	6	100	研发完毕	600	600
C3	6	0	200	在研	1 200	0
C4	6	0	300	在研	1 800	0

（2）查询在拓市场信息得知，本地市场已经开拓完毕，取得产品销售资格。开拓区域市场需要一年，开拓国内市场需要两年，开拓国际市场需要四年，所有在拓市场每年均需支付 100W 开拓费用。在拓市场信息如表 6-1-10 所示。

表 6-1-10 在拓市场信息　　　　　　　　　　　　　金额单位：W

市场代码	市场名称	总年数	已有年数	每年费用	状态	开拓总费用	累计开拓费用
1	本地市场	1	1	100	开拓完毕	100	100
2	区域市场	1	0	100	在拓	100	0
3	国内市场	2	0	100	在拓	200	0
4	国际市场	4	0	100	在拓	400	0

（3）查询 ISO 认证信息得知，ISO 认证分为 ISO14000 和 ISO9000 两种。ISO14000 认证总共需要三年，ISO9000 认证总共需要两年，两种认证每年均需支付 100W 认证费，认证后可取得销售资格。销售 ISO 认证的产品，有些需要单一认证，而有些需要双认证。ISO 认证信息如表 6-1-11 所示。

表 6-1-11 ISO 认证信息　　　　　　　　　　　　　金额单位：W

ISO 代码	总年数	已有年数	每年费用	状态	认证总费用	累计认证费用
ISO14000	3	0	100	正在认证	300	0
ISO9000	2	0	100	正在认证	200	0

三、制订新年度计划

了解基本参数后，小组成员可以开始制订新年度计划。

（1）小组成员需查询预计市场订单分析图（如图 6-1-1 所示）。第 0 年只存在本地市场订单，而且本地市场只能销售 C1 和 C2 产品，C1 订单数量相对于 C2 多，但 C2 的单价要比 C1 高，C2 的单价为 700W 左右，而 C1 的单价为 550W 左右。

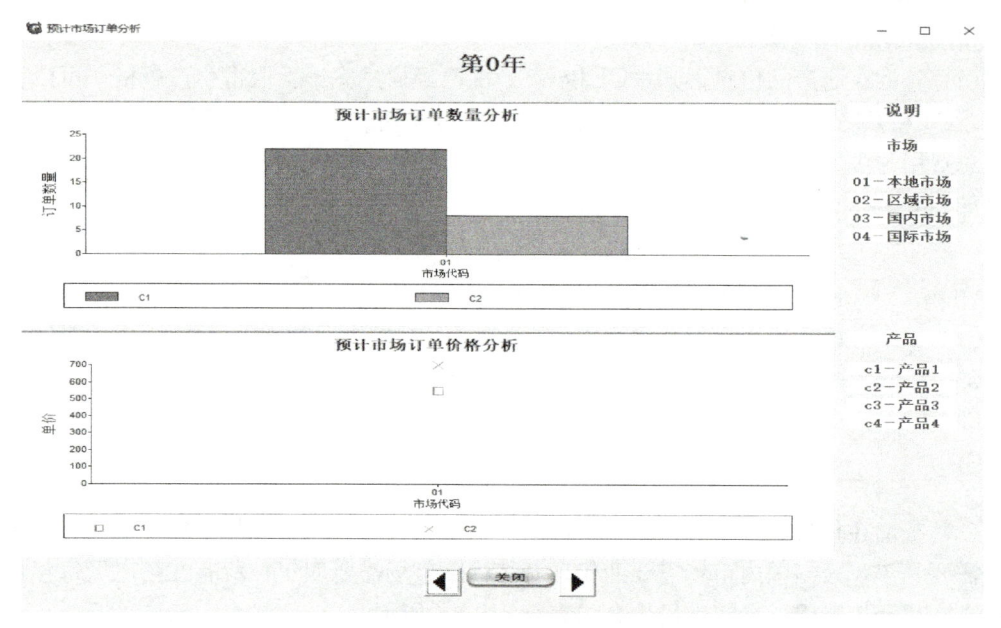

图 6-1-1　预计市场订单分析（第 0 年）

（2）了解市场订单。本地市场 C1 产品订单如图 6-1-2 所示，本地市场 C2 产品订单如图 6-1-3 所示。

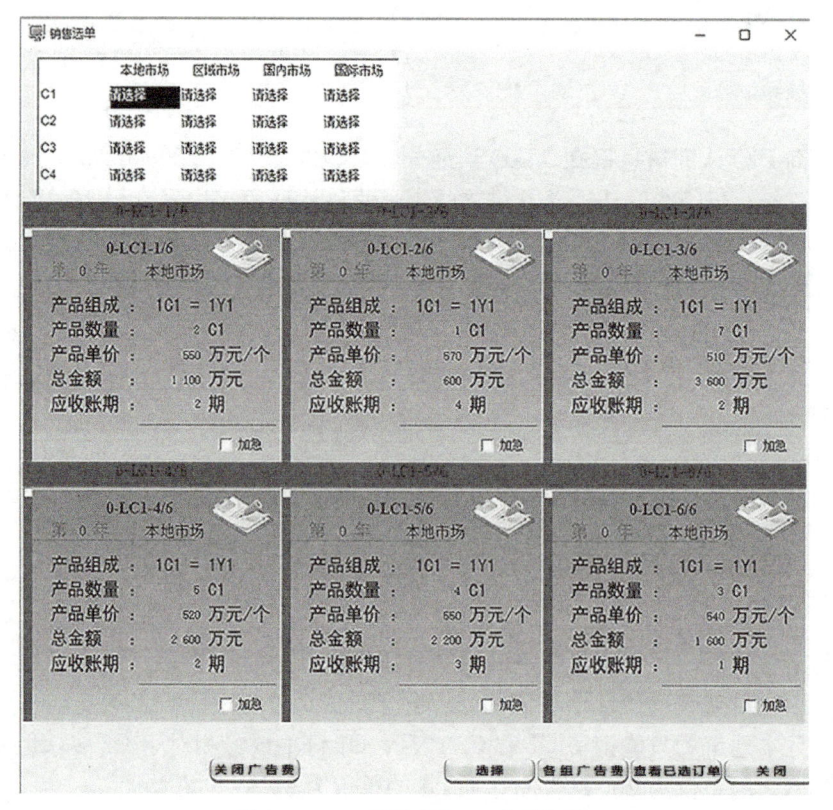

图 6-1-2　本地市场 C1 产品订单

第六章　财务管理决策实训

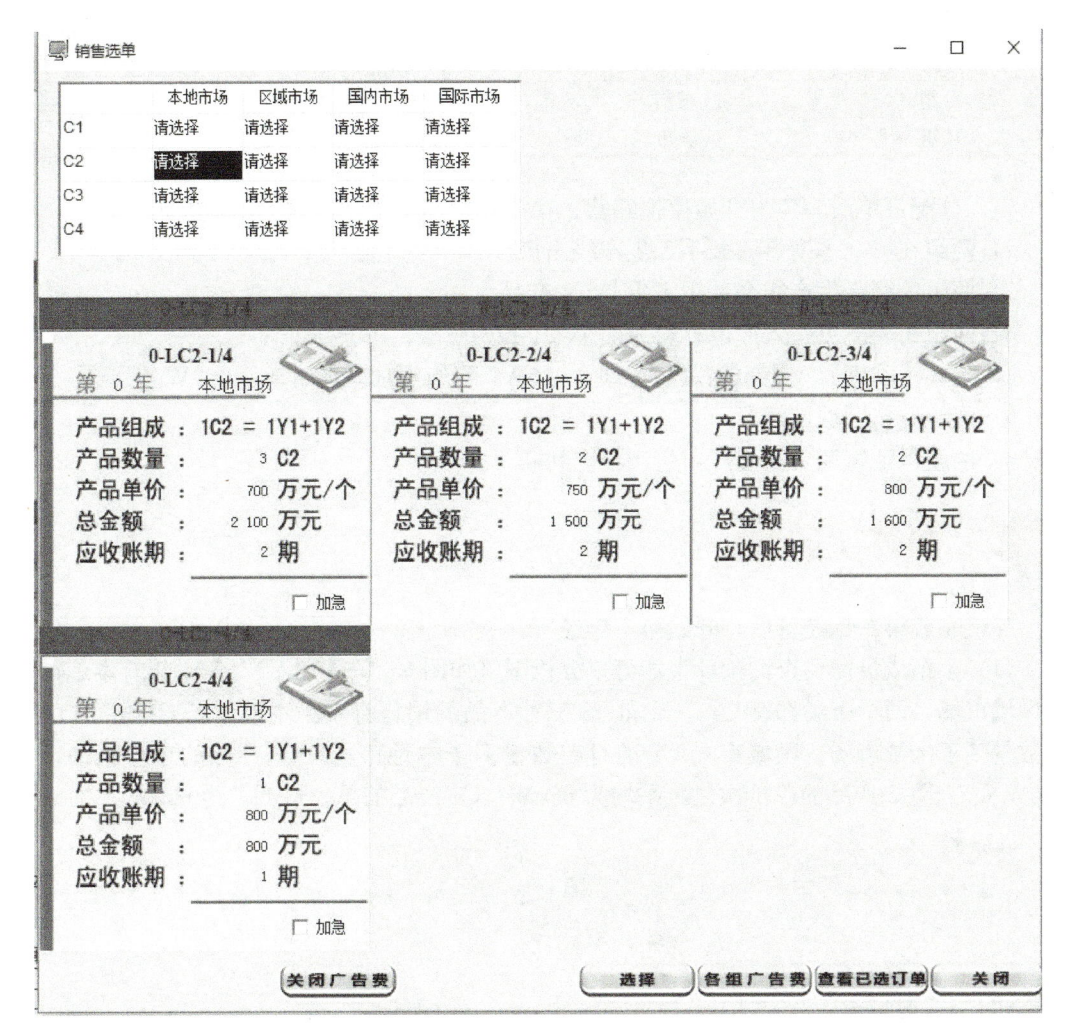

[图：销售选单界面，显示本地市场、区域市场、国内市场、国际市场的C1、C2、C3、C4产品选择，及0-LC2-1/4至0-LC2-4/4四张本地市场C2产品订单]

图6-1-3　本地市场C2产品订单

（3）为了控制单一变量，筛选出满足实训条件的市场订单，要求小组仅对本地市场的C2产品进行广告费投入。订单信息如表6-1-12所示。

表6-1-12　订单信息　　　　　　　　　　　　　　　　　　　　　金额单位：W

市场	产品	数量	单价	总价	账期	是否加急	是否认证	成本	毛利
本地市场	C2	2	750	1 500	2	否	否	600	900
本地市场	C2	2	800	1 600	2	否	否	600	1 000

各组投入广告费情况如表6-1-13所示。A组投入广告费100W，B组投入广告费200W；此时停止广告费投入，开始给各组分配订单。根据广告费投入高则优先选单的原则，B组选择总价为1 600W的订单，而A组选择总价为1 500W的订单。

表 6-1-13　广告费投放信息　　　　　　　　　　　　　金额单位：W

组号	市场	产品	费用
A 组	区域市场	C2	100
B 组	区域市场	C2	200

(4) 分配订单后，各组开始模拟经营。在第 0 年模拟经营过程中，要求如下：
1) 两组在第一季度将三条手工生产线出售。
2) 两组的剩余生产线全部用来生产 C2 产品。
3) 两组每季度更新入库原材料为两个 Y1 和两个 Y2。
4) 在第三季度，A 组添加短期贷款 2 000W，B 组添加其他贷款 2 000W。
5) 两组开拓区域市场。
6) 两组保证每期更新生产，生产不能间断。

四、开始第 1 年经营

各组完成第 0 年经营后，开始第 1 年经营。

(1) 小组成员需要查询预计市场订单分析图（如图 6-1-4 所示）。第 1 年有本地市场和区域市场，两个市场都有 C1、C2 和 C3 三种产品的销售订单。本地市场 C1 和 C3 的订单数量多于区域市场；区域市场 C2 的订单数量多于本地市场。C3 产品的单价最高，为 750W 左右；C2 产品的单价次之，平均为 650W；C1 产品的单价最低，为 500W 左右。

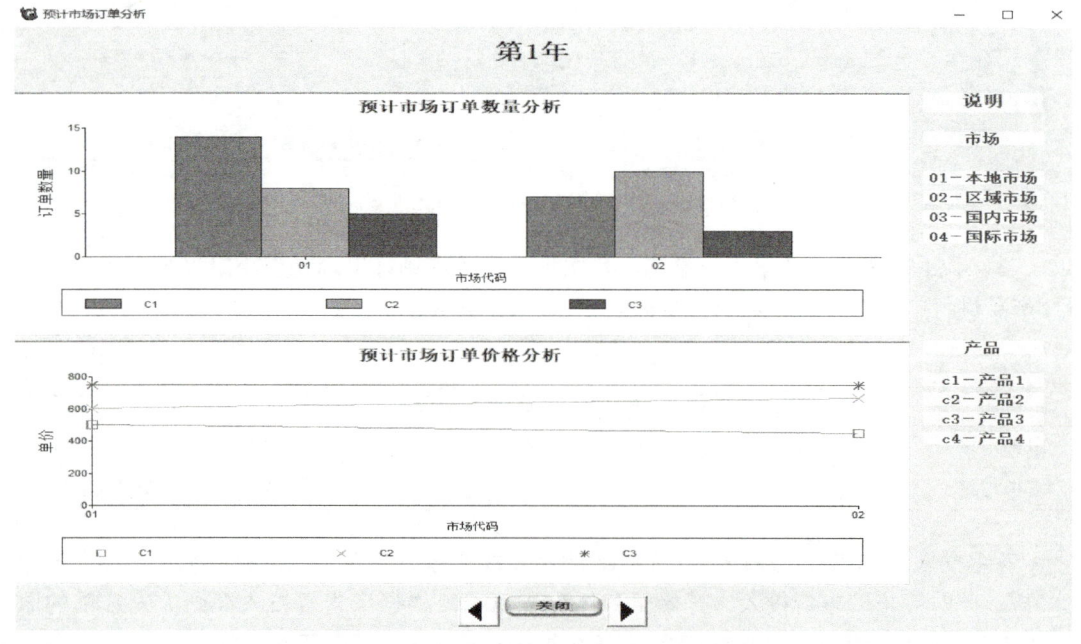

图 6-1-4　预计市场订单分析（第 1 年）

(2) 了解市场订单。如图 6-1-5～图 6-1-10 所示。

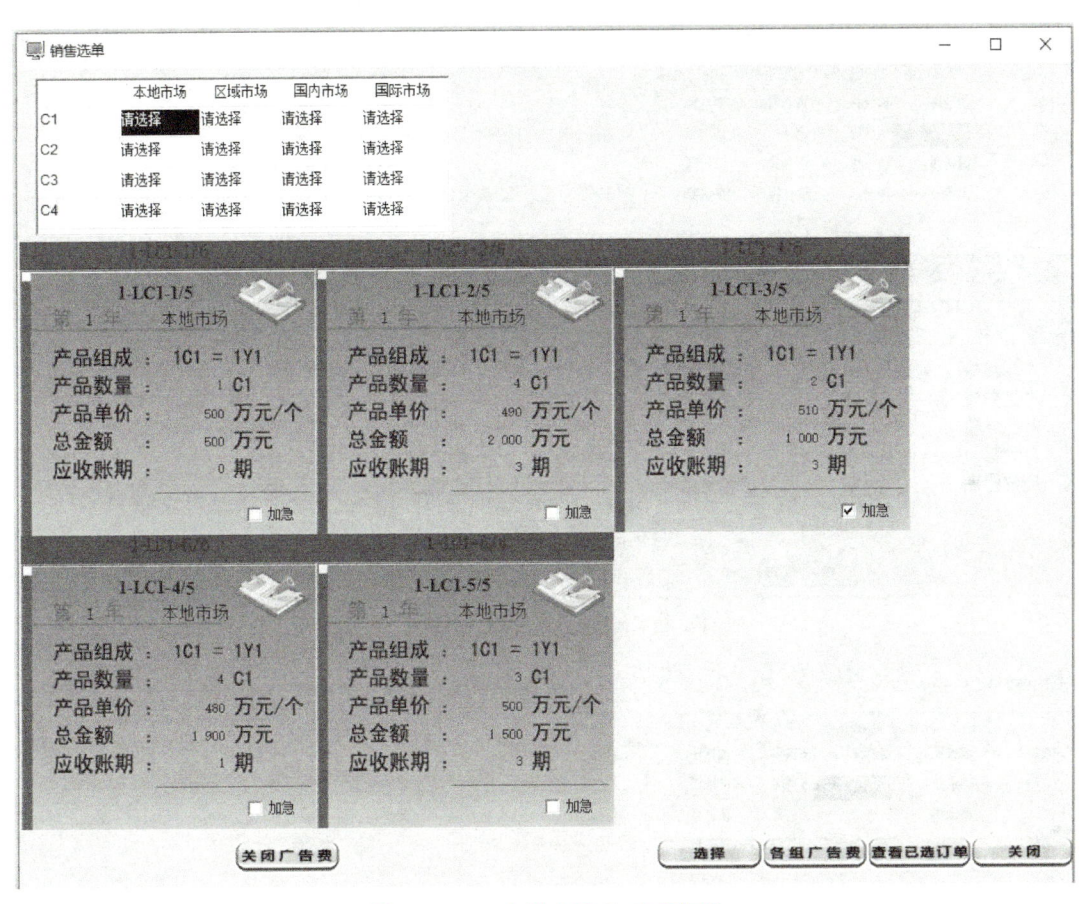

图 6-1-5 本地市场 C1 产品订单

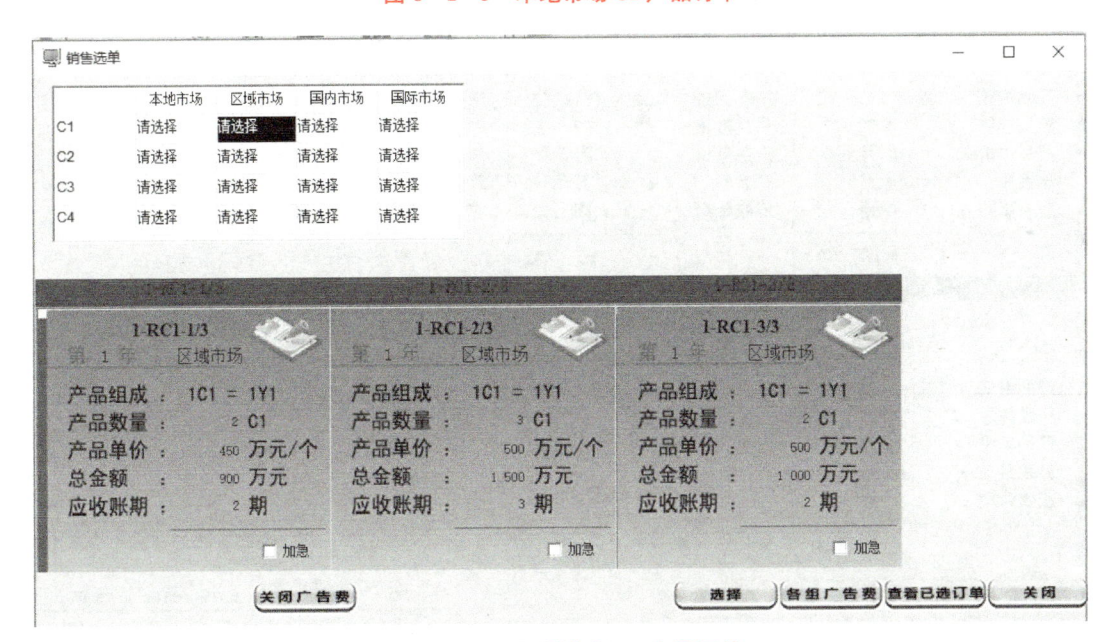

图 6-1-6 区域市场 C1 产品订单

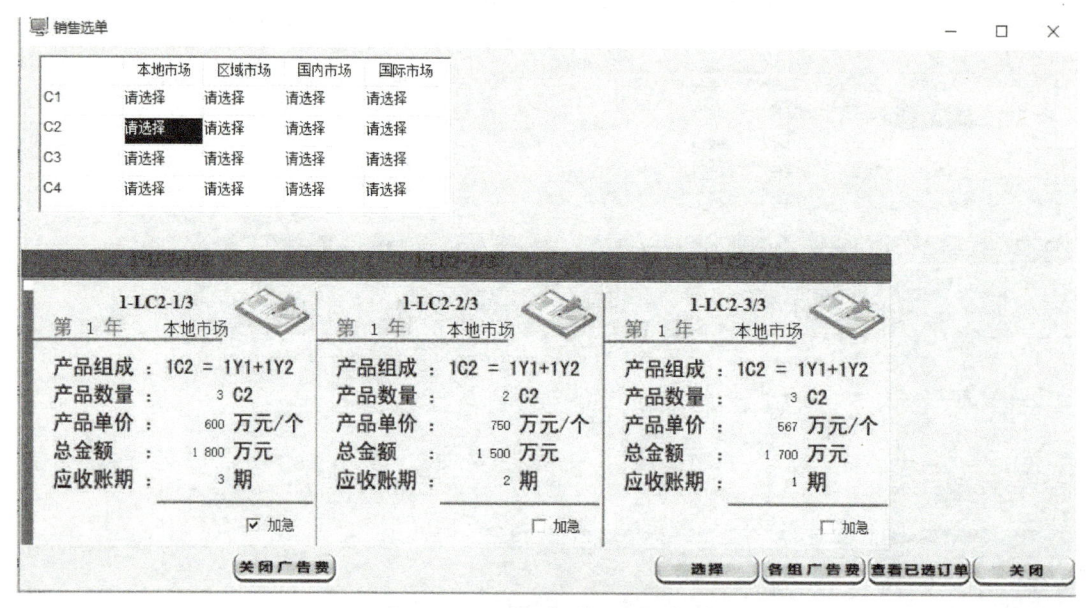

图 6-1-7 本地市场 C2 产品订单

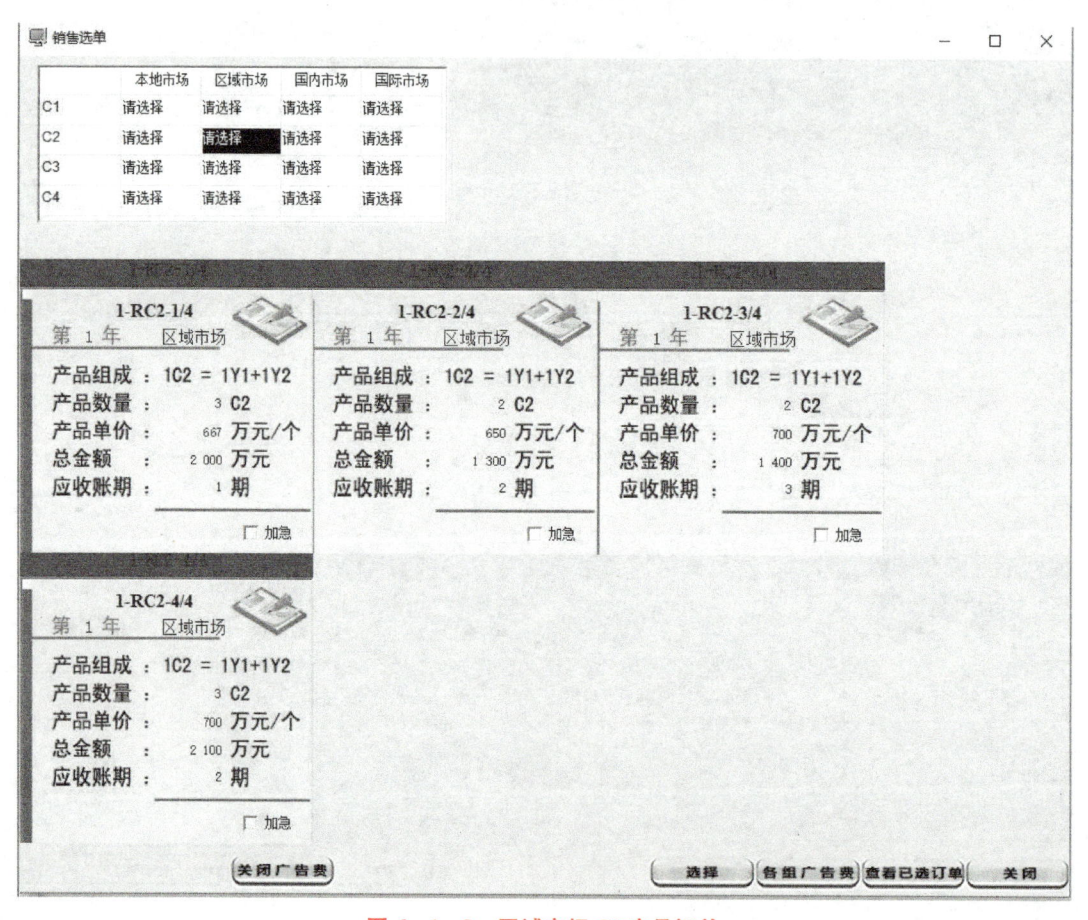

图 6-1-8 区域市场 C2 产品订单

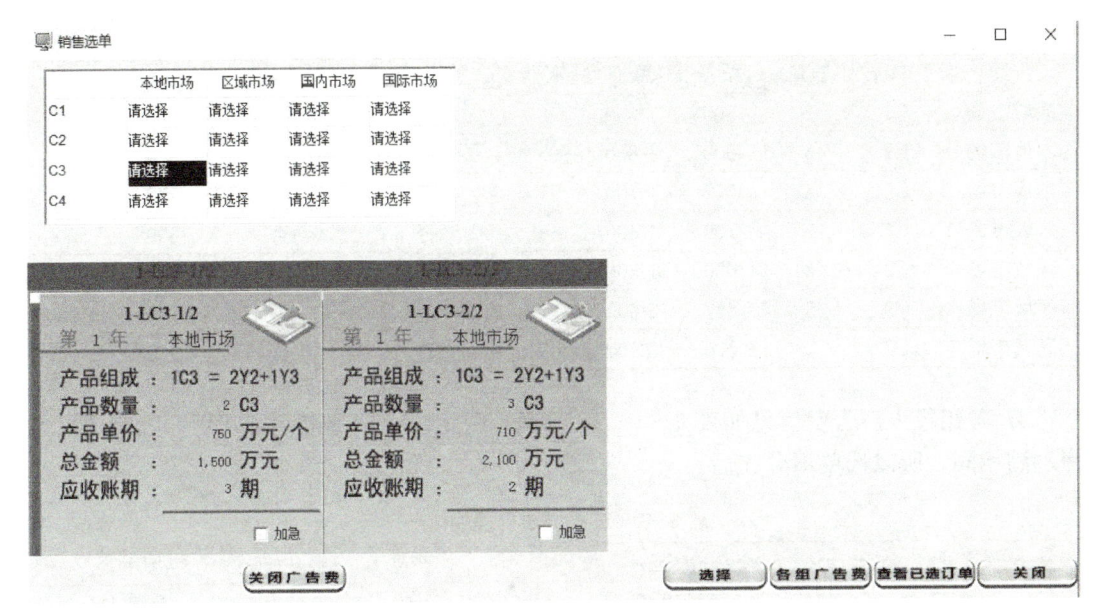

图 6-1-9　本地市场 C3 产品订单

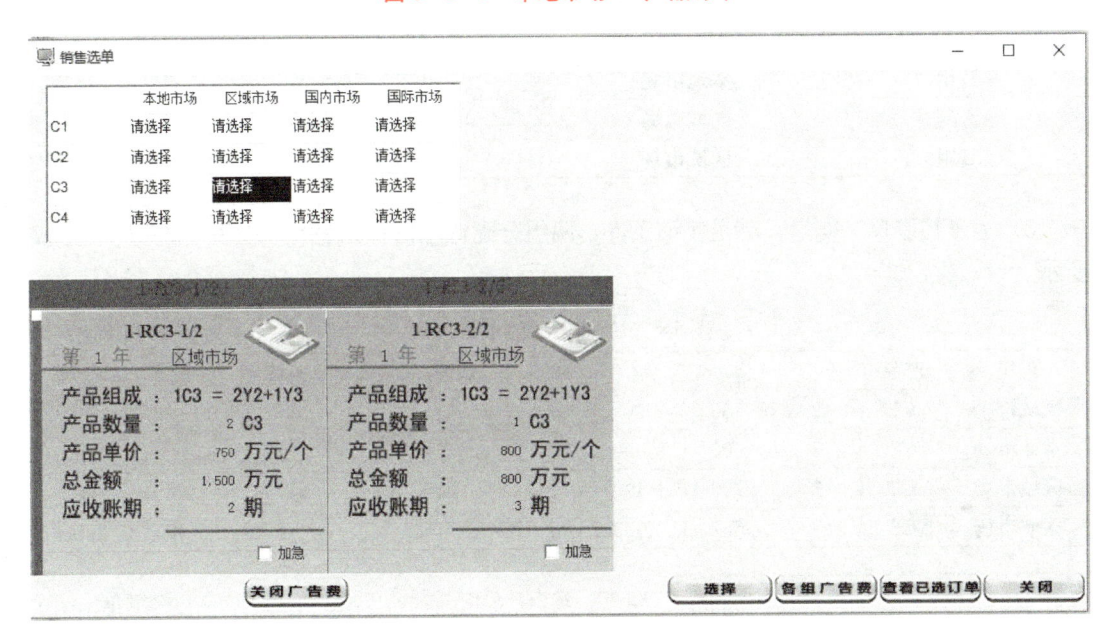

图 6-1-10　区域市场 C3 产品订单

（3）分配订单。

1）为了控制单一变量，筛选出满足实训条件的市场订单，要求小组按以下订单信息进行广告费投入，如表 6-1-14 所示。

表 6-1-14　订单信息　　　　　　　　　　　　　　　　金额单位：W

市场	产品	数量	单价	总价	账期	是否加急	是否认证	成本	毛利
区域市场	C1	2	450	900	2	否	否	400	500

续表

市场	产品	数量	单价	总价	账期	是否加急	是否认证	成本	毛利
区域市场	C1	2	500	1 000	2	否	否	400	600
本地市场	C2	3	600	1 800	3	是	否	900	900
本地市场	C2	3	567	1 700	1	否	否	900	800
区域市场	C2	2	700	1 400	3	否	否	600	800
区域市场	C2	2	650	1 300	2	否	否	600	700
区域市场	C2	3	667	2 000	1	否	否	900	1 100
区域市场	C2	3	700	2 100	2	否	否	900	1 200

2）各组投入广告费信息如表6-1-15所示。两组投入广告费各300W，上年两组的净利润相同，所以选单不分先后。

表6-1-15　广告费投放信息　　　　　　　　　　　　单位：W

组号	市场	产品	费用
A组	区域市场	C1	100
B组	区域市场	C1	100
A组	本地市场	C2	100
B组	本地市场	C2	100
A组	区域市场	C2	100
B组	区域市场	C2	100

3）为了控制单一变量，满足实训条件，两组分配订单信息如表6-1-16和表6-1-17所示。

表6-1-16　A组订单信息表　　　　　　　　　　　金额单位：W

市场	产品	数量	单价	总价	账期	是否加急	是否认证	成本	毛利
区域市场	C1	2	450	900	2	否	否	400	500
本地市场	C2	3	600	1 800	3	是	否	900	900
区域市场	C2	2	700	1 400	3	否	否	600	800
区域市场	C2	3	667	2 000	1	否	否	900	1 100

表6-1-17　B组订单信息表　　　　　　　　　　　金额单位：W

市场	产品	数量	单价	总价	账期	是否加急	是否认证	成本	毛利
区域市场	C1	2	500	1 000	2	否	否	400	600
本地市场	C2	3	567	1 700	1	否	否	900	800
区域市场	C2	2	650	1 300	2	否	否	600	700
区域市场	C2	3	700	2 100	2	否	否	900	1 200

（4）分配订单后，各组开始模拟经营，在第1年经营过程中，要求如下：

1）在投入广告费之前，两组分别进行了筹资活动。A组在第0年经营之后，期末现金流为100W，所以将第0年销售订单应收账款进行贴现；B组在第0年经营之后，期末现金流为 0，所以在第 1 年经营开始之前，借入其他贷款 2 000W。此外，A 组在第二季度借入短期贷款 2 000W。

2）两组每季度更新入库原材料为两个 Y1 和两个 Y2。

3）两组保证每期更新生产，生产不能间断。

第二节 常规模式实训

在常规模式下，比较各组生产销售不同的产品对企业经营的影响。为了反映产品为自变量，除原材料为因变量外，本实训将其他变量设置为相同。按照操作流程建立竞赛，名称为"changgui"；将操作者分为两个小组，A 组和 B 组。各组成员按照所分配到的账号登录，为了更好地进行模拟经营，小组需要先了解基年初始状态参数。常规模式下，初始状态的参数如表 6-2-1 和表 6-2-2 所示。

表 6-2-1 基年资产负债表（简表） 单位：W

项目	期初余额	项目	期初余额
流动资产：		负债：	
现金	2 000	短期负债	0
应收款	1 500	长期负债	4 000
在制品	800	应付款	0
成品	600	应交税费	100
原材料	300	一年内将到期的长期贷款	0
流动资产合计	5 200	负债合计	4 100
固定资产：		所有者权益：	
土地建筑	4 000	股东资本	5 000
机器设备	1 300	利润留存	1 100
在建工程	0	年度净利润	300
固定资产合计	5 300	所有者权益合计	6 400
总资产	10 500	权益	10 500

表 6-2-2 基年利润表（简表） 单位：W

项目	金额
销售收入	3 500
直接成本	1 200
毛利	2 300
综合费用	1 500
折旧前利润	800

续表

项目	金额
折旧	0
支付利息前利润	800
财务收支	400
其他收支	0
税前利润	400
所得税	100
净利润	300

一、分析基年资产负债表和利润表

分析基年资产负债表和基年利润表，可以得出以下结论：

（1）由资产负债表中的流动资产项目可以得知，初始现金为 2 000W，应收款为 1 500W，存货合计为 1 700W，包括原材料 300W、在制品 800W、成品 600W。

1) 基年存在一项尚未收取的应收账款，金额为 1 500W，总账期为 4 期，已过 0 期，如表 6-2-3 所示。

表 6-2-3 基年应收账款信息　　　　　　　　　　　　　　金额单位：W

年度	季度	应收款号	应收金额	总账期	已过期数	状态
0	0	1	1 500	4	0	未收

2) 基年已经入库的原材料有三个 Y1，金额为 300W，如表 6-2-4 所示。

表 6-2-4 基年原材料库存信息　　　　　　　　　　　　　金额单位：W

物料代码	库存数量	库存金额
Y1	3	300
Y2	0	0
Y3	0	0
Y4	0	0

3) 基年已下原材料订单，但尚未更新入库，物料是两个 Y1，这将在第 0 年第 1 期花费 200W，如表 6-2-5 所示。

表 6-2-5 基年采购订单查询　　　　　　　　　　　　　　金额单位：W

采购单号	物料代码	采购数量	采购金额	单价	在途期	状态	已过期数
1	Y1	1	100	100	1	在途	0
2	Y1	1	100	100	1	在途	0

4) 基年在制的 C1 产品为四个，金额为 800W，如图 6-2-1 所示。

5) 基年已经更新入库的产成品 C1 有 3 个，金额为 600W，如表 6-2-6 所示。

图 6-2-1　基年在制品查询

表 6-2-6　基年产品库存信息　　　　　　　　　　　　　金额单位：W

物料代码	库存数量	库存金额
C1	3	600
C2	0	0
C3	0	0
C4	0	0

（2）由资产负债表中的固定资产项目可以得知，有一个大厂房和四条生产线。

1）大厂房的价值为 4 000W。大厂房总共能安装六条生产线，现有四条生产线，厂房的类型是购入，所以每年第四季度不用再支付租金等费用。相关信息如表 6-2-7 所示。

表 6-2-7　基年厂房信息　　　　　　　　　　　　　　　金额单位：W

厂房ID	厂房代码	厂房名称	价值	类型	每年租金	总生产线数量	现有生产线数量
of-big01	of-big	大厂房	4 000	购买	0	6	4

2）基年有四条生产线，生产线上的机器设备现值总计为 1 300W。基年所有生产线均为在制状态，全部生产线正在生产 C1 产品。折旧费为零，说明所有生产线均已计提足够折旧费，所有生产线每年不再计提折旧，现值与最后净残值相等。每年每条生产线需缴纳维护费 100W。相关信息如表 6-2-8 所示。

表 6-2-8　基年生产线信息　　　　　　　　　　　　　　金额单位：W

生产线ID	生产线代码	生产线名称	厂房ID	生产产品代码	在制数量	在制金额	总生产周期	现已生产期数	状态
101	1	手工生产线	of-big01	C1	1	200	3	0	在制
102	1	手工生产线	of-big01	C1	1	200	3	1	在制
103	1	手工生产线	of-big01	C1	1	200	3	2	在制
201	2	半自动生产线	of-big01	C1	1	200	2	0	在制

续表

现值	维护费	折旧	残值	转产周期	已过转产周期	投资总期数	已投资期数	已投资费用	加工费用
100	100	0	100	0	0	0	0	500	0
100	100	0	100	0	0	0	0	500	0
100	100	0	100	0	0	0	0	500	0
200	100	0	200	1	0	2	2	800	0

（3）由资产负债表中的负债项目可以得知，基年有银行贷款 4 000W，无其他负债项目。其中，基年分别有两笔 2 000W 的长期贷款，一笔是基年新申请的贷款，另一笔是基年的前一年申请的贷款。由于长期贷款的年利率为 0.1，所以每年利息费用为 200W。长期贷款的账期均为 5 年，两笔贷款均未还清。相关信息如表 6-2-9 所示。

表 6-2-9 基年贷款信息　　　　　　　　　　　　　　　　　　　金额单位：W

贷款号	贷款金额	总账期	贷款类型	利息	已过期数	已交利息	状态
1	2 000	5	长期贷款	0.1	0	0	未还清
2	2 000	5	长期贷款	0.1	1	200	未还清

（4）由资产负债表中的所有者权益项目可以得知，股东资本为 5 000W、利润留存为 1 100W、年度净利润为 300W，所有者权益总合计 6 400W。

二、了解其他信息

除了上述信息，经营前还需要了解三项开发投资的进度情况，分别为产品研发、市场开拓和 ISO 认证。

（1）查询在研产品得知，C1 产品已经研发完毕，取得生产资格，可以直接生产；C2、C3 和 C4 产品尚未开始研发。研发总周期为 6 期，C2 产品每期研发费用为 100W，研发总费用为 600W；C3 产品每期研发费用为 200W，研发总费用为 1 200W；C4 产品每期研发期为 300W，研发总费用为 1 800W。相关信息如表 6-2-10 所示。

表 6-2-10 在研产品信息　　　　　　　　　　　　　　　　　　　金额单位：W

产品代码	总期数	已过期数	每期研发费用	状态	研发总费用	累计研发费用
C1	0	0	0	研发完毕	0	0
C2	6	0	100	在研	600	0
C3	6	0	200	在研	1 200	0
C4	6	0	300	在研	1 800	0

（2）查询在拓市场信息得知，本地市场已经开拓完毕，取得产品销售资格。开拓区域市场需要一年，开拓国内市场需要两年，开拓国际市场需要四年，所有在拓市场每年均需支付 100W 开拓费用，如表 6-2-11 所示。

表 6-2-11 在拓市场信息　　　　　　　　　　　　　　　　金额单位：W

市场代码	市场名称	总年数	已有年数	每年费用	状态	开拓总费用	累计开拓费用
1	本地市场	1	1	100	开拓完毕	100	100
2	区域市场	1	0	100	在拓	100	0
3	国内市场	2	0	100	在拓	200	0
4	国际市场	4	0	100	在拓	400	0

（3）查询 ISO 认证信息得知，ISO 认证分为 ISO14000 和 ISO9000 两种。ISO14000 认证总共需要三年，ISO9000 认证总共需要两年，两种认证每年均需支付 100W 认证费，认证后取得销售资格。销售 ISO 认证的产品，有些需要单一认证，而有些则需要双认证。ISO 认证信息如表 6-2-12 所示。

表 6-2-12 ISO 认证信息　　　　　　　　　　　　　　　　金额单位：W

ISO 代码	总年数	已有年数	每年费用	状态	认证总费用	累计认证费用
ISO14000	3	0	100	正在认证	300	0
ISO9000	2	0	100	正在认证	200	0

三、制订新年度计划

了解了基本参数后，小组成员可以开始制订新年度计划。

（1）小组成员需要查看预计市场订单分析图（如图 6-2-2 所示）。第 0 年只存在本地市场订单，而且本地市场只能销售 C1 产品，C1 产品单价为 550W 左右。

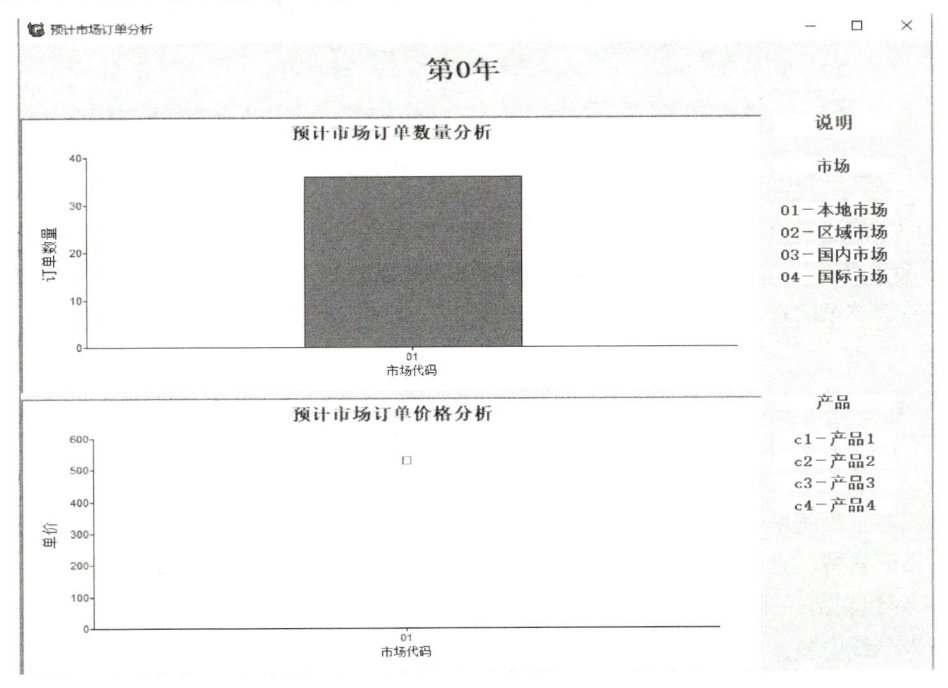

图 6-2-2 预计市场订单分析（第 0 年）

(2) 查看市场订单（如图 6-2-3 所示）。

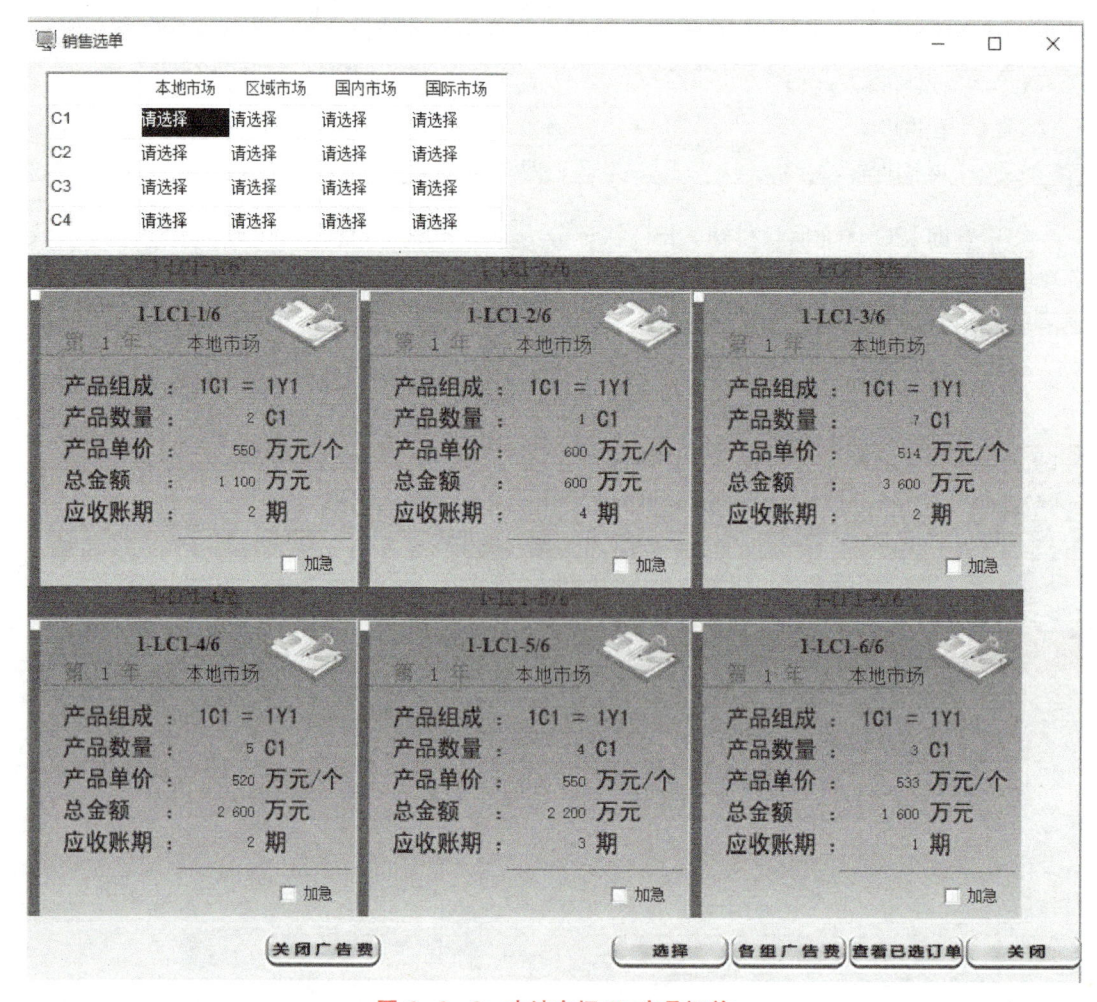

图 6-2-3 本地市场 C1 产品订单

(3) 与前述亏损模式不同的是，此时小组成员还需要点击软件中的"查询—销售订单查询"，就会发现，在 0 年已经存在一个销售订单，如表 6-2-13 所示，此订单是系统提前分配的。订单信息：销售 C1 产品，产品数量为 6 个，总价为 3 200W。

表 6-2-13 销售订单信息　　　　　　　　　　　　　　　　　　金额单位：W

订单编号	市场名称	产品代码	销售数量	销售金额	单价	账期	成本	毛利	状态	已销数量
0-LC1-1/6	本地市场	C1	6	3 200	533	2	1 200	2 000	未执行	0

(4) 为了控制单一变量，各组只完成系统分配订单。由于不选择新订单，所以各组暂时不投入广告费。之后各组开始模拟经营，在第 0 年模拟经营过程中，要求如下：

1) 两组在第一季度投资购入一条全自动生产线和一条柔性生产线，在其他季度完成这两条生产线安装。

2) 两组的全部生产线用以生产 C1 产品。保证每期更新生产，且生产不能间断。

3）两组在每季度更新入库的原材料为两个 Y1。
4）两组开拓区域市场、国内市场。
5）两组在第二到第四季度分别借入短期贷款 2 000W。
6）两组保证每期更新生产，且生产不能间断。
7）A 组研发 C3 产品，B 组研发 C2 产品。

四、开始第 1 年经营

各组完成第 0 年经营后，开始第 1 年经营。

（1）小组成员需要查询预计市场订单分析图（如图 6-2-4 所示）。由于市场尚未开发完全，第 1 年销售订单与第 0 年销售订单区别并不大。第 1 年只存在本地市场订单，而且在本地市场只能销售 C1 产品，C1 产品单价为 550W 左右。

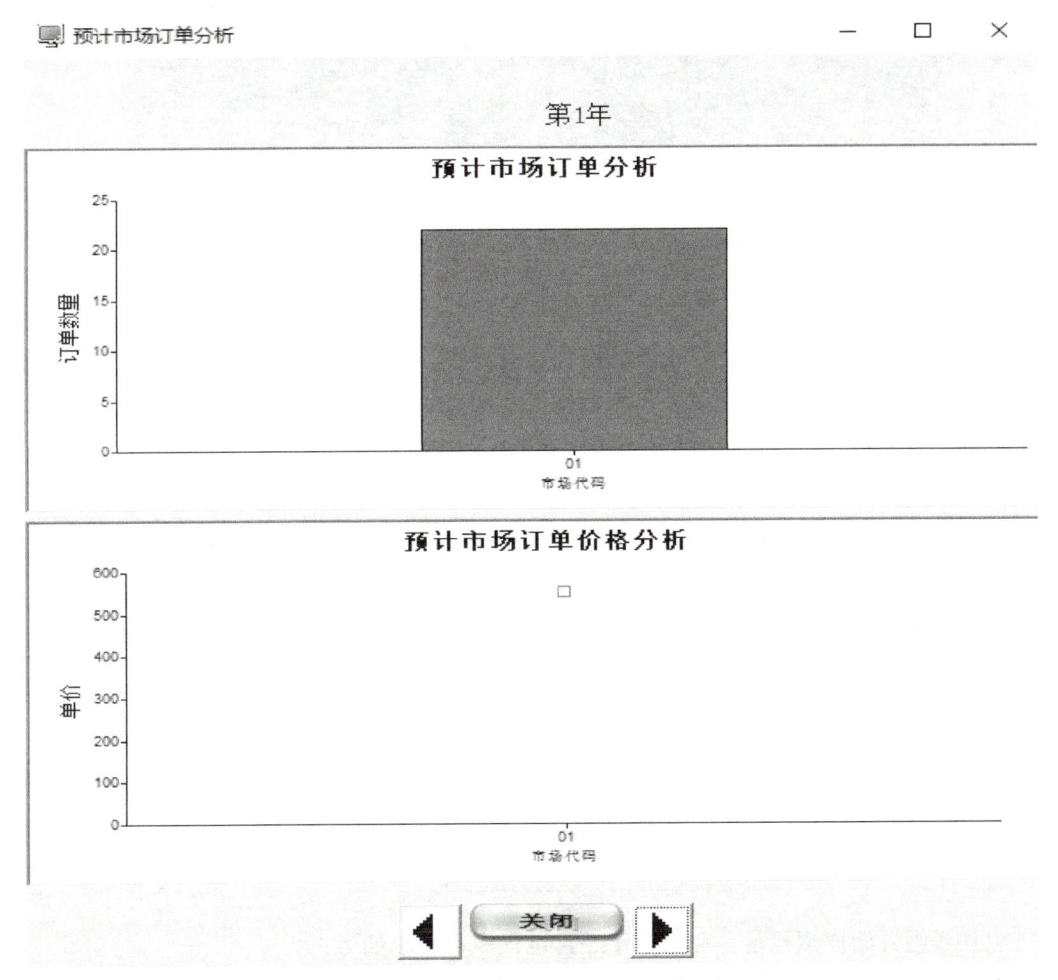

图 6-2-4　预计市场订单分析（第 1 年）

（2）本地市场 C1 产品订单如图 6-2-5 所示。

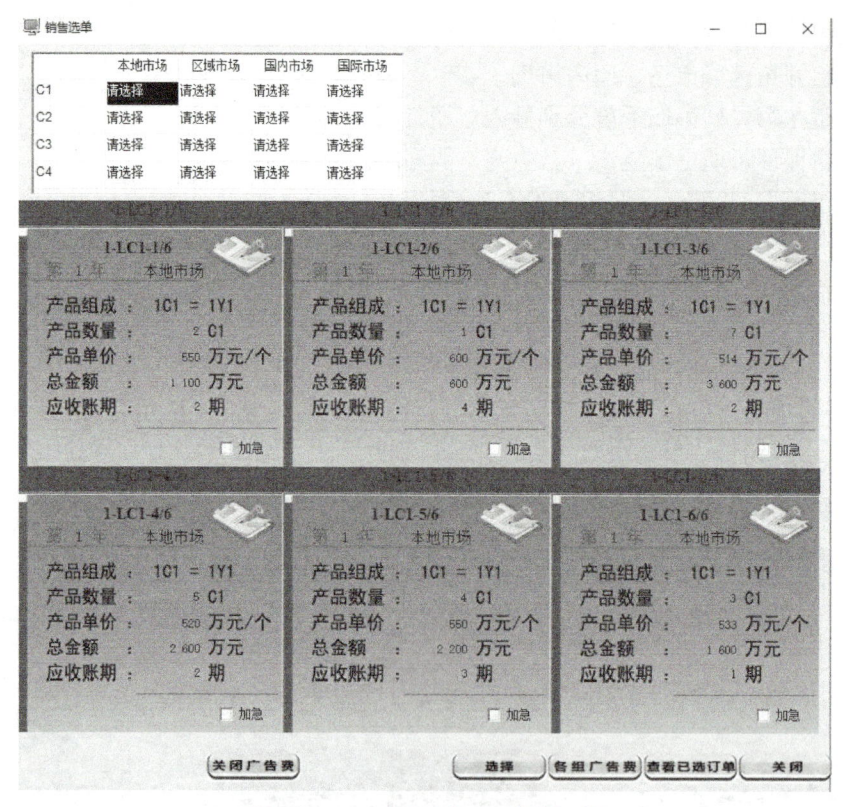

图 6-2-5 本地市场 C1 产品订单

(3) 根据"市场老大"优先选单的原则,两组不需要考虑投入广告费,B 组先选择订单,A 组再选择。根据自主选单,A 组选择的订单毛利总额为 3 700W,而 B 组选择的订单毛利总额为 3 600W。订单信息分别为如表 6-2-14 和表 6-2-15 所示。

表 6-2-14 A 组订单信息　　　　　　　　　　　　　　　　　　　　　　金额单位:W

订单编号	市场名称	产品代码	销售数量	销售金额	单价	账期	成本	毛利	状态	已销数量
1-LC1-5/6	本地市场	C1	4	2 200	550	3	800	1 400	未执行	0
1-LC1-1/6	本地市场	C1	2	1 100	550	2	400	700	未执行	0
1-LC1-4/6	本地市场	C1	5	2 600	520	2	1 000	1 600	未执行	0

表 6-2-15 B 组订单信息　　　　　　　　　　　　　　　　　　　　　　金额单位:W

订单编号	市场名称	产品代码	销售数量	销售金额	单价	账期	成本	毛利	状态	已销数量
1-LC1-6/6	本地市场	C1	3	1 600	533	1	600	1 000	未执行	0
1-LC1-3/6	本地市场	C1	7	3 600	514	2	1 400	2 200	未执行	0
1-LC1-2/6	本地市场	C1	1	600	600	4	200	400	未执行	0

(4) 各组开始模拟经营,在第 1 年经营过程中,要求如下:

1) A 组的柔性生产线和两条手工生产线在取得 C3 产品生产资格后当期转产,而 B 组的柔性生产线和两条手工生产线在取得 C2 生产资格后当期转产。

2) 两组留下全自动生产线、半自动生产线和一条手工生产线,继续生产 C1 产品。

3）两组继续开拓国内市场。

4）两组在第二到第四季度分别借入短期贷款 2 000W。

5）两组保证每期更新生产，且生产不能间断。

6）A 组在第一季度购买 3 个 Y1 和 3 个 Y3，在第二季度购买 2 个 Y3 和 6 个 Y2，在第三季度购买 4 个 Y1、4 个 Y2 和 1 个 Y3，在第四季度购买 1 个 Y3。

B 组在第一季度购买 3 个 Y1 和 3 个 Y2，在第二季度购买 5 个 Y1，在第三季度购买 4 个 Y1 和 2 个 Y2，在第四季度购买 3 个 Y1 和 1 个 Y2。

五、开始第 2 年经营

各组完成第 1 年经营后，开始第 2 年经营。

（1）小组成员需要查看预计市场订单分析图（如图 6-2-6 所示）。本年存在本地市场和区域市场的订单。本地市场和区域市场均可生产 C1、C2 和 C3 产品，此时产生多元化的组合市场，给予各小组更多的选择机会。本地市场 C1 与 C3 的订单数量比区域市场的多，而本地市场 C2 的订单数量则小于区域市场。C1 的销售单价最低，为 500W 左右，C2 的销售单价为 650W，C3 的销售单价最高，为 750W 左右。

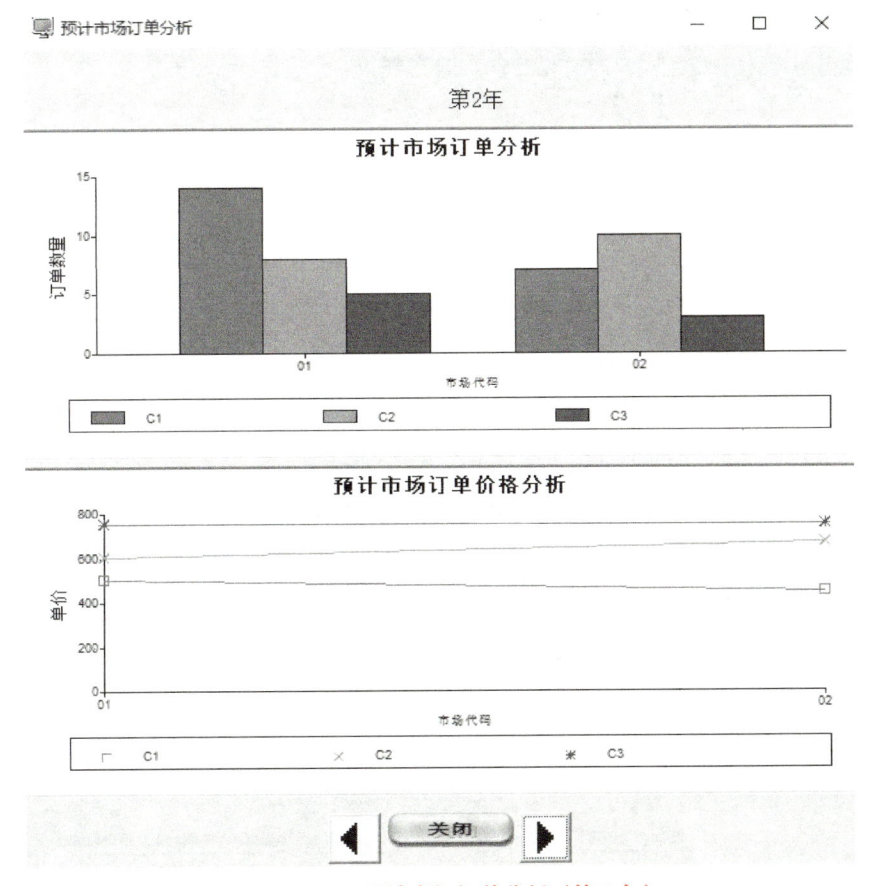

图 6-2-6 预计市场订单分析（第 2 年）

(2) 查看市场订单（如图 6-2-7～图 6-2-12 所示）。

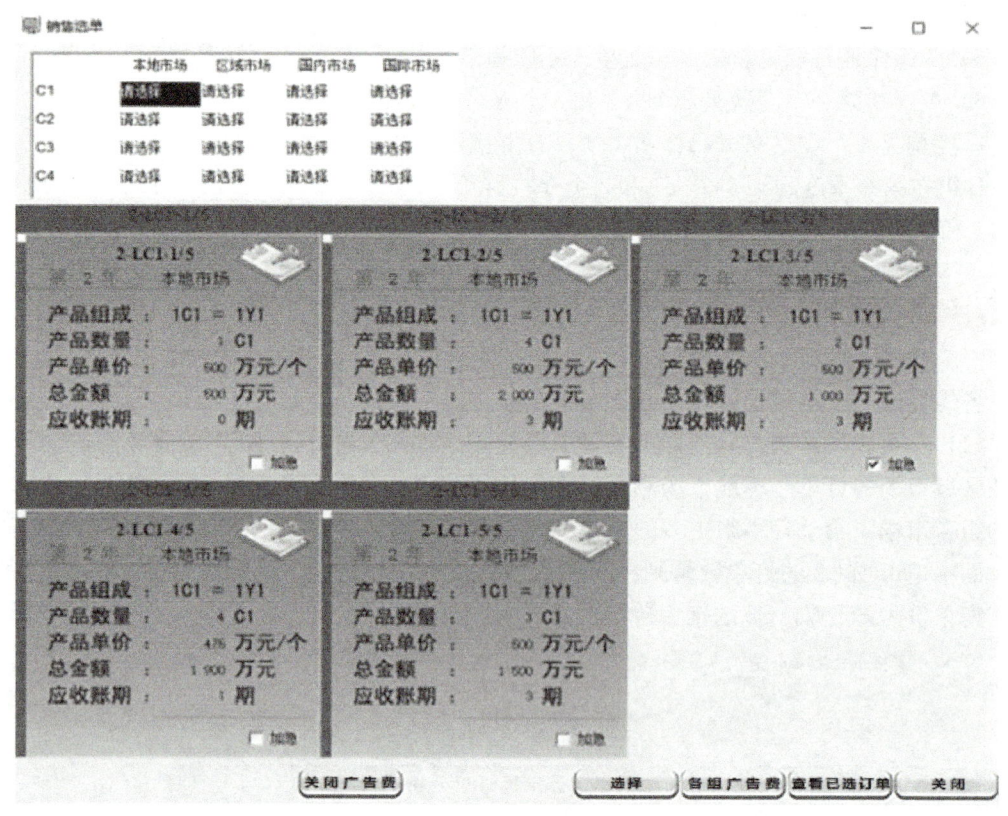

图 6-2-7　本地市场 C1 产品订单

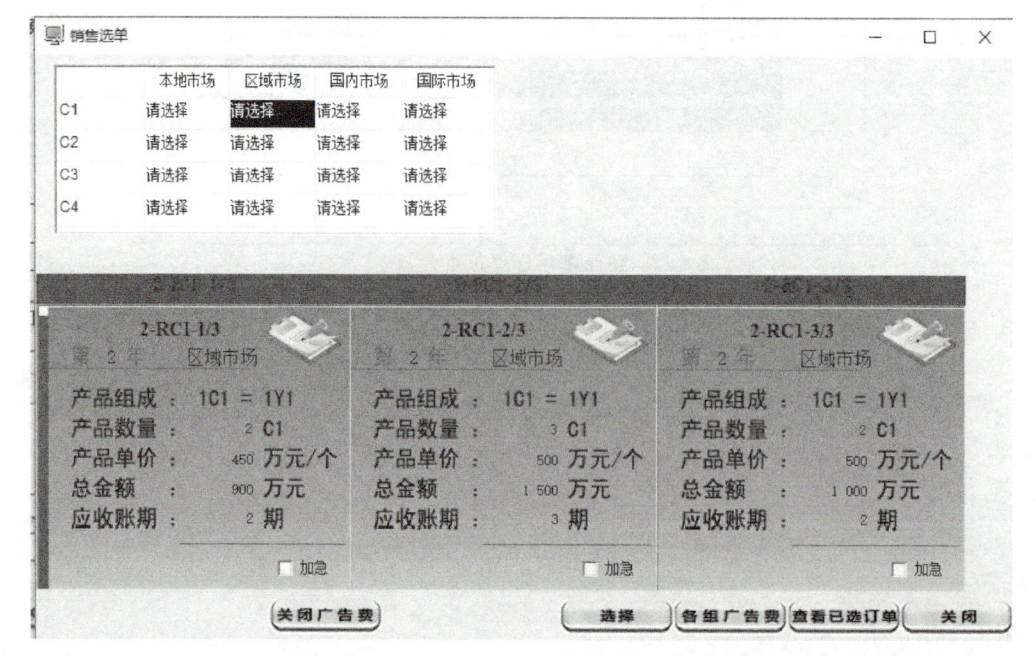

图 6-2-8　区域市场 C1 产品订单

图 6-2-9　本地市场 C2 产品订单

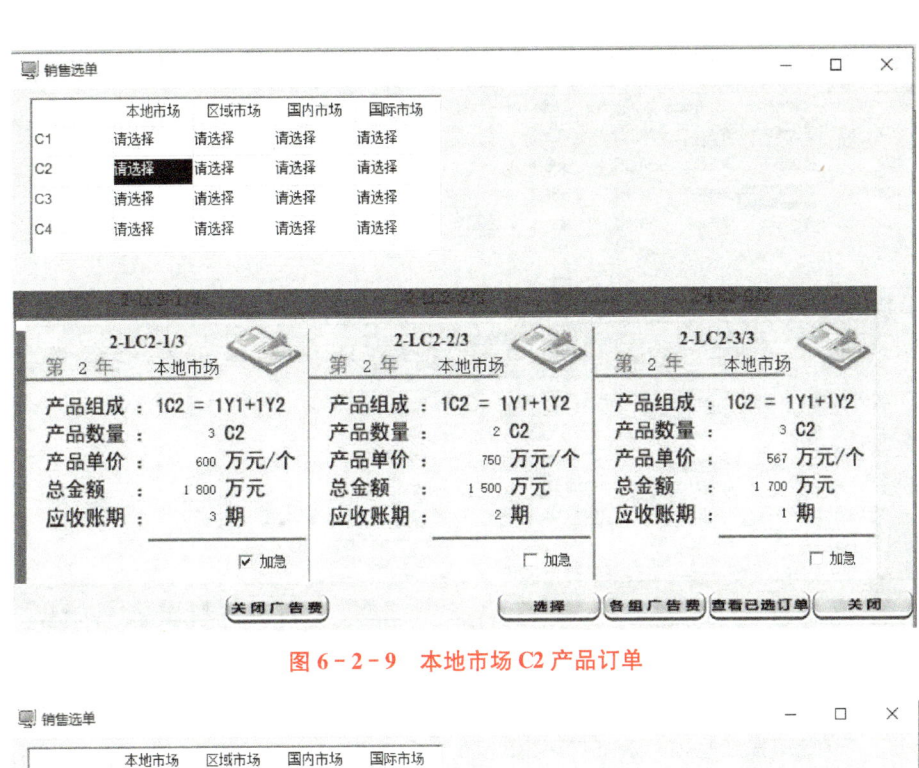

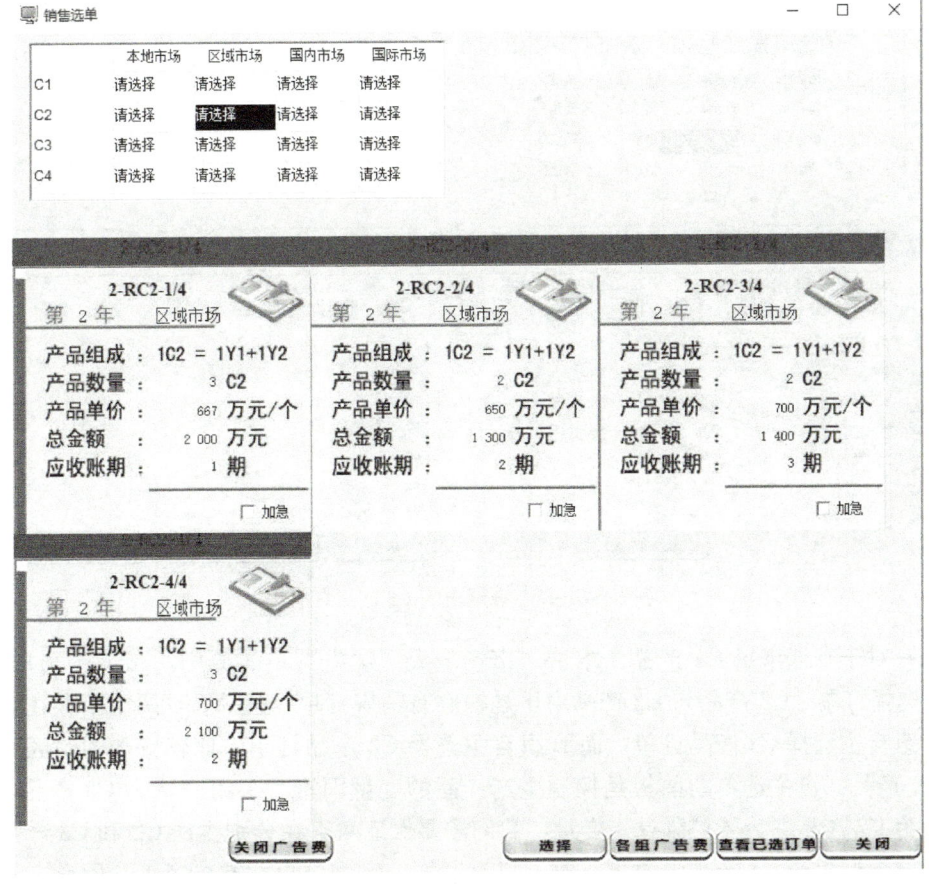

图 6-2-10　区域市场 C2 产品订单

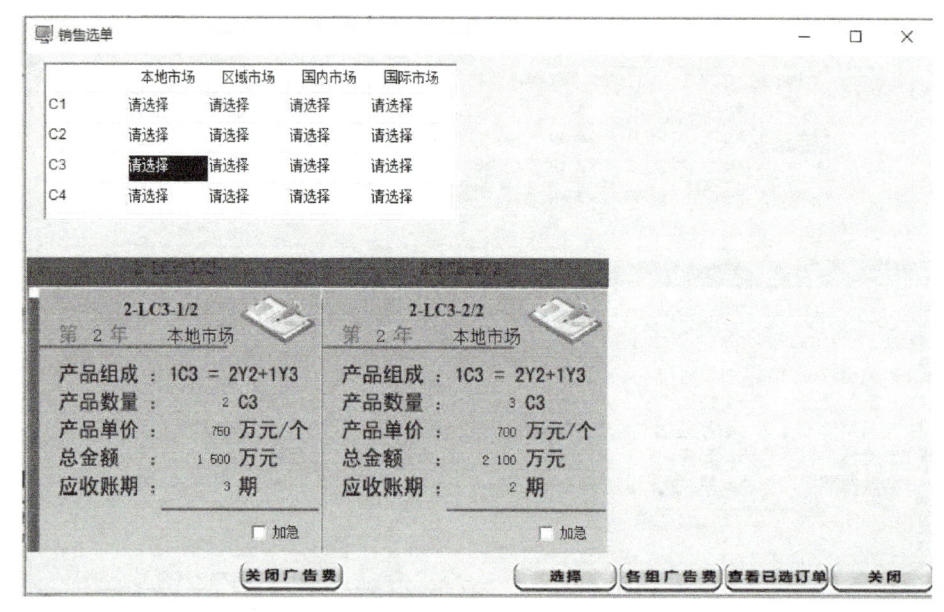

图 6-2-11　本地市场 C3 产品订单

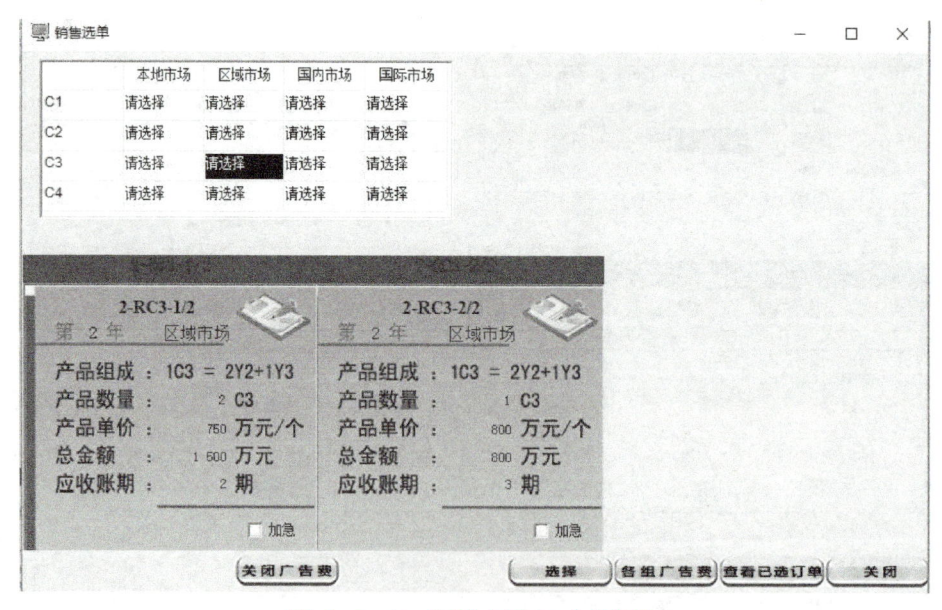

图 6-2-12　区域市场 C3 产品订单

（3）对于本地市场 C1 产品，本着"市场老大"优先选单的原则，A 组先选择订单，B 组后选择订单。C2 产品与 C3 产品由于是初次有销售订单，且 A、B 两组不存在竞争关系，A 组自主选择 C3 产品订单，而 B 组自主选择 C2 产品订单。比较特殊的是区域市场中的 C1 产品，自主选单的前提是控制生产产品的变量因素。A 组变量为 C3 产品，而 B 组变量为 C2 产品。为了控制这一变量，我们需要保证两组在分别生产 C2 和 C3 产品的同时，还要保证生产 C1 产品的数量一致，只有这样，实训结果才有参考性。因此，根据实际情况为两组分配区域市场 C1 产品的订单。此轮中，两组依旧不投入广告费。两组分配的订单信息分别如表 6-2-16 和表 6-2-17 所示。

表 6-2-16　A 组订单信息　　　　　　　　　　　　　　金额单位：W

订单编号	市场名称	产品代码	销售数量	销售金额	单价	账期	成本	毛利	状态	已销数量
2-LC1-2/5	本地市场	C1	4	2 000	500	3	800	1 200	未执行	0
2-LC1-5/5	本地市场	C1	3	1 500	500	3	600	900	未执行	0
2-LC3-1/2	本地市场	C3	2	1 500	750	3	800	700	未执行	0
2-LC3-2/2	本地市场	C3	3	2 100	700	2	1 200	900	未执行	0
2-RC1-1/3	区域市场	C1	2	900	450	2	400	500	未执行	0
2-RC3-1/2	区域市场	C3	2	1 500	750	2	800	700	未执行	0

表 6-2-17　B 组订单信息　　　　　　　　　　　　　　金额单位：W

订单编号	市场名称	产品代码	销售数量	销售金额	单价	账期	成本	毛利	状态	已销数量
2-LC1-3/5	本地市场	C1	2	1 000	500	3	400	600	未执行	0
2-LC1-4/5	本地市场	C1	4	1 900	475	1	800	1 100	未执行	0
2-LC2-2/3	本地市场	C2	2	1 500	750	2	600	900	未执行	0
2-RC1-2/3	区域市场	C1	3	1 500	500	3	600	900	未执行	0
2-RC2-3/4	区域市场	C2	2	1 400	700	2	600	800	未执行	0
2-RC2-4/4	区域市场	C2	3	2 100	700	2	900	1 200	未执行	0

根据分配的订单，A 组选择的 C1 订单毛利总额为 2 600W，B 组选择的 C1 订单毛利总额为 2 600W。两组均需生产 9 个 C1 产品。A 组选择的 C3 订单数量为 7 个，B 组选择的 C2 订单数量为 7 个。

（4）分配订单后，各组开始模拟经营，在第 1 年经营过程中，要求如下：

1）A 组在第一季度、第二季度、第四季度分别借短期借款 2 000W；B 组在第二季度、第四季度分别借短期借款 2 000W。

2）A 组第一季度更新入库原材料为 3 个 Y1、6 个 Y2 和 3 个 Y3；第二季度更新入库原材料为 1 个 Y1、4 个 Y2 和 2 个 Y3；第三季度更新入库原材料为 2 个 Y1、3 个 Y2 和 2 个 Y3；第四季度更新入库原材料为 2 个 Y1、2 个 Y2 和 1 个 Y3。

B 组第一季度更新入库原材料为 5 个 Y1 和 3 个 Y2；第二季度更新入库原材料为 5 个 Y1 和 3 个 Y2；第三季度更新入库原材料为 5 个 Y1 和 2 个 Y2；第四季度更新入库原材料为 4 个 Y1 和 1 个 Y2。

3）两组保证每期更新生产，且生产不能间断。

第三节

初创模式实训

在初创模式下，各组购买不同的生产线，具有不同的生产效率，进而销量不同。为了保证生产线为自变量，除因变量生产效率不同而导致生产成本不同外，本实训将其他变量设置为相同。按照操作流程建立竞赛，名称为"chuchuang"；将操作者分为两个小组，A组和B组。各组成员按照所分配到的账号登录，为了更好地进行模拟经营，小组需要先了解基年初始状态参数。初创模式下，初始状态的参数如表6-3-1所示。

表6-3-1 基年资产负债表（简表） 单位：W

项目	期初余额	项目	期初余额
流动资产：		负债：	
现金	5 000	短期负债	0
应收款	0	长期负债	4 000
在制品	0	应付款	0
成品	0	应交税费	0
原材料	0	一年内将到期的长期贷款	0
流动资产合计	5 000	负债合计	4 000
固定资产：		所有者权益：	
土地建筑	4 000	股东资本	5 000
机器设备	0	利润留存	0
在建工程	0	年度净利润	0
固定资产合计	4 000	所有者权益合计	0
总资产	9 000	权益	9 000

一、分析基年资产负债表

分析基年资产负债表，可以得出以下结论：

（1）由资产负债表中的流动资产项目可以得知，初始现金为5 000W，目前无其他流动资产。

（2）由资产负债表中的固定资产项目可以得知，目前只有一个大厂房，暂无生产线。厂房信息如表6-3-2所示。大厂房价值为4 000W，大厂房总共能安装六条生产线，厂房的类型是购入的，所以每年第四季度不用再支付租金等费用。

表6-3-2 基年厂房信息 金额单位：W

厂房ID	厂房代码	厂房名称	价值	类型	每年租金	总生产线数量	现有生产线数量
of-big01	of-big	大厂房	4 000	购买	0	6	0

（3）由资产负债表中的负债项目可以得知，基年有银行贷款4 000W，无其他负债项目。基年有一笔银行贷款为长期贷款。长期贷款账期为五年，是基年为组建生产而借入的款项，尚未还清。由于长期贷款的年利率为0.1，所以每年利息费用为400W。相关信息如表6-3-3所示。

表6-3-3 基年贷款信息 金额单位：W

贷款号	贷款金额	总账期	贷款类型	利息	已过期数	已交利息	状态
1	4 000	5	长期贷款	0.1	0	0	未还清

(4) 由资产负债表中的所有者权益项目可以得知，基年股东出资 5 000W，无其他权益项目。

二、了解其他信息

除了上述信息，经营前还需要了解三项开发投资的进度，分别为产品研发、市场开拓和 ISO 认证。

(1) 查询在研产品信息得知，C1 和 C2 产品已经研发完毕，取得生产资格，可以直接生产；C3 和 C4 产品尚未开始研发，研发需要的总周期为 6 期，C3 产品每期研发费用为 200W，研发总费用为 1 200W；C4 产品每期研发费用为 300W，研发总费用为 1 800W。相关信息如表 6-3-4 所示。

表 6-3-4　在研产品信息　　　　　　　　　　　　　　　　金额单位：W

产品代码	总期数	已过期数	每期研发费用	状态	研发总费用	累计研发费用
C1	0	0	0	研发完毕	0	0
C2	6	6	100	研发完毕	600	600
C3	6	0	200	在研	1 200	0
C4	6	0	300	在研	1 800	0

(2) 查询在拓市场信息得知，本地市场已经开拓完毕，取得产品销售资格。开拓区域市场需要一年，开拓国内市场需要两年，开拓国际市场需要四年，所有在拓市场每年均需支付 100W 开拓费用。相关信息如表 6-3-5 所示。

表 6-3-5　在拓市场信息　　　　　　　　　　　　　　　　金额单位：W

市场代码	市场名称	总期数	已有期数	每期费用	状态	开拓总费用	累计开拓费用
1	本地市场	1	1	100	开拓完毕	100	100
2	区域市场	1	0	100	在拓	100	0
3	国内市场	2	0	100	在拓	200	0
4	国际市场	4	0	100	在拓	400	0

(3) 查询 ISO 认证信息得知，ISO 认证分为 ISO14000 和 ISO9000 两种。ISO14000 认证总共需要三年，ISO9000 认证总共需要两年，两种认证每年均需支付 100W 认证费，认证后取得销售资格。销售 ISO 认证的产品，有些需要单一认证，有些则需要双认证。相关信息如表 6-3-6 所示。

表 6-3-6　ISO 认证信息　　　　　　　　　　　　　　　　金额单位：W

ISO 代码	总期数	已有期数	每期费用	状态	认证总费用	累计认证费用
ISO14000	3	0	100	正在认证	300	0
ISO9000	2	0	100	正在认证	200	0

三、制订新年度计划

了解基本参数后,小组成员可以开始制订新年度计划。

(1)小组成员需要查看预计市场订单分析图(如图 6-3-1 所示)。与常规模式和亏损模式不同的是,在初创模式下,第 0 年没有任何市场订单,这说明第 0 年属于建设期。

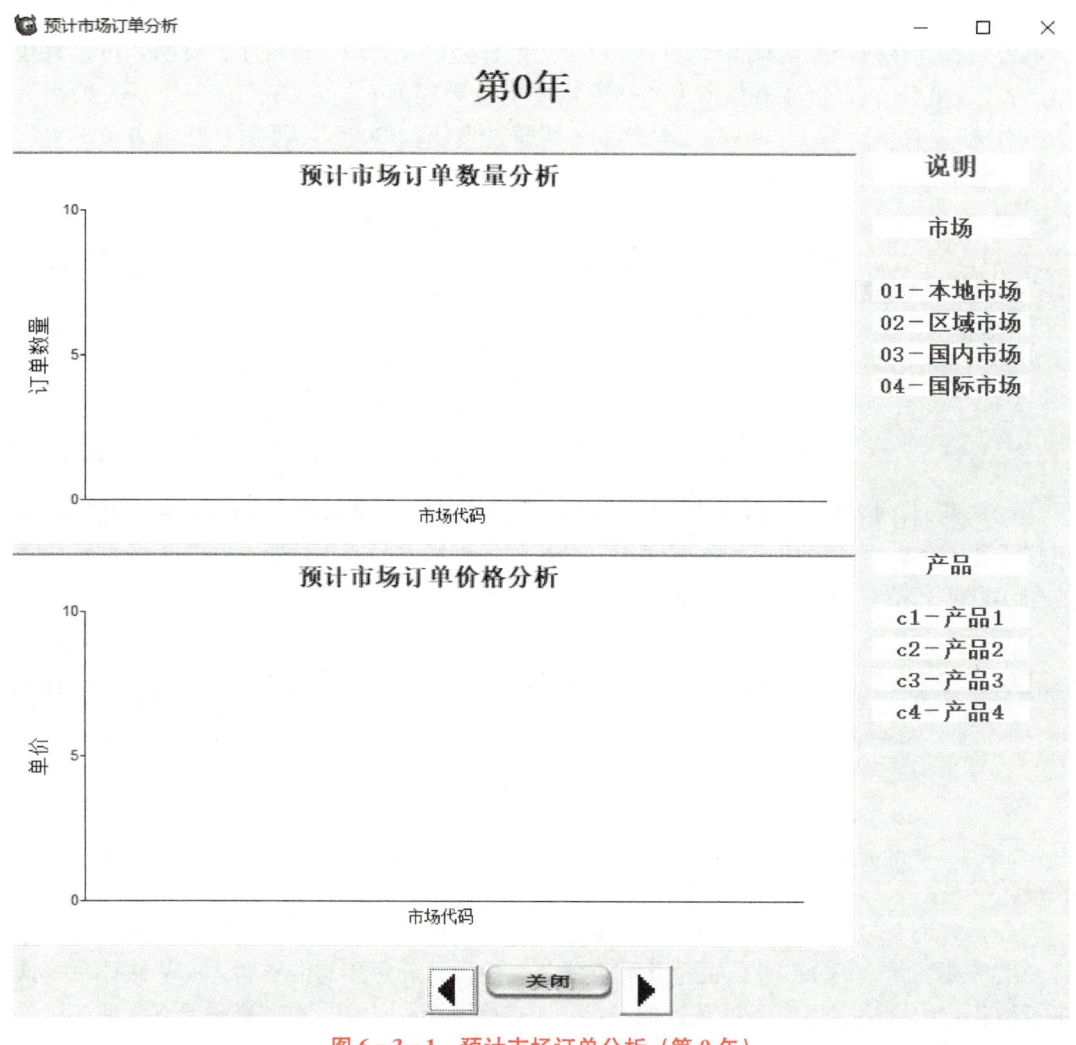

图 6-3-1 预计市场订单分析(第 0 年)

(2)由于第 0 年为建设期,不用投入广告费,也不用进行选单。小组可以直接进行第 0 年的经营建设。在第 0 年模拟经营过程中,要求如下:

1)在第一季度,A 组购买三条手工生产线和一条半自动生产线;B 组购买两条手工生产线、一条半自动生产线和一条全自动生产线。

2)两组在第四季度借入短期贷款 2 000W。

3)两组在第一季度购入 5 个 Y1 原材料;在第二季度购入 2 个 Y1 原材料;在第三季

度购入 2 个 Y1 原材料。

4）两组保证每期更新生产，且生产不能间断。

四、开始第 1 年经营

各组完成第 0 年经营后，开始第 1 年经营。

（1）小组成员需要查看预计市场订单分析图（如图 6-3-2 所示）。由于市场尚未开发完全，第 1 年只存在本地市场订单，而且只存在本地市场 C1 产品订单，C1 产品单价为 550W 左右。

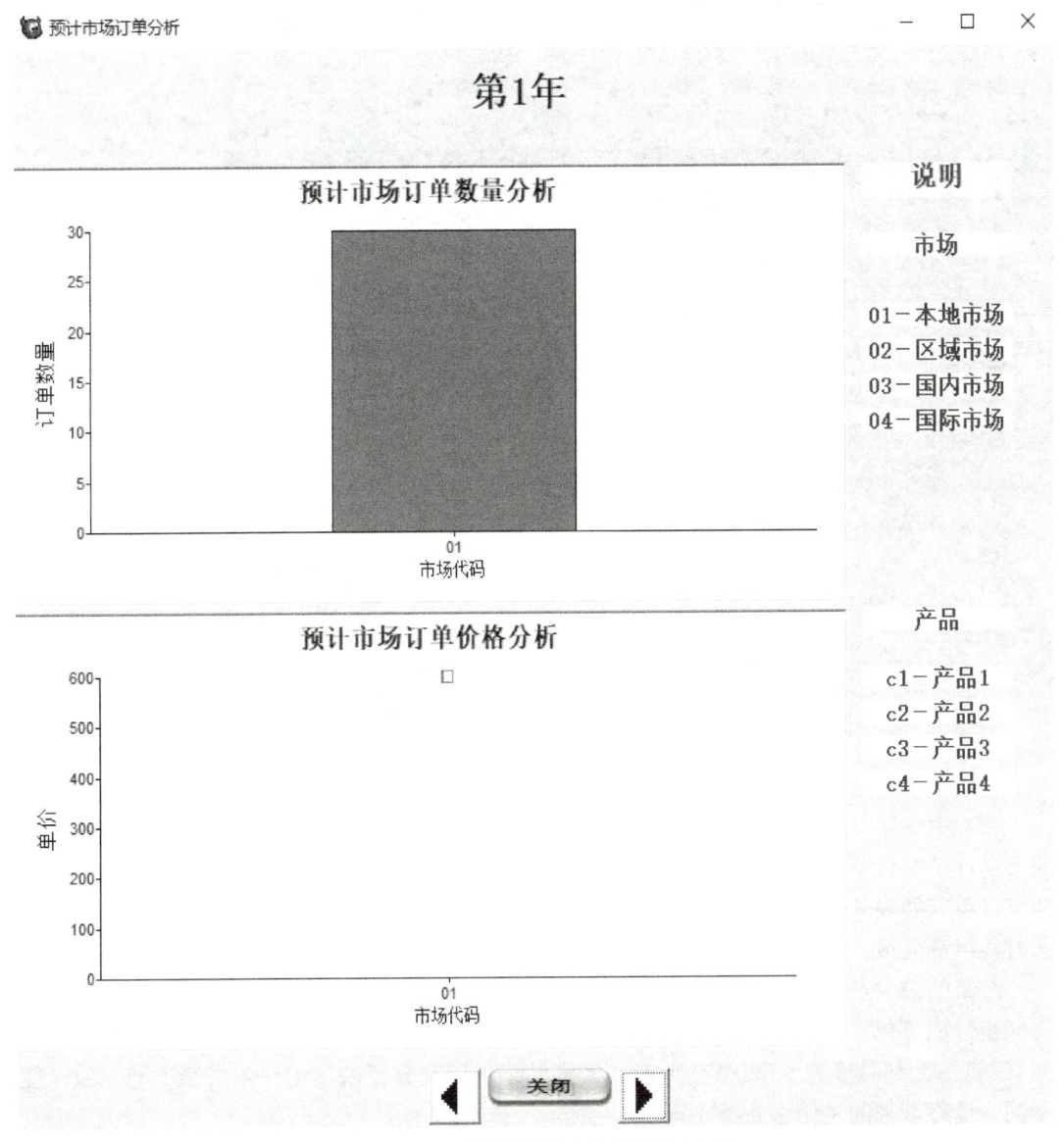

图 6-3-2　预计市场订单分析（第 1 年）

(2) 查看市场订单（如图 6-3-3 所示）。

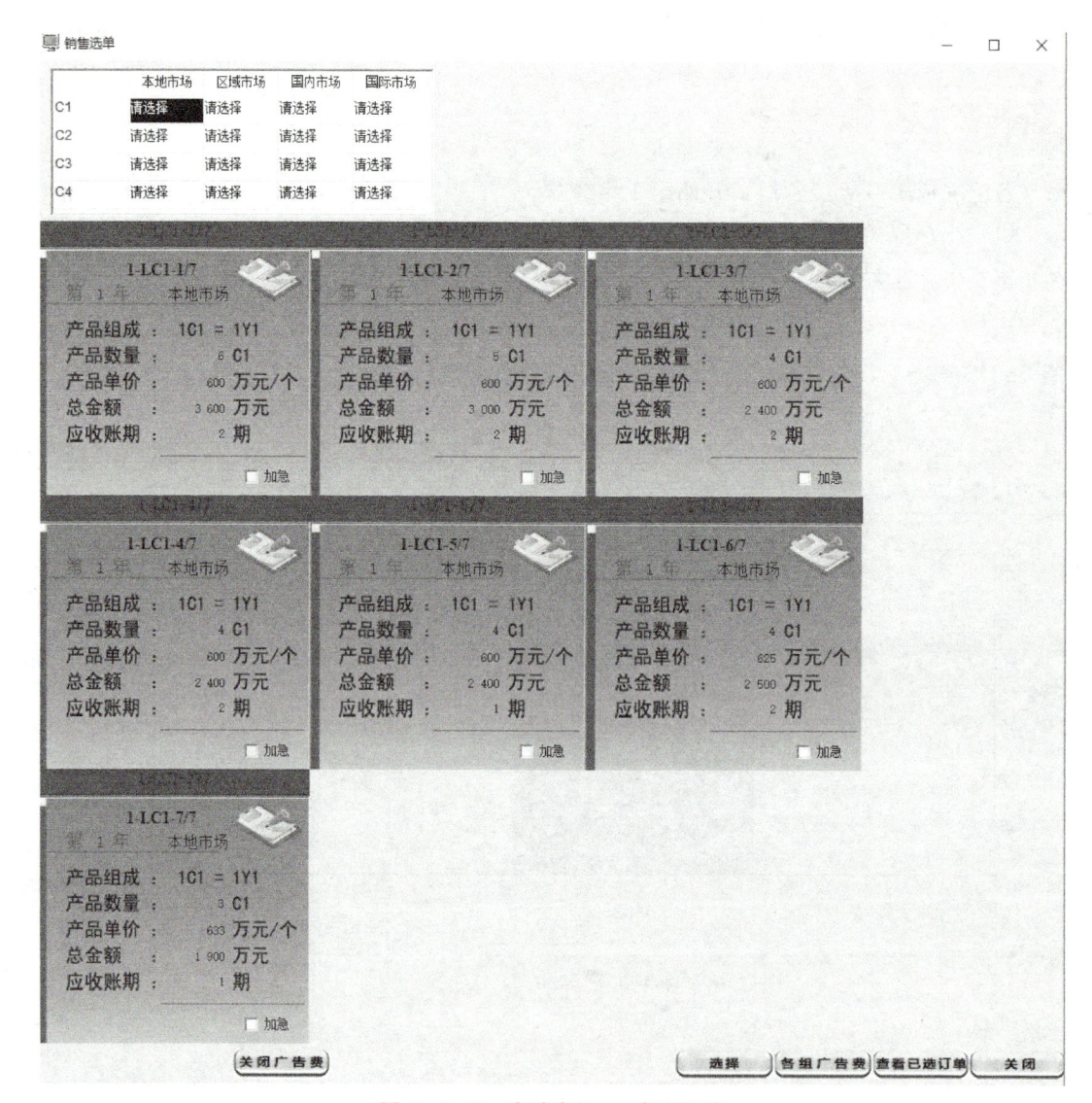

图 6-3-3 本地市场 C1 产品订单

（3）由于第 0 年两组并没有选单，"市场老大"优先选单的原则不适用。观察第 1 年的市场订单，订单数量充足，可以满足两组产能。此轮依然不投入广告费，根据各组产能分配订单（如表 6-3-7、表 6-3-8 所示）。如此选单的目的是保证生产线为单一变量，同时各组都能最大限度地生产产品并销售。

A 组的最大产能是当期库存 8 个产成品，B 组的最大产能是当期库存 11 个产成品，为两组分配订单。根据选单，A 组选择的 C1 产品订单，毛利总额为 3 300W，而 B 组选择的 C1 订单毛利总额为 4 500W。此时，实训结果可以充分反映，由于生产线不同导致产能不同，最终带来的是销售收益不同。

表 6-3-7　A组订单信息　　　　　　　　　　　　　　　　　　　金额单位：W

订单编号	市场名称	产品代码	销售数量	销售金额	单价	账期	成本	毛利	状态	已销数量
1-LC1-3/7	本地市场	C1	4	2 400	600	2	800	1 600	未执行	0
1-LC1-6/7	本地市场	C1	4	2 500	625	2	800	1 700	未执行	0

表 6-3-8　B组订单信息　　　　　　　　　　　　　　　　　　　金额单位：W

订单编号	市场名称	产品代码	销售数量	销售金额	单价	账期	成本	毛利	状态	已销数量
1-LC1-4/7	本地市场	C1	4	2 400	600	2	800	1 600	未执行	0
1-LC1-5/7	本地市场	C1	4	2 400	600	1	800	1 600	未执行	0
1-LC1-7/7	本地市场	C1	3	1 900	633	1	600	1 300	未执行	0

(4) 各组开始模拟经营。在第1年经营过程中，要求如下：

1) 两组在第一季度购入4个Y1原材料；在第二季度购入2个Y1原材料；在第三季度购入2个Y1原材料；在第四季度购入2个Y1原材料。

2) B组在第二季度借入短期借款2 000W。

3) 两组保证每期更新生产，且生产不能间断。

第四节　多变量模式实训

本实训在常规模式下进行，不控制变量，各组自由经营，分析多种因素对实训结果造成的影响。本实训涉及的自变量因素有生产线、产品研发和贷款。按照操作流程建立竞赛，名称为"duobianliang"；将操作者分为三个小组，A组、B组和C组。各组成员按照所分配到的账号登录，为了更好地进行模拟经营，小组成员需要先了解基年初始状态参数。常规模式实训下已经介绍了基年的基本数据，这里不做重述，请参考前文。

一、开始第0年经营

各组开始第0年经营，不需要投入广告费，只完成系统分配的销售订单即可。在第0年经营过程中，要求如下：

(1) A、C两组每季度更新入库的原材料为两个Y1；B组前两个季度更新入库的原材料为两个Y1，后两个季度更新入库的原材料为三个Y1。保证每期更新生产，且生产不能间断。

(2) 各组开拓区域市场；B、C两组研发C2产品。

(3) A、C两组在第二季度添加短期贷款2 000W；B组在第二、第四季度添加短期贷款各2 000W。

（4）A、C两组在第一季度购进一条半自动生产线；B组在第一季度购进两条半自动生产线。

二、第0年经营结论

根据第0年经营要求，可以得出以下结论：

（1）此经营年度，B组对比A、C两组多一条半自动生产线，所以产能增大。为了不间断生产，B组每季度购进的原材料相比A、C两组要多。

（2）对比A、C两组，B组目前所投入的资金最多，为了维持正常运营，B组多借入2 000W短期贷款。

（3）对比B、C两组，A组只生产C1产品，B、C两组开始研发C2产品，说明在以后年度将采取两种产品组合生产销售的战略。

三、开始第1年经营

各组完成第0年经营后，开始第1年经营。

（1）常规模式实训下，已经介绍了第1年的市场订单情况，这里不做重述，请参考前文。

（2）本年度经营依据利润最高优先选单原则，不考虑广告费投入的因素，A组最先选单，其次为C组，最后为B组。三组分别选择自己本年需要完成的订单。选单情况如表6-4-1～表6-4-3所示。

表6-4-1　A组订单信息　　　　　　　　　　　　　　　　金额单位：W

订单编号	市场名称	产品代码	销售数量	销售金额	单价	账期	成本	毛利	状态	已销数量
1-LC1-3/6	本地市场	C1	7	3 600	514	2	1 400	2 200	未执行	0
1-LC1-5/6	本地市场	C1	4	2 200	550	3	800	1 400	未执行	0

表6-4-2　C组订单信息　　　　　　　　　　　　　　　　金额单位：W

订单编号	市场名称	产品代码	销售数量	销售金额	单价	账期	成本	毛利	状态	已销数量
1-LC1-1/6	本地市场	C1	2	1 100	550	2	400	700	未执行	0
1-LC1-4/6	本地市场	C1	5	2 600	520	2	1 000	1 600	未执行	0

表6-4-3　B组订单信息　　　　　　　　　　　　　　　　金额单位：W

订单编号	市场名称	产品代码	销售数量	销售金额	单价	账期	成本	毛利	状态	已销数量
1-LC1-2/6	本地市场	C1	1	600	600	4	200	400	未执行	0
1-LC1-6/6	本地市场	C1	3	1 600	533	1	600	1 000	未执行	0

（3）各组开始模拟经营。在第1年经营过程中，要求如下：

1）A组每季度更新入库的原材料为两个Y1；B组第一季度更新入库的原材料为1个Y1和2个Y2，第二季度更新入库的原材料为1个Y2和2个Y1，第三季度更新入库的原材料为3个Y1，第四季度更新入库的原材料为2个Y1；C组第一季度更新入库的原材料为 1 个 Y1 和 1 个 Y2，第二季度更新入库的原材料为 1 个 Y2 和 1 个 Y1，第三季度更新入库的原材料为 2 个 Y1，第四季度更新入库的原材料为 1 个 Y2 和 2 个 Y1。

2）保证每期更新生产，且生产不能间断。

3）B、C 两组继续研发 C2 产品，待取得生产资格后，空闲手工生产线当期转产 C2 产品。

4）B 组在第四季度添加短期贷款 2 000W。

（4）此经营年度只有本地市场 C1 产品的订单，三组竞争市场订单较为激烈。A 组在第 0 年存在利润优势，优先选单，选择订单产品数量最多；B 组生产效率最高，而选择订单产品数量则最少，造成大量产成品库存；C 组较为稳健。

四、开始第 2 年经营

各组完成第 1 年经营后，开始第 2 年经营。

（1）常规模式实训下，已经介绍了第 2 年市场订单情况，这里不做重述，请参考前文。

（2）本年度经营本地市场 C1 产品根据利润最高原则优先选单，不考虑广告费投入的因素，A 组最先选单，其次为 C 组，最后为 B 组。其他市场需根据广告费投入多少决定选单顺序。广告费投入信息如表 6-4-4 所示。

表 6-4-4　广告费投入信息　　　　　　　　　　　　　　　单位：W

组号	市场	产品	费用
A 组	区域市场	C1	200
B 组	区域市场	C1	300
C 组	区域市场	C1	100
B 组	区域市场	C2	200
C 组	区域市场	C2	100

（3）三组分别选择自己本年需要完成的订单。选单情况如表 6-4-5～表 6-4-7 所示。

表 6-4-5　A 组订单信息　　　　　　　　　　　　　　　金额单位：W

订单编号	市场名称	产品代码	销售数量	销售金额	单价	账期	成本	毛利	状态	已销数量	是否加急
2-LC1-2/5	本地市场	C1	4	2 000	500	3	800	1 200	未执行	0	
2-LC1-3/5	本地市场	C1	2	1 000	500	3	400	600	未执行	0	加急
2-RC1-3/3	区域市场	C1	2	1 000	500	2	400	600	未执行	0	

表 6-4-6　B 组订单信息　　　　　　　　　　　　　　　金额单位：W

订单编号	市场名称	产品代码	销售数量	销售金额	单价	账期	成本	毛利	状态	已销数量
2-LC1-5/5	本地市场	C1	3	1 500	500	3	600	900	未执行	0
2-RC1-2/3	区域市场	C1	3	1 500	500	3	600	900	未执行	0
2-RC2-4/4	区域市场	C2	3	2 100	700	2	900	1 200	未执行	0

表 6-4-7 C组订单信息　　　　　　　　　　　　　　　　金额单位：W

订单编号	市场名称	产品代码	销售数量	销售金额	单价	账期	成本	毛利	状态	已销数量
2-LC1-1/5	本地市场	C1	1	500	500	0	200	300	未执行	0
2-LC1-4/5	本地市场	C1	4	1 900	475	1	800	1 100	未执行	0
2-RC1-1/3	区域市场	C1	2	900	450	2	400	500	未执行	0
2-RC2-1/4	区域市场	C2	3	2 000	667	1	900	1 100	未执行	0

(4) 各组开始模拟经营。在第 2 年经营过程中，要求如下：

1) B组在第二季度、第四季度分别借入短期借款 2 000W。

2) A组每季度更新入库的原材料为两个 Y1；B组第一季度、第二季度、第四季度更新入库的原材料为 2 个 Y1 和 1 个 Y2，第三季度更新入库原材料为 3 个 Y1 和 1 个 Y2；C组每个季度更新入库的原材料为 2 个 Y1 和 1 个 Y2。

3) 两组保证每期更新生产，且生产不能间断。

第五节　自主设计实训

一、模拟企业概况、发展及股东期望

本公司长期以来一直专注于某行业 C 系列产品的生产与经营，目前生产的 C1 产品在本地市场知名度很高，客户也很满意；同时公司拥有自己的厂房，生产设施齐备，状态良好。

最近，一家权威机构对该行业的发展前景进行了预测，认为 C 系列产品将会从目前的相对低水平发展为一个高技术含量产品。

因此，公司董事会及全体股东决定公司未来的发展方向为：

(1) 投资 C2、C3、C4 等一系列新产品的开发。

(2) 进一步开拓本地市场以外的区域、国内和国际市场。

(3) 进一步扩大生产规模，提高生产能力，实现更多利润。

二、模拟企业财务现状

初始状态下，公司的财务报表如表 6-5-1 和表 6-5-2 所示。

表 6-5-1　基年资产负债表（简表）　　　　　　　　　　　　　单位：W

项目	期初余额	项目	期初余额
流动资产：		负债：	
现金	20	短期负债	0
应收款	15	长期负债	40
在制品	8	应付款	0
成品	6	应交税费	1
原材料	3	一年内将到期的长期贷款	0
流动资产合计	52	负债合计	41
固定资产：		所有者权益：	
土地建筑	40	股东资本	50
机器设备	13	利润留存	11
在建工程	0	年度净利润	3
固定资产合计	53	所有者权益合计	64
总资产	105	权益	105

表 6-5-2　基年利润表（简表）　　　　　　　　　　　　　单位：W

项目	期初余额
销售收入	35
直接成本	12
毛利	23
综合费用	11
折旧前利润	12
折旧	4
支付利息前利润	8
财务收支	4
其他收支	0
税前利润	4
所得税	1
净利润	3

三、参数设定

（1）基年初始参数设定如图 6-5-1 所示。

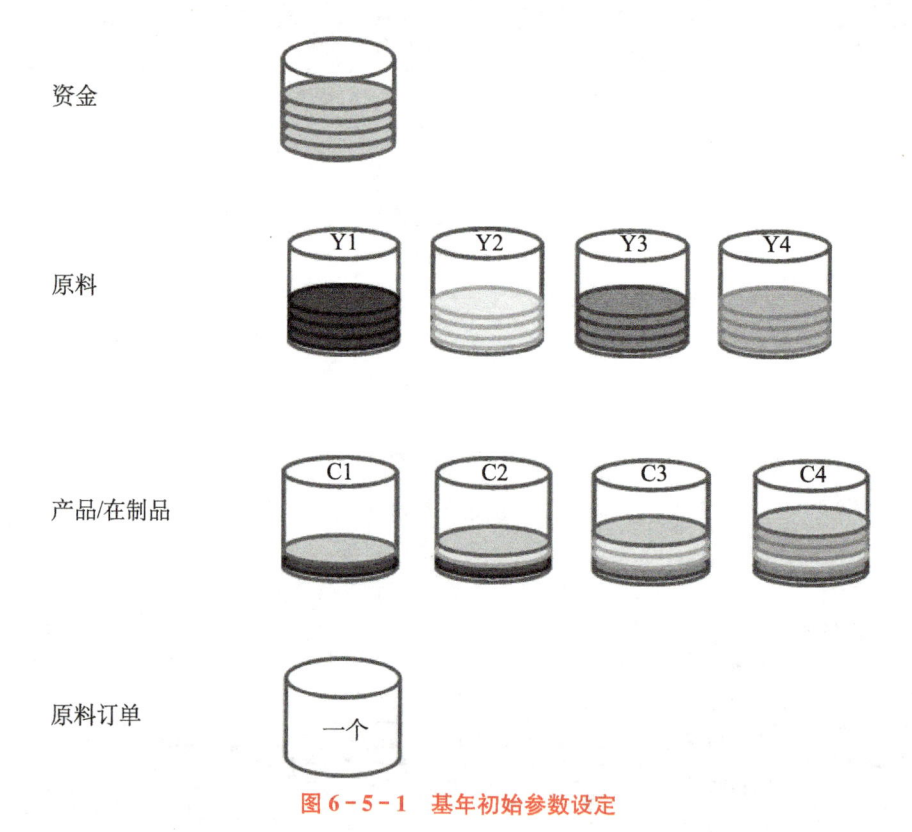

图 6-5-1 基年初始参数设定

(2) 生产中心初始参数设定如图 6-5-2 所示。

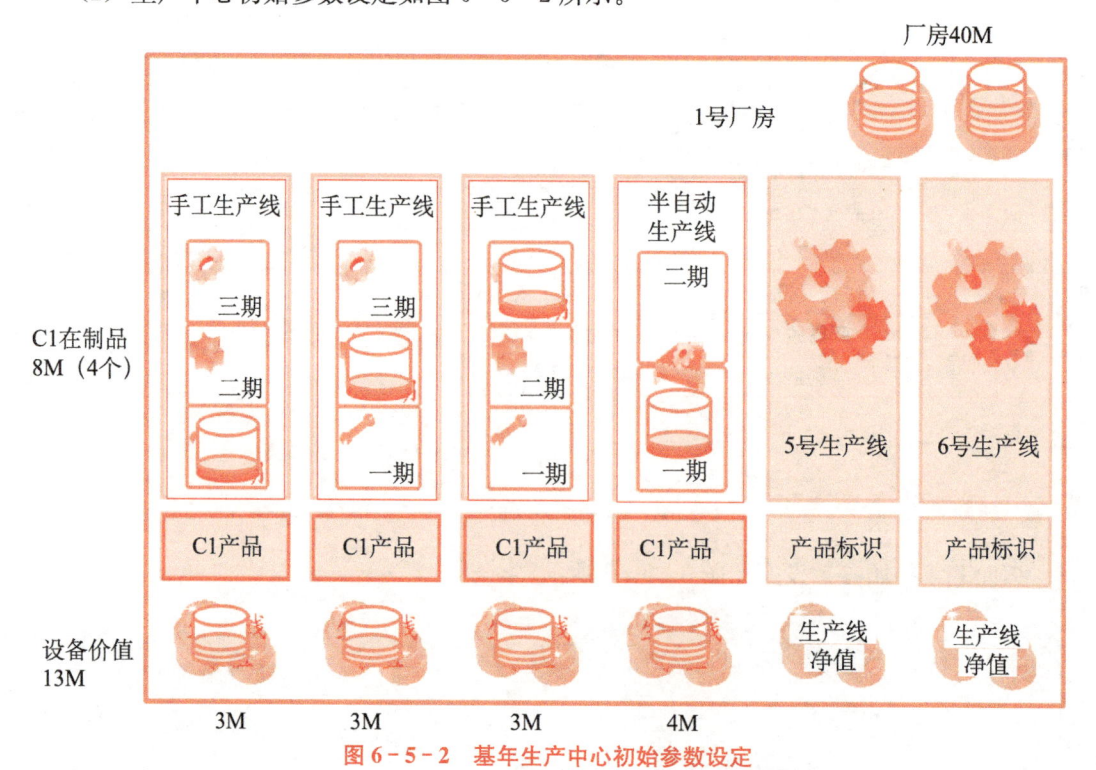

图 6-5-2 基年生产中心初始参数设定

(3) 物流中心初始参数设定如图 6-5-3 所示。

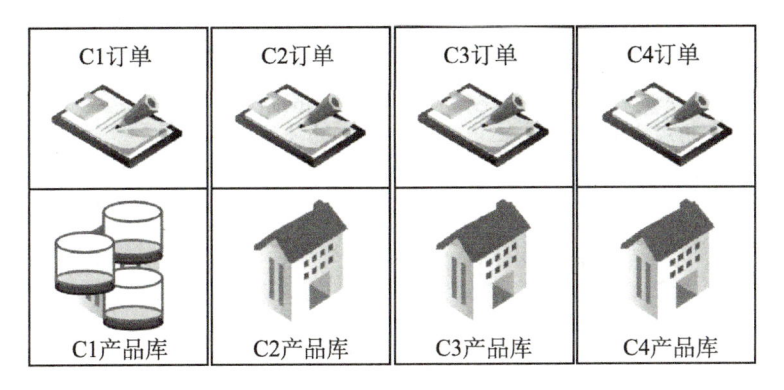

C1订单	C2订单	C3订单	C4订单
C1产品库	C2产品库	C3产品库	C4产品库

C4成品6M（3个）

图 6-5-3　基年物流中心初始参数设定

(4) 财务中心初始参数设定如图 6-5-4 所示。

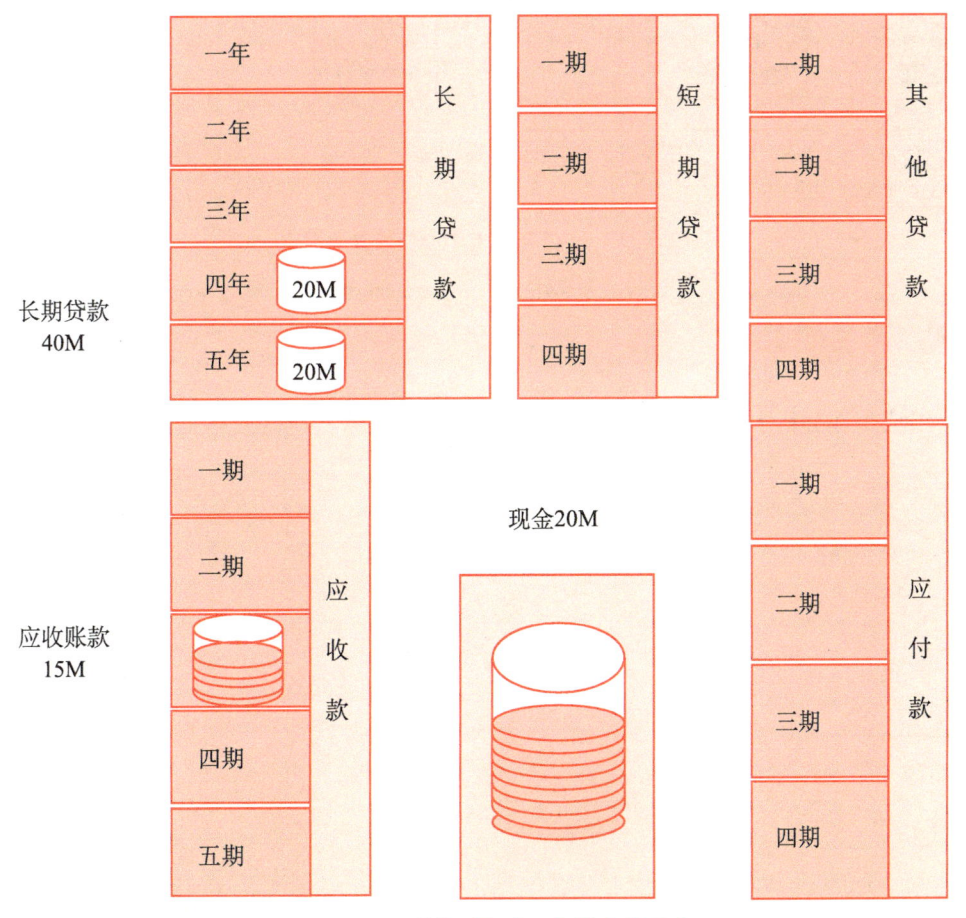

长期贷款 40M：一年、二年、三年、四年 20M、五年 20M（长期贷款）

短期贷款：一期、二期、三期、四期

其他贷款：一期、二期、三期、四期

应收账款 15M：一期、二期、三期、四期、五期（应收款）

现金 20M

应付款：一期、二期、三期、四期

图 6-5-4　基年财务中心初始参数设定

(5) 研发中心初始参数设定如图 6-5-5 所示。

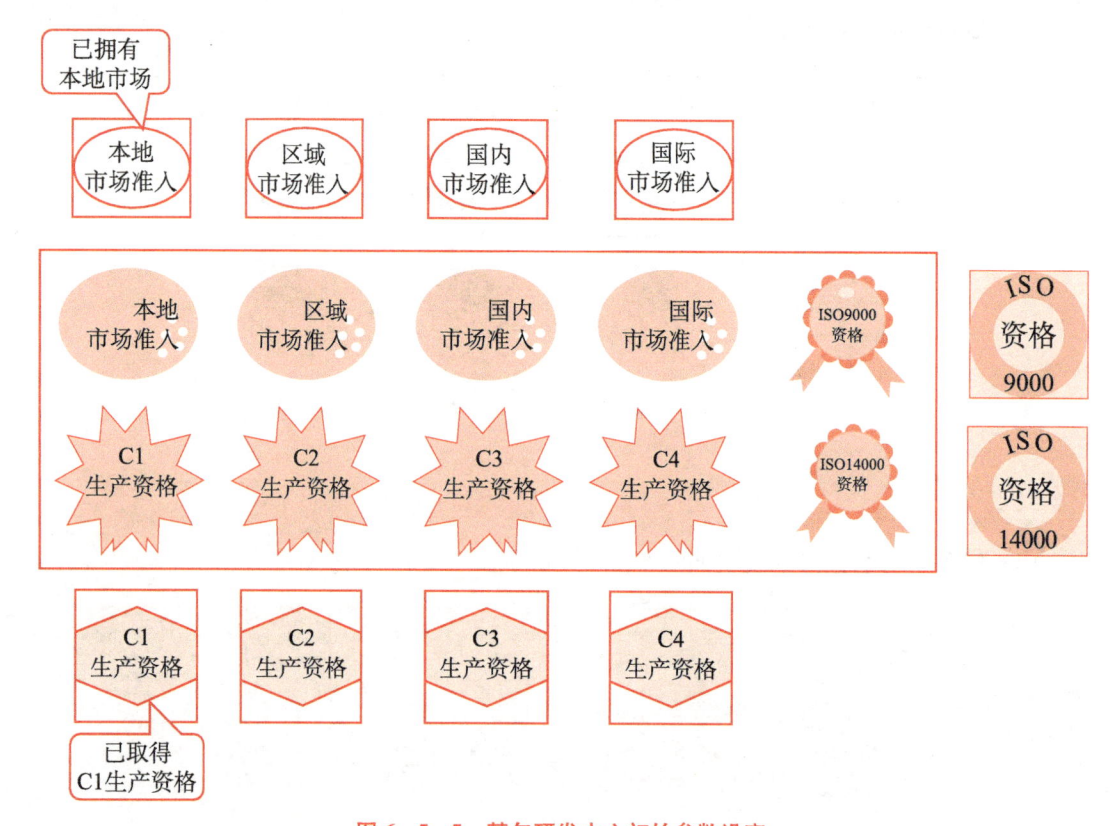

图 6-5-5　基年研发中心初始参数设定

四、自主模拟经营

小组成员在分析上述基年资料后，自主模拟企业经营，所需表格见附录。

第七章 财务管理决策实训结果

第一节 亏损模式实训结果

一、第 0 年实训结果

(一) 各组第 0 年经营流程

A 组第 0 年经营流程如表 7-1-1 所示。

表 7-1-1　A 组第 0 年经营流程　　　　　　　　　　　　　　　　　　　　单位：W

组号：A 组　　第　0　年				
工作项目	第一季度	第二季度	第三季度	第四季度
新年度规划会议（广告费投入）	－100			
参加订货会、登记销售订单	0			
制订新年度计划	0			
支付应付税费	0			
季初现金盘点	1 400	900	300	1 500
更新短期贷款/支付利息/获得新贷款 更新其他贷款/支付利息/获得新贷款	0	0	添加短期贷款 2 000	0
更新应付款	0	0	0	0
原材料更新入库	－400	－400	－400	－400
下原材料订单	0	0	0	0
更新生产/完工入库	0	0	0	0
投资新生产线/变卖生产线/生产线转产	300	0	0	0
向其他企业买卖原材料	0	0	0	0
开始下一线生产	－300	－100	－300	－100
更新应收款/应收款贴现	0	0	0	0
出售厂房	0	0	0	0
向其他企业买卖成品	0	0	0	0
订单交货	0	0	0	0
产品研发投资	0	0	0	0
支付行政管理费	－100	－100	－100	－100
其他现金收支情况登记	0	0	0	0
支付利息/更新长期贷款/申请长期贷款				－400
支付设备维护费				－300
支付租金/购买厂房				0
计提折旧				0
新市场开拓/ISO 资格认证投资				－100
结账				0
现金收入合计	300	0	2 000	0
现金支出合计	－900	－600	－800	－1 400
期末现金对账	900	300	1 500	100

B 组第 0 年经营流程如表 7-1-2 所示。

表 7-1-2　B 组第 0 年经营流程　　　　　　　　　　　　　　　　　　　　单位：W

组号：B 组　　第　0　年				
工作项目	第一季度	第二季度	第三季度	第四季度
新年度规划会议（广告费投入）	－200			
参加订货会、登记销售订单	0			
制订新年度计划	0			
支付应付税费	0			

续表

工作项目	组号：B组　第 0 年			
	第一季度	第二季度	第三季度	第四季度
季初现金盘点	1 300	800	200	1 400
更新短期贷款/支付利息/获得新贷款 更新其他贷款/支付利息/获得新贷款	0	0	添加其他贷款 2 000	0
更新应付款	0	0	0	0
原材料更新入库	−400	−400	−400	−400
下原材料订单	0	0	0	0
更新生产/完工入库	0	0	0	0
投资新生产线/变卖生产线/生产线转产	300	0	0	0
向其他企业买卖原材料	0	0	0	0
开始下一线生产	−300	−100	−300	−100
更新应收款/应收款贴现	0	0	0	0
出售厂房	0	0	0	0
向其他企业买卖成品	0	0	0	0
订单交货	0	0	0	0
产品研发投资	0	0	0	0
支付行政管理费	−100	−100	−100	−100
其他现金收支情况登记	0	0	0	0
支付利息/更新长期贷款/申请长期贷款				−400
支付设备维护费				−300
支付租金/购买厂房				0
计提折旧				0
新市场开拓/ISO 资格认证投资				−100
结账				0
现金收入合计	300	0	1 600	0
现金支出合计	−1 000	−600	−400	−1 400
期末现金对账	800	200	1 400	0

▶▶▶ (二) 各组第 0 年报表数据

A 组第 0 年报表数据如表 7−1−3～表 7−1−5 所示。

表 7−1−3　资产负债表（简表）　　　　　　　　　　　　　　单位：W

资产	年初数	年末数	权益	年初数	年末数
现金	1 500	100	长期贷款	4 000	4 000
应收款	0	1 500	短期贷款	0	2 000
在制品	0	900	应交税费	0	0
产成品	400	1 300	一年内将到期的长期贷款	0	0
原材料	600	600	负债合计	4 000	6 000
流动资产合计	2 500	4 400	所有者权益		
厂房	4 000	4 000	股东资本	5 000	5 000

续表

资产	年初数	年末数	权益	年初数	年末数
机器设备	1 100	800	利润留存	−1 100	−1 400
在建工程	0	0	年度净利	−300	−400
固定资产合计	5 100	4 800	所有者权益合计	3 600	3 200
资产总计	7 600	9 200	权益总计	7 600	9 200

表7-1-4 利润表（简表）　　　　　　　　　　　　　　　　单位：W

项目	上年数	本年数
销售收入	2 100	1 500
直接成本	1 200	600
毛利	900	900
综合费用	1 000	900
折旧前利润	−100	0
折旧	0	0
支付利息前利润	−100	0
财务收支	200	400
其他收支	0	0
税前利润	−300	−400
所得税	0	0
净利润	−300	−400

表7-1-5 综合管理费用明细表　　　　　　　　　　　　　　单位：W

项目	金额
管理费	400
广告费	100
维修费	300
损失	
转产费	
厂房租金	
新市场开拓	100
ISO资格认证	
产品研发	
人工费	
贴现费	
折旧费	
税金	
利息	400
其他费用	
费用合计	1 300

B组第0年报表数据如表7-1-6～表7-1-8所示。

表 7-1-6　资产负债表（简表）　　　　　　　　　　　　　　　　　　单位：W

资产	年初数	年末数	权益	年初数	年末数
现金	1 500	0	长期贷款	4 000	4 000
应收款	0	1 600	短期贷款	0	2 000
在制品	0	900	应交税费	0	0
产成品	400	1 300	一年内将到期的长期贷款	0	0
原材料	600	600	负债合计	4 000	6 000
流动资产合计	2 500	4 400	所有者权益		
厂房	4 000	4 000	股东资本	5 000	5 000
机器设备	1 100	800	利润留存	−1 100	−1 400
在建工程	0	0	年度净利润	−300	−400
固定资产合计	5 100	4 800	所有者权益合计	3 600	3 200
资产总计	7 600	9 200	权益总计	7 600	9 200

表 7-1-7　利润表（简表）　　　　　　　　　　　　　　　　　　单位：W

项目	上年数	本年数
销售收入	2 100	1 600
直接成本	1 200	600
毛利	900	1 000
综合费用	1 000	1 000
折旧前利润	−100	0
折旧	0	0
支付利息前利润	−100	0
财务收支	200	400
其他收支	0	0
税前利润	−300	−400
所得税	0	0
净利润	−300	−400

表 7-1-8　综合管理费用明细表　　　　　　　　　　　　　　　　单位：W

项目	金额
管理费	400
广告费	200
维修费	300
损失	
转产费	
厂房租金	
新市场开拓	100
ISO 资格认证	
产品研发	
人工费	
贴现费	

续表

项目	金额
折旧费	
税金	
利息	400
其他费用	
费用合计	1 400

▶▶▶ （三）总结评析

在亏损模式下，第 0 年的上述数据显示，两组经营的相同点为：

（1）两组初始现金流都是 1 500W。

（2）两组在第一季度将三条手工生产线出售，获得现金流入 300W，此时剩余两条半自动生产线和一条全自动生产线全部用来生产 C2 产品，年末支付设备维护费 300W。

（3）两组每季度更新入库的原材料为两个 Y1 和两个 Y2，每季度需要花费 400W，总共花费 1 600W；由于两组库存原材料相同，生产线类别和数量相同，生产状态相同，所以更新生产费用相同，产量也相同。

（4）两组年末需要支付长期贷款利息 400W。

（5）两组每季度需要支付行政管理费 100W，总共支付 400W。

（6）两组根据市场需求商议开拓区域市场，费用为 100W。

在亏损模式下，第 0 年上述数据显示，两组经营的不同点为：

（1）通过利润表可知，本年 A 组订单毛利比 B 组少 100W，但 B 组比 A 组多付出 100W 广告费，所以两组最后净利润相同。

（2）亏损模式下，唯一变量为利息费用，A 组借入 2 000W 短期贷款，而 B 组借入 2 000W 其他贷款。但是由于两组贷款时间为第 0 年第三季度，还未到还本付息的时间，所以第 0 年年末结账时，软件系统并未显示出两组由于贷款不同而产生的差异。

二、第 1 年实训结果

▶▶▶ （一）各组第 1 年经营流程

A 组第 1 年经营流程如表 7-1-9 所示。

表 7-1-9　A 组第 1 年经营流程　　　　　　　　　　　　　　　　　单位：W

工作项目	第一季度	第二季度	第三季度	第四季度
贴现	1 300	0	0	0
新年度规划会议（广告费投入）	−300			
参加订货会、登记销售订单	0			
制订新年度计划	0			
支付应付税费	0			
季初现金盘点	1 100	300	3 700	1 700

组号：A组　　第 1 年

续表

组号：A组 第 1 年				
工作项目	第一季度	第二季度	第三季度	第四季度
更新短期贷款/支付利息/获得新贷款 更新其他贷款/支付利息/获得新贷款	0	添加短期 贷款 2 000	还款 2 100	0
更新应付款	0	0	0	0
原材料更新入库	－400	－400	－400	－400
下原材料订单	0	0	0	0
更新生产/完工入库	0	0	0	0
投资新生产线/变卖生产线/生产线转产	0	0	0	0
向其他企业买卖原材料	0	0	0	0
开始下一线生产	－300	－100	－300	－100
更新应收款/应收款贴现	0	2 000	900	1 800
出售厂房	0	0	0	0
向其他企业买卖成品	0	0	0	0
订单交货	0	0	0	0
产品研发投资	0	0	0	0
支付行政管理费	－100	－100	－100	－100
其他现金收支情况登记	0	0	0	0
支付利息/更新长期贷款/申请长期贷款				－400
支付设备维护费				－300
支付租金/购买厂房				0
计提折旧				0
新市场开拓/ISO 资格认证投资				0
结账				0
现金收入合计	1 300	4 000	900	1 800
现金支出合计	－1 100	－600	－2 900	－1 300
期末现金对账	300	3 700	1 700	2 200

B组第1年经营流程如表7-1-10所示。

表 7-1-10　B组第1年经营流程　　　　　　　　　　　　　　单位：W

组号：B组　　第 1 年				
工作项目	第一季度	第二季度	第三季度	第四季度
借入其他贷款	2 000	0	0	0
新年度规划会议（广告费投入）	－300			
参加订货会、登记销售订单	0			
制订新年度计划	0			
支付应付税费	0			
季初现金盘点	1 700	2 500	3 600	3 500
更新短期贷款/支付利息/获得新贷款 更新其他贷款/支付利息/获得新贷款	0	0	还款 2 400	0

续表

工作项目	组号：B组 第 1 年			
	第一季度	第二季度	第三季度	第四季度
更新应付款	0	0	0	0
原材料更新入库	－400	－400	－400	－400
下原材料订单	0	0	0	0
更新生产/完工入库	0	0	0	0
投资新生产线/变卖生产线/生产线转产	0	0	0	0
向其他企业买卖原材料	0	0	0	0
开始下一线生产	－300	－100	－300	－100
更新应收款/应收款贴现	1 600	1 700	3 100	0
出售厂房	0	0	0	0
向其他企业买卖成品	0	0	0	0
订单交货	0	0	0	0
产品研发投资	0	0	0	0
支付行政管理费	－100	－100	－100	－100
其他现金收支情况登记	0	0	0	0
支付利息/更新长期贷款/申请长期贷款				－400
支付设备维护费				－300
支付租金/购买厂房				0
计提折旧				0
新市场开拓/ISO 资格认证投资				0
结账				0
现金收入合计	3 600	1 700	3 100	0
现金支出合计	－1 100	－600	－3 200	－1 300
期末现金对账	2 500	3 600	3 500	2 200

（二）各组第 1 年报表数据

A 组第 1 年报表数据如表 7-1-11～表 7-1-13 所示。

表 7-1-11 资产负债表（简表） 单位：W

资产	年初数	年末数	权益	年初数	年末数
现金	100	2 200	长期贷款	4 000	4 000
应收款	1 500	1 400	短期贷款	2 000	2 000
在制品	900	900	应交税费	0	225
产成品	1 300	900	一年内将到期的长期贷款	0	0
原材料	600	600	负债合计	6 000	6 225
流动资产合计	4 400	6 000	所有者权益		
厂房	4 000	4 000	股东资本	5 000	5 000
机器设备	800	800	利润留存	－1 400	－1 800
在建工程	0	0	年度净利润	－400	1 375
固定资产合计	4 800	4 800	所有者权益合计	3 200	4 575
资产总计	9 200	10 800	权益总计	9 200	10 800

表 7-1-12 利润表（简表）   单位：W

项目	上年数	本年数
销售收入	1 500	6 100
直接成本	600	2 800
毛利	900	3 300
综合费用	900	1 000
折旧前利润	0	2 300
折旧	0	0
支付利息前利润	0	2 300
财务收支	400	700
其他收支	0	0
税前利润	－400	1 600
所得税	0	225
净利润	－400	1 375

表 7-1-13 综合管理费用明细表   单位：W

项目	金额
管理费	400
广告费	300
维修费	300
损失	
转产费	
厂房租金	
新市场开拓	
ISO 资格认证	
产品研发	
人工费	
贴现费	200
折旧费	
税金	
利息	500
其他费用	
费用合计	1 700

B组第 1 年报表数据如表 7-1-14～表 7-1-16 所示。

表 7-1-14 资产负债表（简表）   单位：W

资产	年初数	年末数	权益	年初数	年末数
现金	0	2 200	长期贷款	4 000	4 000
应收款	1 600	1 300	短期贷款	2 000	2 000
在制品	900	900	应交税费	0	200
产成品	1 300	900	一年内将到期的长期贷款	0	0

续表

资产	年初数	年末数	权益	年初数	年末数
原材料	600	600	负债合计	6 000	6 200
流动资产合计	4 400	5 900	所有者权益		
厂房	4 000	4 000	股东资本	5 000	5 000
机器设备	800	800	利润留存	−1 400	−1 800
在建工程	0	0	年度净利润	−400	1 300
固定资产合计	4 800	4 800	所有者权益合计	3 200	4 500
资产总计	9 200	10 700	权益总计	9 200	10 700

表 7−1−15　利润表（简表）　　　　　　　　　　　　单位：W

项目	上年数	本年数
销售收入	1 600	6 100
直接成本	600	2 800
毛利	1 000	3 300
综合费用	1 000	1 000
折旧前利润	0	2 300
折旧	0	0
支付利息前利润	0	2 300
财务收支	400	800
其他收支	0	0
税前利润	−400	1 500
所得税	0	200
净利润	−400	1 300

表 7−1−16　综合管理费用明细表　　　　　　　　　　单位：W

项目	金额
管理费	400
广告费	300
维修费	300
损失	
转产费	
厂房租金	
新市场开拓	
ISO 资格认证	
产品研发	
人工费	
贴现费	
折旧费	
税金	
利息	800
其他费用	
费用合计	1 800

(三) 总结评析

在亏损模式下，第1年上述数据显示，两组经营的相同点为：

(1) 两组初始现金流都是 2 200W。

(2) 生产状态同第 0 年，两条半自动生产线和一条全自动生产线全部用来生产 C2 产品，年末支付三条生产线设备维护费 300W。

(3) 两组每季度更新入库的原材料为两个 Y1 和两个 Y2，每季度需要花费 400W，总共花费 1 600W；由于两组的库存原材料相同，生产线类别和数量相同，生产状态相同，所以更新生产费用相同，产量也相同。

(4) 两组年末需要支付长期贷款利息 400W。

(5) 两组每季度支付行政管理费 100W，总共支付 400W。

在亏损模式下，第1年上述数据显示，两组经营的不同点为：

亏损模式下，唯一变量为利息费用，在本期产生较大差异。A组与B组支付利息前利润相同，A组财务费用为 700W，其中贴现费用为 200W、短期贷款利息费用为 100W、长期贷款利息费用为 400W；B组财务费用为 800W，其中，长期贷款利息费用为 400W、其他贷款利息费用为 400W。利息费用不同导致最后净利润不同。

(四) 各组杜邦分析数据

A组杜邦分析数据如图 7-1-1 所示。

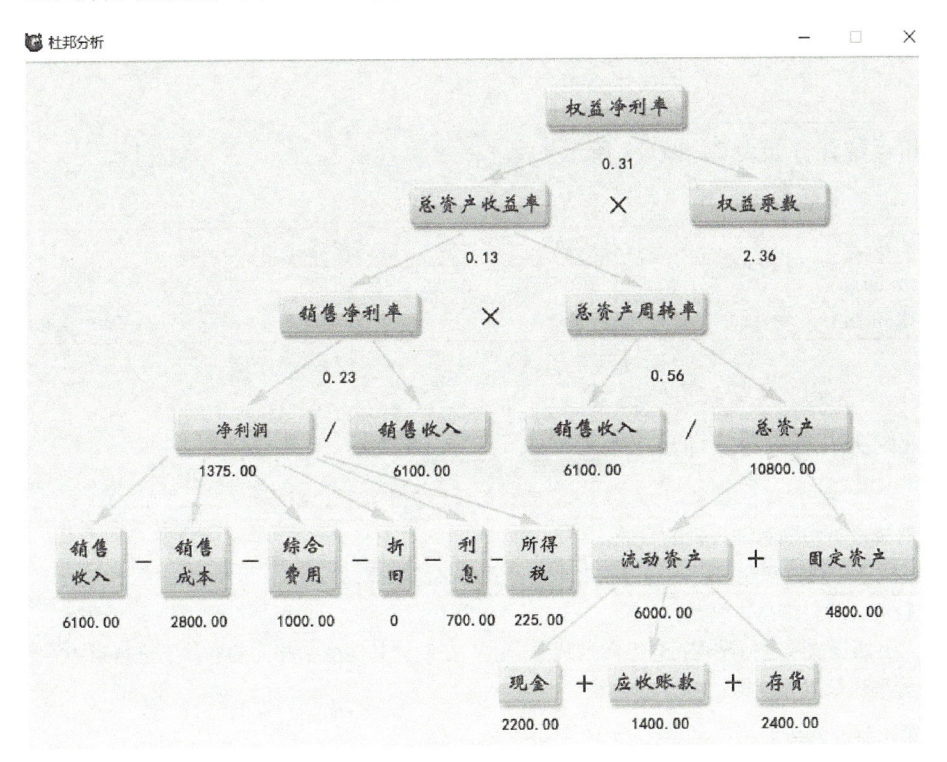

图 7-1-1　A组杜邦分析图

B组杜邦分析数据如图 7-1-2 所示。

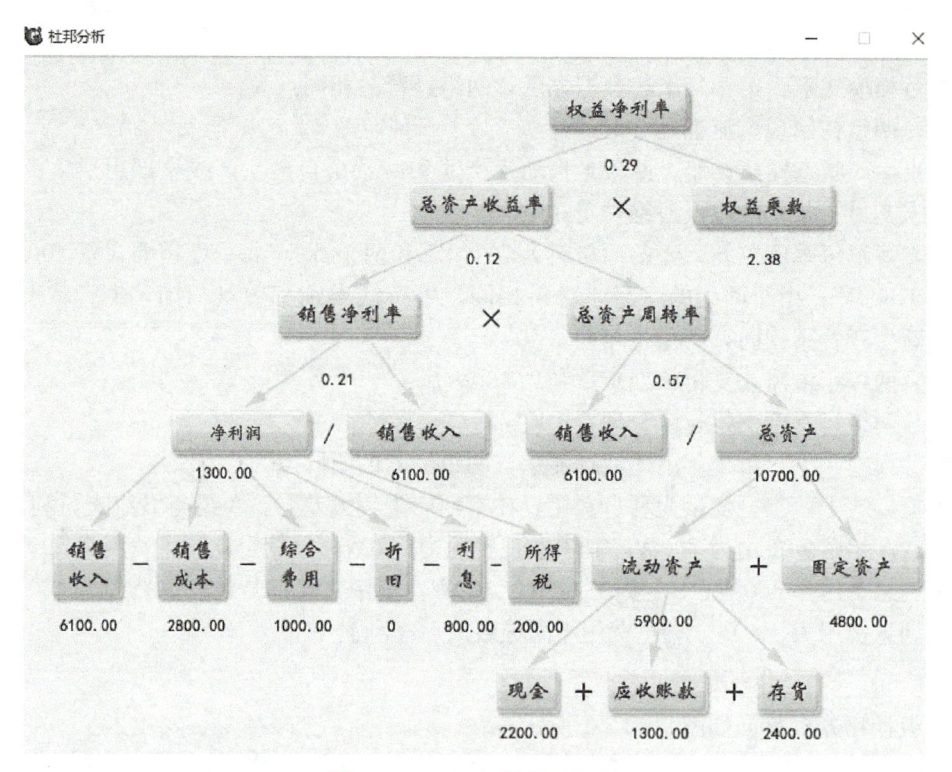

图 7-1-2　B 组杜邦分析图

（五）各组系统评分

各组系统评分如表 7-1-17 所示。

表 7-1-17　系统评分表

小组编号	权益系数	权益	总分
kuisunA	1.70	4 575	7 777.50
kuisunB	1.70	4 500	7 650.00

（六）总结报告

企业财务管理决策实训总结报告如表 7-1-18 所示。

表 7-1-18　企业财务管理决策实训总结报告

1. 财务管理决策实训总结报告的目的：
在亏损模式下，观察各组使用不同贷款对企业经营结果的影响。
2. 模拟企业经营决策总体思路：
A 组借入短期贷款和进行贴现；B 组借入其他贷款。在期初其他变量相同的条件下进行财务管理决策。
3. 财务管理决策指标分析：
本实训第 1 年经营结果：   　　A 组：支付贴现费 200W、贷款利息 500W，净利润为 1 375W。B 组：支付利息 800W，净利润为 1 300W。   　　由于 A 组比 B 组少支付 100W 的财务费用，所以 A 组净利润高于 B 组。销售净利率＝净利润÷销售收入，由于两组销售收入相同，净利润越高，销售净利率越高，A 组销售净利率高于 B 组。

续表

两组总资产除应收账款不同以外，其他指标数值均相同。两组在期初选择订单账期不同，导致应收账款期末余额不同，虽然会影响实训结果，但这不属于本次实训的探讨因素。A组总资产为10 800W，B组总资产为10 700W，总资产周转率＝销售收入÷总资产，两组销售收入相同，总资产越高，总资产周转率越低，所以A组总资产周转率低于B组。 总资产收益率＝销售净利率×总资产周转率。通过计算，A组总资产收益率高于B组。可见，由于贷款引起的变量，进而对销售净利率的影响，相比应收账款引起的变化，对实训结果具有更大的影响。 A组所有者权益为4 575W，B组所有者权益为4 500W，权益乘数＝总资产÷所有者权益，通过计算，A组权益乘数高于B组。权益净利率＝权益乘数×总资产收益率，所以A组权益净利率高于B组。通过两年的经营，A组的经营方式比B组更加有效。
4. 财务管理决策行为对企业运营的影响：
A组借入短期贷款和进行贴现；B组借入其他贷款。在第1年，B组比A组多支付100W的利息费用。正是这100W的利息费用，使A组经营取得较好的效果。
5. 财务管理决策方案的建议：
在经营过程中，生产相同的产品，高成本借贷会比低成本借贷或者不借贷花费更高。所以，在选择订单时，尽量选择账期短、应收款变现快的销售订单。在运营过程中，灵活运用各种借贷方法，使财务成本尽可能最低。 现金预算非常重要。一旦现金断流，将付出高额的成本。

第二节 常规模式实训结果

一、第0年实训结果

(一) 各组第0年经营流程

A组第0年经营流程如表7-2-1所示。

表7-2-1　A组第0年经营流程　　　　　　　　　　单位：W

组号：A	第　0　年			
工作项目	第一季度	第二季度	第三季度	第四季度
新年度规划会议（广告费投入）	0			
参加订货会、登记销售订单	0			
制订新年度计划	0			
支付应付税费	－100			
季初现金盘点	1 900	300	600	1 000

续表

工作项目	组号：A 第 0 年			
	第一季度	第二季度	第三季度	第四季度
更新短期贷款/支付利息/获得新贷款 更新其他贷款/支付利息/获得新贷款	0	添加短期贷款 2 000	添加短期贷款 2 000	添加短期贷款 2 000
更新应付款	0	0	0	0
原材料更新入库	−200	−200	−200	−200
下原材料订单	0	0	0	0
更新生产/完工入库	0	0	0	0
投资新生产线/变卖生产线/生产线转产	−1 000	−1 000	−1 000	−1 000
向其他企业买卖原材料	0	0	0	0
开始下一线生产	−100	−200	−100	−400
更新应收款/应收款贴现	0	0	0	4700
出售厂房	0	0	0	0
向其他企业买卖成品	0	0	0	0
订单交货	0	0	0	0
产品研发投资	−200	−200	−200	−200
支付行政管理费	−100	−100	−100	−100
其他现金收支情况登记	0	0	0	0
支付利息/更新长期贷款/申请长期贷款				−400
支付设备维护费				−600
支付租金/购买厂房				0
计提折旧				0
新市场开拓/ISO资格认证投资				−200
结账				0
现金收入合计	0	2 000	2 000	6 700
现金支出合计	−1 700	−1 700	−1 600	−3 100
期末现金对账	300	600	1 000	4 600

B组第0年经营流程如表7-2-2所示。

表7-2-2 B组第0年经营流程　　　　　　　　　　　　　　　　　单位：W

工作项目	组号：B组 第 0 年			
	第一季度	第二季度	第三季度	第四季度
新年度规划会议（广告费投入）	0			
参加订货会、登记销售订单	0			
制订新年度计划	0			
支付应付税费	−100			
季初现金盘点	1 900	400	800	1 300
更新短期贷款/支付利息/获得新贷款 更新其他贷款/支付利息/获得新贷款	0	添加短期贷款 2 000	添加短期贷款 2 000	添加短期贷款 2 000
更新应付款	0	0	0	0

续表

组号：B组　　第　0　年

工作项目	第一季度	第二季度	第三季度	第四季度
原材料更新入库	−200	−200	−200	−200
下原材料订单	0	0	0	0
更新生产/完工入库	0	0	0	0
投资新生产线/变卖生产线/生产线转产	−1 000	−1 000	−1 000	−1 000
向其他企业买卖原材料	0	0	0	0
开始下一线生产	−100	−200	−100	−400
更新应收款/应收款贴现	0	0	0	4 700
出售厂房	0	0	0	0
向其他企业买卖成品	0	0	0	0
订单交货	0	0	0	0
产品研发投资	−100	−100	−100	−100
支付行政管理费	−100	−100	−100	−100
其他现金收支情况登记	0	0	0	0
支付利息/更新长期贷款/申请长期贷款				−400
支付设备维护费				−600
支付租金/购买厂房				0
计提折旧				0
新市场开拓/ISO资格认证投资				−200
结账				0
现金收入合计	0	2 000	2 000	6 700
现金支出合计	−1 600	−1 600	−1 500	−3 000
期末现金对账	400	800	1 300	5 000

（二）各组第0年报表数据

A组第0年报表数据如表7−2−3～表7−2−5所示。

表7−2−3　资产负债表（简表）　　　　单位：W

资产	年初数	年末数	权益	年初数	年末数
现金	2 000	5 400	长期贷款	4 000	4 000
应收款	1 500	0	短期贷款	0	6 000
在制品	800	1 200	应交税费	100	0
产成品	600	600	一年内将到期的长期贷款	0	0
原材料	300	300	负债合计	4 100	10 000
流动资产合计	5 200	7 500	所有者权益		
厂房	4 000	4 000	股东资本	5 000	5 000
机器设备	1 300	4 500	利润留存	1 100	1 400
在建工程	0	0	年度净利润	300	−400
固定资产合计	5 300	8 500	所有者权益合计	6 400	6 000
资产总计	10 500	16 000	权益总计	10 500	16 000

表 7-2-4　利润表（简表）　　　　　　　　　　　　　单位：W

项目	上年数	本年数
销售收入	3 500	3 200
直接成本	1 200	1 200
毛利	2 300	2 000
综合费用	1 500	2 000
折旧前利润	800	0
折旧	0	0
支付利息前利润	800	0
财务收支	400	400
其他收支	0	0
税前利润	400	－400
所得税	100	0
净利润	300	－400

表 7-2-5　综合管理费用明细表　　　　　　　　　　　单位：W

项目	金额
管理费	400
广告费	
维修费	600
损失	
转产费	
厂房租金	
新市场开拓	200
ISO 资格认证	
产品研发	800
人工费	
贴现费	
折旧费	
税金	100
利息	400
其他费用	
费用合计	2 500

B 组第 0 年报表数据如表 7-2-6～表 7-2-8 所示。

表 7-2-6　资产负债表（简表）　　　　　　　　　　　单位：W

资产	年初数	年末数	权益	年初数	年末数
现金	2 000	5 800	长期贷款	4 000	4 000
应收款	1 500	0	短期贷款	0	6 000
在制品	800	1 200	应交税费	100	0
产成品	600	600	一年内将到期的长期贷款	0	0

续表

资产	年初数	年末数	权益	年初数	年末数
原材料	300	300	负债合计	4 100	10 000
流动资产合计	5 200	7 900	所有者权益		
厂房	4 000	4 000	股东资本	5 000	5 000
机器设备	1 300	4 500	利润留存	1 100	1 400
在建工程	0	0	年度净利润	300	0
固定资产合计	5 300	8 500	所有者权益合计	6 400	6 400
资产总计	10 500	16 400	权益总计	10 500	16 400

表7-2-7 利润表（简表）　　　　　　　　　　　　　　　　单位：W

项目	上年数	本年数
销售收入	3 500	3 200
直接成本	1 200	1 200
毛利	2 300	2 000
综合费用	1 500	1 600
折旧前利润	800	400
折旧	0	0
支付利息前利润	800	400
财务收支	400	400
其他收支	0	0
税前利润	400	0
所得税	100	0
净利润	300	0

表7-2-8 综合管理费用明细表　　　　　　　　　　　　　　单位：W

项目	金额
管理费	400
广告费	
维修费	600
损失	
转产费	
厂房租金	
新市场开拓	200
ISO资格认证	
产品研发	400
人工费	
贴现费	
折旧费	
税金	100
利息	400
其他费用	
费用合计	2 100

(三) 总结评析

在常规模式下，第 0 年的上述数据显示，两组经营的相同点为：

（1）两组初始现金流都是 2 000W，年初缴纳基年所得税 100W，季初现金盘点为 1 900W。

（2）两组在第一季度新购入一条全自动生产线和一条柔性生产线，此时一共有三条手工生产线、一条半自动生产线、一条全自动生产线和一条柔性生产线，厂房生产线现已达到最大值。

（3）两组新购进的两条生产线经过第 0 年投资建设，现已可以开始生产，A 组与 B 组在第 0 年的全部生产线都用以生产 C1 产品。年末需支付六条生产线设备维护费 600W。

（4）两组每季度更新入库的原材料为两个 Y1，每季度需要花费 200W，总共花费 800W；两组由于库存原材料相同，生产线类别和数量相同，生产状态相同，所以更新生产费用相同，产量也相同。

（5）两组在第二到第四季度分别借入短期借款 2 000W。

（6）两组年末需支付长期贷款利息 400W。

（7）每季度支付行政管理费 100W，总共支付 400W。

（8）两组根据市场需求商议开拓区域市场、国内市场。

在常规模式下，第 0 年上述数据显示，两组经营的不同点为：

（1）根据变量原则，在计划第 1 年经营时，A 组将部分生产线转产 C3 产品，而 B 组将部分生产线转产 C2 产品。

（2）A 组研发 C3 产品，而 B 组研发 C2 产品。两组除了开拓不同产品存在差异外，其他并无差异。A 组因为比 B 组多付出了 400W 的产品研发费用，财务报表数据暂不如 B 组。

二、第 1 年实训结果

(一) 各组第 1 年经营流程

A 组第 1 年经营流程如表 7-2-9 所示。

表 7-2-9　A 组第 1 年经营流程　　　　　　　　　　　　　　　单位：W

组号：A 组　　　第 1 年				
工作项目	第一季度	第二季度	第三季度	第四季度
新年度规划会议（广告费投入）	0			
参加订货会、登记销售订单	0			
制订新年度计划	0			
支付应付税费	0			
季初现金盘点	5 400	4 600	3 500	4 700
更新短期贷款/支付利息/获得新贷款 更新其他贷款/支付利息/获得新贷款	0	－100①	－100	－100

---

① 还款 2 100W，同时增加 2 000W 短期贷款。后同。

续表

组号：A组 第 1 年				
工作项目	第一季度	第二季度	第三季度	第四季度
更新应付款	0	0	0	0
原材料更新入库	－200	－300	－900	－1 000
下原材料订单	0	0	0	0
更新生产/完工入库	0	0	0	0
投资新生产线/变卖生产线/生产线转产	0	0	0	0
向其他企业买卖原材料	0	0	0	0
开始下一线生产	－300	－400	－300	－400
更新应收款/应收款贴现	0	0	2 600	1 100
出售厂房	0	0	0	0
向其他企业买卖成品	0	0	0	0
订单交货	0	0	0	0
产品研发投资	－200	－200	0	0
支付行政管理费	－100	－100	－100	－100
其他现金收支情况登记	0	0	0	0
支付利息/更新长期贷款/申请长期贷款				－400
支付设备维护费				－600
支付租金/购买厂房				0
计提折旧				0
新市场开拓/ISO资格认证投资				－100
结账				0
现金收入合计	0	2 000	4 600	3 100
现金支出合计	－800	－3 100	3 400	4 700
期末现金对账	4 600	3 500	4 700	3 100

B组第1年经营流程如表7－2－10所示。

表7－2－10　B组第1年经营流程　　　　　　　　　　　　　　　　　　单位：W

组号：B组 第 1 年				
工作项目	第一季度	第二季度	第三季度	第四季度
新年度规划会议（广告费投入）	0			
参加订货会、登记销售订单	0			
制订新年度计划	0			
支付应付税费	0			
季初现金盘点	5 800	5 100	5 400	4 400
更新短期贷款/支付利息/获得新贷款 更新其他贷款/支付利息/获得新贷款	0	－100	－100	－100
更新应付款	0	0	0	0
原材料更新入库	－200	－600	－500	－600
下原材料订单	0	0	0	0

续表

组号：B组　　第 1 年				
工作项目	第一季度	第二季度	第三季度	第四季度
更新生产/完工入库	0	0	0	0
投资新生产线/变卖生产线/生产线转产	0	0	0	0
向其他企业买卖原材料	0	0	0	0
开始下一线生产	−300	−400	−300	−400
更新应收款/应收款贴现		0	1 600	
出售厂房	0	0	0	0
向其他企业买卖成品	0	0	0	0
订单交货	0	0		
产品研发投资	−100	−100	0	0
支付行政管理费	−100	−100	−100	−100
其他现金收支情况登记	0	0	0	0
支付利息/更新长期贷款/申请长期贷款				−400
支付设备维护费				−600
支付租金/购买厂房				0
计提折旧				0
新市场开拓/ISO 资格认证投资				−100
结账				0
现金收入合计	0	3 600	2 000	2 000
现金支出合计	−700	3 300	3 000	4 300
期末现金对账	5 100	5 400	4 400	2 100

▶▶▶ （二）各组第 1 年报表数据

A 组第 1 年报表数据如表 7－2－11～表 7－2－13 所示。

表 7－2－11　资产负债表（简表）　　　　　　　　　　单位：W

资产	年初数	年末数	权益	年初数	年末数
现金	5 400	3 100	长期贷款	4 000	4 000
应收款	0	2 200	短期贷款	6 000	6 000
在制品	1 200	1 800	应交税费	0	75
产成品	600	1 400	一年内将到期的长期贷款	0	0
原材料	300	500	负债合计	10 000	10 075
流动资产合计	7 500	9 000	所有者权益		
厂房	4 000	4 000	股东资本	5 000	5 000
机器设备	4 500	3 700	利润留存	1 400	1 000
在建工程	0	0	年度净利润	−400	625
固定资产合计	8 500	7 700	所有者权益合计	6 000	6 625
资产总计	16 000	16 700	权益总计	16 000	16 700

表 7-2-12 利润表（简表）　　　　　　　　　　　　　　　　　　　　　　　　单位：W

项目	上年数	本年数
销售收入	3 200	5 900
直接成本	1 200	2 200
毛利	2 000	3 700
综合费用	2 000	1 500
折旧前利润	0	2 200
折旧	0	800
支付利息前利润	0	1 400
财务收支	400	700
其他收支	0	0
税前利润	－400	700
所得税	0	75
净利润	－400	625

表 7-2-13 综合管理费用明细表　　　　　　　　　　　　　　　　　　　　　单位：W

项目	金额
管理费	400
广告费	
维修费	600
损失	
转产费	
厂房租金	
新市场开拓	100
ISO 资格认证	
产品研发	400
人工费	
贴现费	
折旧费	800
税金	
利息	700
其他费用	
费用合计	3 000

B组第1年报表数据如表 7-2-14～表 7-2-16 所示。

表 7-2-14 资产负债表（简表）　　　　　　　　　　　　　　　　　　　　　单位：W

资产	年初数	年末数	权益	年初数	年末数
现金	5 800	2 100	长期贷款	4 000	4 000
应收款	0	4 200	短期贷款	6 000	6 000
在制品	1 200	1 500	应交税费	0	200
产成品	600	1 300	一年内将到期的长期贷款	0	0

续表

资产	年初数	年末数	权益	年初数	年末数
原材料	300	400	负债合计	10 000	10 200
流动资产合计	7 900	9 500	所有者权益		
厂房	4 000	4 000	股东资本	5 000	5 000
机器设备	4 500	3 700	利润留存	1 400	1 400
在建工程	0	0	年度净利润	0	600
固定资产合计	8 500	7 700	所有者权益合计	6 400	7 000
资产总计	16 400	17 200	权益总计	16 400	17 200

表 7－2－15　利润表（简表）　　　　　　　　　　　　　　　单位：W

项目	上年数	本年数
销售收入	3 200	5 800
直接成本	1 200	2 200
毛利	2 000	3 600
综合费用	1 600	1 300
折旧前利润	400	2 300
折旧	0	800
支付利息前利润	400	1 500
财务收支	400	700
其他收支	0	0
税前利润	0	800
所得税	0	200
净利润	0	600

表 7－2－16　综合管理费用明细表　　　　　　　　　　　　　单位：W

项目	金额
管理费	400
广告费	
维修费	600
损失	
转产费	
厂房租金	
新市场开拓	100
ISO 资格认证	
产品研发	200
人工费	
贴现费	
折旧费	800
税金	
利息	700
其他费用	
费用合计	2 800

(三) 总结评析

在常规模式下，第 1 年上述数据显示，两组经营的相同点为：

(1) 从更新生产来看，两组花费相同，两组都有六条生产线在无间隙生产，使产能达到最大值。两组留下全自动生产线、半自动生产线和一条手工生产线继续生产 C1 产品。年末需支付六条生产线设备维护费 600W。

(2) 两组在第 1 年新购入的柔性生产线和全自动生产线开始计提折旧，两组折旧费用均为 800W。

(3) 两组在第 2 到第 4 季度分别借入短期借款 2 000W，并按期归还到期贷款本息。

(4) 两组年末需支付长期贷款利息 400W。

(5) 两组每季度支付行政管理费 100W，总共支付 400W。

(6) 两组根据市场需求，开拓国内市场完毕。

在常规模式下，第 1 年上述数据显示，两组经营的不同点为：

(1) 年初，两组现金仅差 400W；年末，两组现金却产生了较大的差异。

(2) 两者因为在年初选择不同订单生产，所以订单账期不同，收到应收款不同，但并不影响实训结果。

(3) A 组研发 C3 产品，B 组研发 C2 产品。两组除了开拓的产品存在差异外，其他并无差异。A 组比 B 组多付出了 200W 的产品研发费用。A 组的柔性生产线和两条手工生产线在取得 C3 产品生产资格后转产，B 组的柔性生产线和两条手工生产线在取得 C2 产品生产资格后转产。

(4) 两组所下原材料订单根据生产产品不同而产生了差异。A 组由于在第 3 期需要生产 C3，所以在第 1 期必须采购原材料 Y3。两组在此时显现出变量对实训结果的影响，两组生产再无相似性。

三、第 2 年实训结果

(一) 各组第 2 年经营流程

A 组第 2 年经营流程如表 7-2-17 所示。

表 7-2-17　A 组第 2 年经营流程　　　　　　　　　　　　　　单位：W

组号：A 组	第 2 年			
工作项目	第一季度	第二季度	第三季度	第四季度
新年度规划会议（广告费投入）	0			
参加订货会、登记销售订单	0			
制订新年度计划	0			
支付应付税费	−75			
季初现金盘点	3 025	4 525	5 125	3 325
更新短期贷款/支付利息/获得新贷款 更新其他贷款/支付利息/获得新贷款	添加短期 贷款 2 000	−100	还款 2 100	−100

续表

组号：A组 第 2 年				
工作项目	第一季度	第二季度	第三季度	第四季度
更新应付款	0	0	0	0
原材料更新入库	−100	−1 000	−800	−800
下原材料订单	0	0	0	0
更新生产/完工入库	0	0	0	0
投资新生产线/变卖生产线/生产线转产	0	0	0	0
向其他企业买卖原材料	0	0	0	0
开始下一线生产	−300	−400	−300	−400
更新应收款/应收款贴现	0	2 200	1 500	4 400
出售厂房	0	0	0	0
向其他企业买卖成品	0	0	0	0
订单交货	0	0	0	0
产品研发投资	0	0	0	0
支付行政管理费	−100	−100	−100	−100
其他现金收支情况登记	0	0	0	0
支付利息/更新长期贷款/申请长期贷款				−400
支付设备维护费				−600
支付租金/购买厂房				0
计提折旧				0
新市场开拓/ISO资格认证投资				0
结账				0
现金收入合计	2 000	4 200	1 500	6 400
现金支出合计	−575	−3 600	−3 300	−4 400
期末现金对账	4 525	5 125	3 325	5 325

B组第2年经营流程如表7-2-18所示。

表7-2-18 B组第2年经营流程

组号：B组 第 2 年				
工作项目	第一季度	第二季度	第三季度	第四季度
新年度规划会议（广告费投入）	0			
参加订货会、登记销售订单	0			
制订新年度计划	0			
支付应付税费	−200			
季初现金盘点	1 900	7 300	5 800	4 000
更新短期贷款/支付利息/获得新贷款 更新其他贷款/支付利息/获得新贷款	添加短期 贷款2 000	还款 2 100	还款 2 100	−100
更新应付款	0	0	0	0
原材料更新入库	−400	−800	−800	−700
下原材料订单	0	0	0	0

续表

工作项目	组号：B组 第 2 年			
	第一季度	第二季度	第三季度	第四季度
更新生产/完工入库	0	0	0	0
投资新生产线/变卖生产线/生产线转产	0	0	0	0
向其他企业买卖原材料	0	0	0	0
开始下一线生产	－300	－400	－300	－400
更新应收款/应收款贴现	4 200	1 900	1 500	1 000
出售厂房	0	0	0	0
向其他企业买卖成品	0	0	0	0
订单交货	0	0	0	0
产品研发投资	0	0	0	0
支付行政管理费	－100	－100	－100	－100
其他现金收支情况登记	0	0	0	0
支付利息/更新长期贷款/申请长期贷款				－400
支付设备维护费				－600
支付租金/购买厂房				0
计提折旧				0
新市场开拓/ISO 资格认证投资				0
结账				0
现金收入合计	6 200	1 900	1 500	3 000
现金支出合计	－1 000	－3 400	－3 300	－4 300
期末现金对账	7 300	5 800	4 000	2 700

(二) 各组第 2 年报表数据

A 组第 2 年报表数据如表 7-2-19～表 7-2-21 所示。

表 7-2-19　资产负债表（简表）　　　　　　　　　　　　　单位：W

资产	年初数	年末数	权益	年初数	年末数
现金	3 100	5 325	长期贷款	4 000	2 000
应收款	2 200	3 600	短期贷款	6 000	6 000
在制品	1 800	1 800	应交税费	75	640
产成品	1 400	800	一年内将到期的长期贷款	0	2 000
原材料	500	600	负债合计	10 075	10 640
流动资产合计	9 000	12 125	所有者权益		
厂房	4 000	4 000	股东资本	5 000	5 000
机器设备	3 700	3 060	利润留存	1 000	1 625
在建工程	0	0	年度净利润	625	1 920
固定资产合计	7 700	7 060	所有者权益合计	6 625	8 545
资产总计	16 700	19 185	权益总计	16 700	19 185

表 7-2-20 利润表（简表） 单位：W

项目	上年数	本年数
销售收入	5 900	9 500
直接成本	2 200	4 600
毛利	3 700	4 900
综合费用	1 500	1 000
折旧前利润	2 200	3 900
折旧	800	640
支付利息前利润	1 400	3 260
财务收支	700	700
其他收支	0	0
税前利润	700	2 560
所得税	75	640
净利润	625	1 920

表 7-2-21 综合管理费用明细表 单位：W

项目	金额
管理费	400
广告费	
维修费	600
损失	
转产费	
厂房租金	
新市场开拓	
ISO 资格认证	
产品研发	
人工费	
贴现费	
折旧费	640
税金	75
利息	700
其他费用	
费用合计	2 415

B 组第 2 年报表数据如表 7-2-22～表 7-2-24 所示。

表 7-2-22 资产负债表（简表） 单位：W

资产	年初数	年末数	权益	年初数	年末数
现金	2 100	2 700	长期贷款	4 000	2 000
应收款	4 200	5 000	短期贷款	6 000	4 000
在制品	1 500	1 500	应交税费	200	790
产成品	1 300	800	一年内将到期的长期贷款	0	2 000

续表

资产	年初数	年末数	权益	年初数	年末数
原材料	400	1 100	负债合计	10 200	8 790
流动资产合计	9 500	11 100	所有者权益		
厂房	4 000	4 000	股东资本	5 000	5 000
机器设备	3 700	3 060	利润留存	1 400	2 000
在建工程	0	0	年度净利润	600	2 370
固定资产合计	7 700	7 060	所有者权益合计	7 000	9 370
资产总计	17 200	18 160	权益总计	17 200	18 160

表 7-2-23　利润表（简表）　　　　　　　　　　　　单位：W

项目	上年数	本年数
销售收入	5 800	9 400
直接成本	2 200	3 900
毛利	3 600	5 500
综合费用	1 300	1 000
折旧前利润	2 300	4 500
折旧	800	640
支付利息前利润	1 500	3 860
财务收支	700	700
其他收支	0	0
税前利润	800	3 160
所得税	200	790
净利润	600	2 370

表 7-2-24　综合管理费用明细表　　　　　　　　　　单位：W

项目	金额
管理费	400
广告费	
维修费	600
损失	
转产费	
厂房租金	
新市场开拓	
ISO 资格认证	
产品研发	
人工费	
贴现费	
折旧费	640
税金	200
利息	700
其他费用	
费用合计	2 540

▶▶▶ (三) 总结评析

在常规模式下，第 2 年上述数据显示，两组经营的相同点为：

(1) 从更新生产来看，两组花费相同，两组都有六条生产线在无间隙生产，使产能达到最大值。两组留下全自动生产线、半自动生产线和一条手工生产线继续生产 C1 产品。年末需支付六条生产线设备维护费 600W。

(2) 两组在第 1 年新购入的柔性生产线和全自动生产线开始计提折旧，两组折旧费用均为 640W。

(3) 两组在第 1 期与第 4 期借入短期贷款各 2 000W，按期归还到期贷款本息。

(4) 两组年末需支付长期贷款利息 400W。

(5) 两组每季度支付行政管理费 100W，总共支付 400W。

在常规模式下，第 2 年上述数据显示，两组经营的不同点为：

(1) 两组因为在年初选择不同订单生产，所以订单账期不同，收到应收款不同，但并不影响实训结果。

(2) 两组在本年经营借入短期贷款不同，A 组在第 2 期借入短期贷款 2 000W，由于短期贷款的利息费用是在下一年支付，所以并不影响本年实训结果。

(3) 两组所下原材料订单因生产产品不同而产生了差异。由于原材料的采购期不同，两组生产再无相似性，在此时显现出变量对实训结果的影响。

▶▶▶ (四) 各组杜邦分析数据

A 组杜邦分析数据如图 7-2-1 所示。

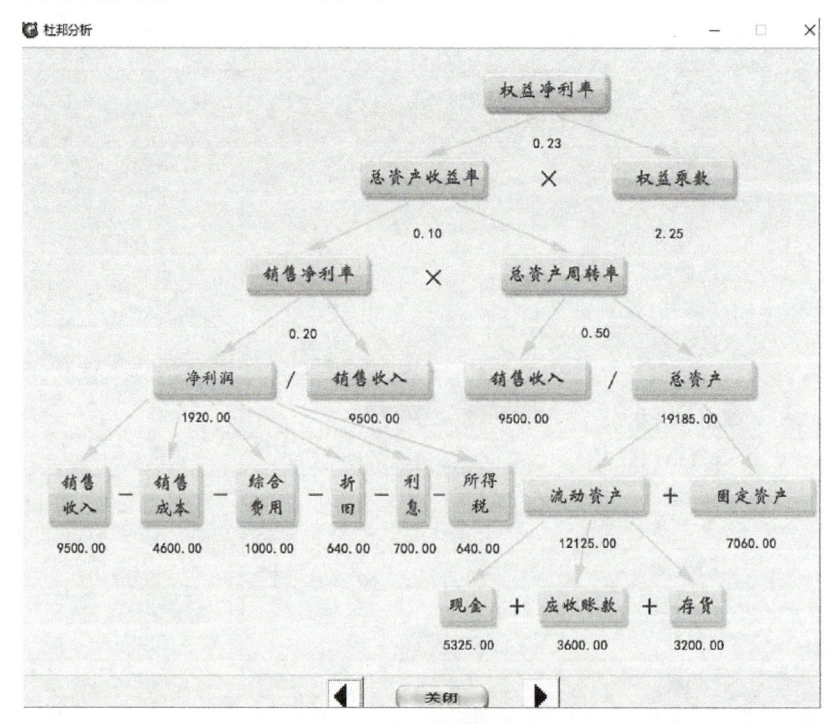

图 7-2-1 杜邦分析图 (A 组)

B 组杜邦分析数据如图 7-2-2 所示。

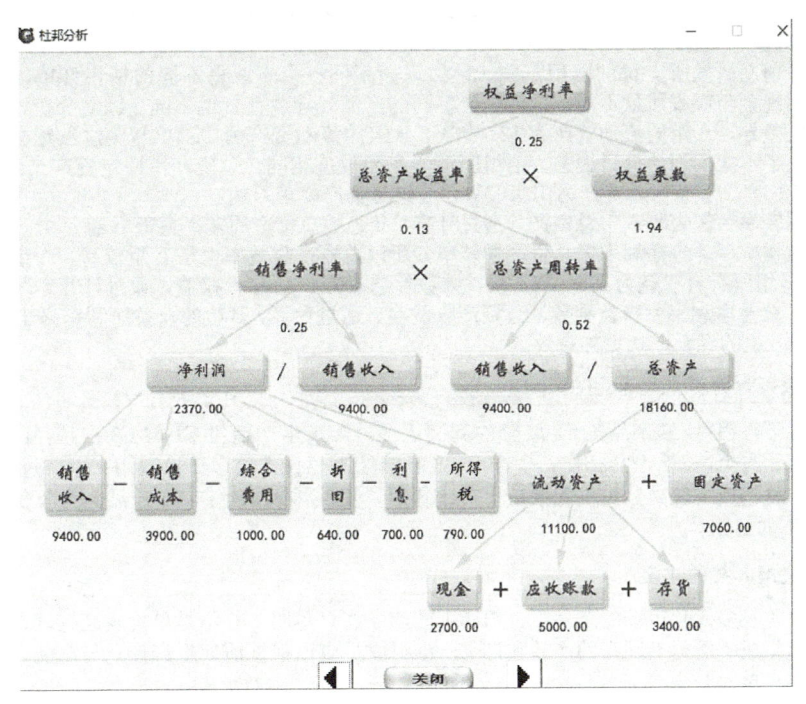

图 7-2-2 杜邦分析图（B 组）

（五）各组系统评分

各组系统评分如表 7-2-25 所示。

表 7-2-25 系统评分表

小组编号	权益系数	权益	总分
changguiA	2.05	8 545	17 517.25
changguiB	2.05	9 370	19 208.5

（六）总结报告

企业财务管理决策实训总结报告如表 7-2-26 所示。

表 7-2-26 企业财务管理决策实训总结报告

1. 财务管理决策实训总结报告的目的：
在常规模式下，观察各组生产不同的产品对经营结果的影响。
2. 模拟企业经营决策总体思路：
A 组生产销售 C1 与 C3 产品；B 组生产销售 C1 与 C2 产品。在期初其他变量相同的条件下进行财务管理决策。
3. 财务管理决策指标分析：
本实训第 2 年经营结果： 　　A 组销售 C1 与 C3 产品，销售收入为 9 600W，销售成本为 4 600W，净利润为 1 320W；B 组销售 C1 与 C2 产品，销售收入为 9 400W，销售成本为 3 900W，净利润为 2 370W。可见，当两组与销售

续表

相关的其他费用相同时，B组的净利润高于A组。销售净利率＝净利润÷销售收入，通过计算，B组的销售净利率高于A组。 　　两组由于前期研发所支付的费用不同，导致现金不同；由于取得不同的销售订单，订单账期不同，导致收回现金与应收账款不同；之后生产不同的产品，导致存货也不同。综上分析，两组的流动资产存在较大差异。A组的流动资产为12 125W，B组的流动资产为11 100W。这虽然会影响实训结果，但这不属于本次实训的探讨因素。两组固定资产的数值相同，总资产＝固定资产＋流动资产，A组总资产为19 185W，B组总资产为18 160W，A组总资产高于B组。 　　总资产周转率＝销售收入÷总资产，通过计算，B组的总资产周转率高于A组。 　　总资产收益率＝销售净利率×总资产周转率，所以总资产收益率也是B组较高。A组所有者权益为8 545W，B组所有者权益为9 370W，权益乘数＝总资产÷所有者权益，通过计算，A组的权益乘数高于B组。权益净利率＝权益乘数×总资产收益率，通过计算，B组的权益净利率高于A组。通过两年的经营，B组的经营方式更加有效。
4. 财务管理决策行为对企业运营的影响：
正常情况下，销售C3产品比C2取得的利润更多。A组生产销售C1与C3产品，B组生产销售C1与C2产品。与生产C2产品相比，生产C3产品前期需要投入较多研发费用；生产过程中，C3产品所使用的原材料成本较高，当不能大量生产销售时，无法体现出生产C3产品的竞争优势，最后导致A组决策不如B组。
5. 财务管理决策方案的建议：
在自由竞争且多元化市场的条件下，选择生产产品和订单时，并不是单价越高越好，需要选择销售总额减去销售成本所得毛利高的产品和订单。小组成员应该根据前期生产计划与产能，匹配出最适合本组的销售订单。

第三节　初创模式实训结果

一、第0年实训结果

（一）各组第0年经营流程

A组第0年经营流程如表7－3－1所示。

表7－3－1　A组第0年经营流程　　　　　　　　　　　　　　　　　　　单位：W

组号：A组　　第 0 年				
工作项目	第一季度	第二季度	第三季度	第四季度
新年度规划会议（广告费投入）	0			
参加订货会、登记销售订单	0			
制订新年度计划	0			
支付应付税费	0			

续表

组号：A组 第 0 年				
工作项目	第一季度	第二季度	第三季度	第四季度
季初现金盘点	5 000	3 000	1 600	1 300
更新短期贷款/支付利息/获得新贷款 更新其他贷款/支付利息/获得新贷款	0	0	0	添加短期 贷款 2 000
更新应付款	0	0	0	0
原材料更新入库	0	−500	−200	−200
下原材料订单	0	0	0	0
更新生产/完工入库	0	0	0	0
投资新生产线/变卖生产线/生产线转产	−1 900	−400	0	0
向其他企业买卖原材料	0	0	0	0
开始下一线生产	0	−400	0	−100
更新应收款/应收款贴现	0	0	0	0
出售厂房	0	0	0	0
向其他企业买卖成品	0	0	0	0
订单交货	0	0	0	0
产品研发投资	0	0	0	0
支付行政管理费	−100	−100	−100	−100
其他现金收支情况登记	0	0	0	0
支付利息/更新长期贷款/申请长期贷款				−400
支付设备维护费				−400
支付租金/购买厂房				0
计提折旧				0
新市场开拓/ISO 资格认证投资				0
结账				0
现金收入合计	0	0	0	2 000
现金支出合计	−2 000	−1 400	−300	−1 200
期末现金对账	3 000	1 600	1 300	2 100

B组第0年经营流程如表 7-3-2 所示。

表 7-3-2　B组第0年经营流程　　　　　　　　　　　　　　　单位：W

组号：B组 第 0 年				
工作项目	第一季度	第二季度	第三季度	第四季度
新年度规划会议（广告费投入）	0			
参加订货会、登记销售订单	0			
制订新年度计划	0			
支付应付税费	0			
季初现金盘点	5 000	3 100	1 400	700
更新短期贷款/支付利息/获得新贷款 更新其他贷款/支付利息/获得新贷款	0	0	0	添加短期 贷款 2 000

续表

工作项目	组号：B组　　第　0　年			
	第一季度	第二季度	第三季度	第四季度
更新应付款	0	0	0	0
原材料更新入库	0	－500	－200	－200
下原材料订单	0	0	0	0
更新生产/完工入库	0	0	0	0
投资新生产线/变卖生产线/生产线转产	－1 800	－800	－400	－400
向其他企业买卖原材料	0	0	0	0
开始下一线生产	0	－300	0	－200
更新应收款/应收款贴现	0	0	0	0
出售厂房	0	0	0	0
向其他企业买卖成品	0	0	0	0
订单交货	0	0	0	0
产品研发投资	0	0	0	0
支付行政管理费	－100	－100	－100	－100
其他现金收支情况登记	0	0	0	0
支付利息/更新长期贷款/申请长期贷款				－400
支付设备维护费				－400
支付租金/购买厂房				0
计提折旧				0
新市场开拓/ISO资格认证投资				0
结账				0
现金收入合计	0	0	0	2000
现金支出合计	－1 900	－1 700	－700	－1 700
期末现金对账	3 100	1 400	700	1 000

▶▶▶ （二）各组第0年报表数据

A组第0年报表数据如表7-3-3～表7-3-5所示。

表7-3-3　资产负债表（简表）　　　　　　　　　　　　　　　单位：W

资产	年初数	年末数	权益	年初数	年末数
现金	5 000	2 100	长期贷款	4 000	4 000
应收款	0	0	短期贷款	0	2 000
在制品	0	800	应交税费	0	0
产成品	0	200	一年内将到期的长期贷款	0	0
原材料	0	400	负债合计	4 000	6 000
流动资产合计	5 000	3 500	所有者权益		
厂房	4 000	4 000	股东资本	5 000	5 000
机器设备	0	2 300	利润留存	0	0
在建工程	0	0	年度净利	0	－1 200
固定资产合计	4 000	6 300	所有者权益合计	5 000	3 800
资产总计	9 000	9 800	权益总计	9 000	9 800

表7-3-4　利润表（简表）　　　　　　　　　　　　　　　　　　单位：W

项目	上年数	本年数
销售收入	0	0
直接成本	0	0
毛利	0	0
综合费用	0	800
折旧前利润	0	－800
折旧	0	0
支付利息前利润	0	－800
财务收支	0	400
其他收支	0	0
税前利润	0	－1 200
所得税	0	0
净利润	0	－1 200

表7-3-5　综合管理费用明细表　　　　　　　　　　　　　　　　单位：W

项目	金额
管理费	400
广告费	
维修费	400
损失	
转产费	
厂房租金	
新市场开拓	
ISO 资格认证	
产品研发	
人工费	
贴现费	
折旧费	
税金	
利息	400
其他费用	
费用合计	1 200

B组第0年报表数据如表7-3-6～表7-3-8所示。

表7-3-6　资产负债表（简表）　　　　　　　　　　　　　　　　单位：W

资产	年初数	年末数	权益	年初数	年末数
现金	5 000	1 000	长期贷款	4 000	4 000
应收款	0	0	短期贷款	0	2 000
在制品	0	800	应交税费	0	0
产成品	0	200	一年内将到期的长期贷款	0	0

续表

资产	年初数	年末数	权益	年初数	年末数
原材料	0	400	负债合计	4 000	6 000
流动资产合计	5 000	2 400	所有者权益		
厂房	4 000	4 000	股东资本	5 000	5 000
机器设备	0	3 400	利润留存	0	0
在建工程	0	0	年度净利润	0	−1 200
固定资产合计	4 000	7 400	所有者权益合计	5 000	3 800
资产总计	9 000	9 800	权益总计	9 000	9 800

表 7-3-7 利润表（简表）　　　　　　　　　　　　　　单位：W

项目	上年数	本年数
销售收入	0	0
直接成本	0	0
毛利	0	0
综合费用	0	800
折旧前利润	0	−800
折旧	0	0
支付利息前利润	0	−800
财务收支	0	400
其他收支	0	0
税前利润	0	−1 200
所得税	0	0
净利润	0	−1 200

表 7-3-8 综合管理费用明细表　　　　　　　　　　　　单位：W

项目	金额
管理费	400
广告费	
维修费	400
损失	
转产费	
厂房租金	
新市场开拓	
ISO 资格认证	
产品研发	
人工费	
贴现费	
折旧费	
税金	
利息	400
其他费用	
费用合计	1 200

(三) 总结评析

通过一年的运营，再查看财务报表，我们可以得出以下结论（需要注意的是，对于两组相同数据项目，在文中以 A 组为例介绍）：

（1）分析资产负债表中的流动资产项目可以得知，两组初始现金为 5 000W，A 组年末现金为 2 100W，B 组年末现金为 1 000W。两组投入现金购买原材料、购建生产线、生产产品和支付运营费用等。

（2）分析资产负债表中的流动资产项目可以得知，无应收款，存货合计为 1 400W，其中原材料 400W、在制品 800W、成品 200W。

1）已经入库的原材料有四个 Y1，金额为 400W，不存在尚未入库的原材料，如表 7-3-9 所示。

表 7-3-9　原材料库存信息　　　　　　　　　　　　　　　　　　　金额单位：W

物料代码	库存数量	库存金额
Y1	4	400
Y2	0	0
Y3	0	0
Y4	0	0

2）A 组在制的 C1 产品为四个，金额为 800W。

3）库存有 C1 产品一个，金额为 200W，如表 7-3-10 所示。

表 7-3-10　产成品库存信息　　　　　　　　　　　　　　　　　　　金额单位：W

物料代码	库存数量	库存金额
C1	1	200
C2	0	0
C3	0	0
C4	0	0

（3）分析资产负债表中的固定资产项目可以得知，有一个大厂房和生产线设备。第 0 年新购入四条生产线，但两组生产线信息不同，分别如表 7-3-11 和表 7-3-12 所示。

表 7-3-11　A 组生产线信息　　　　　　　　　　　　　　　　　　　金额单位：W

生产线ID	生产线代码	生产线名称	厂房 ID	生产产品代码	在制数量	在制金额	总生产周期	现已生产期数	状态
101	1	手工生产线	of-big01	C1	1	200	3	2	在制
102	1	手工生产线	of-big01	C1	1	200	3	2	在制
103	1	手工生产线	of-big01	C1	1	200	3	2	在制
201	2	半自动生产线	of-big01	C1	1	200	2	0	在制
现值	维护费	折旧	残值	转产周期	已过转产周期	投资总期数	已投资期数	已投资费用	加工费用
500	100	100	100	0	0	0	0	500	0

续表

现值	维护费	折旧	残值	转产周期	已过转产周期	投资总期数	已投资期数	已投资费用	加工费用
500	100	100	100	0	0	0	0	500	0
500	100	100	100	0	0	0	0	500	0
800	100	160	200	1	0	2	2	800	0

表7-3-12 B组生产线信息 金额单位：W

生产线ID	生产线代码	生产线名称	厂房ID	生产产品代码	在制数量	在制金额	总生产周期	现已生产期数	状态
101	1	手工生产线	of-big01	C1	1	200	3	2	在制
102	1	手工生产线	of-big01	C1	1	200	3	2	在制
201	2	半自动生产线	of-big01	C1	0	0	2	2	空闲
301	3	全自动生产线	of-big01	C1	1	200	1	0	在制

现值	维护费	折旧	残值	转产周期	已过转产周期	投资总期数	已投资期数	已投资费用	加工费用
500	100	100	100	0	0	0	0	500	0
500	100	100	100	0	0	0	0	500	0
800	100	160	200	1	0	2	2	800	0
1600	100	320	400	2	0	4	4	1 600	0

　　A组的四条生产线分别是三条手工生产线、一条半自动生产线；B组的四条生产线分别是两条手工生产线、一条半自动生产线和一条全自动生产线。手工生产线的生产周期是三期，转产周期为零期；半自动生产线的生产周期是两期，转产周期为一期；全自动生产线的生产周期是一期，转产周期是两期。A组现在所有生产线均为在制状态，代表所有生产线上均有产品生产，且全部生产C1产品；B组现在除半自动生产线，其他生产线均为在制状态，代表生产线上有产品生产，且全部生产C1产品。生产线的生产进度各不相同，需要在第0年经营时，花费不同时间才能生产出产品并入库。所有生产线在新购进的当年不需要计提折旧费，但每年每条生产线需缴纳维护费100W。

　　(4) 分析资产负债表中的负债项目可以得知，有两笔银行贷款，无其他负债项目。基年有长期贷款4 000W，长期贷款账期为五年，现已过一年，支付利息400W；第0年借入短期贷款2 000W，新借入的短期贷款尚未到期。两笔贷款均未还清，如表7-3-13所示。

表7-3-13 贷款信息表 金额单位：W

贷款号	贷款金额	总账期	贷款类型	利息	已过期数	已交利息	状态
1	4 000	5	长期贷款	0.1	1	400	未还清
2	2 000	4	短期贷款	0.05	0	0	未还清

　　(5) 分析资产负债表中的所有者权益项目可以得知，股东资本为5 000W，利润留存为0，年度净利润为－1 200W，所有者权益合计3 800W。查询利润表，也说明净利润为－1 200W。之所以利润为负值，是因为在第0年暂无销售收入，同时支出经营所需的费用。从综合管理费用明细表可以看出，支付管理费400W、维修费400W、利息费用

400W。在模拟经营过程中，净利润为负值属于短暂的正常亏损。

二、第 1 年实训结果

▶▶▶ （一）各组第 1 年经营流程

A 组第 1 年经营流程如表 7-3-14 所示。

表 7-3-14　A 组第 1 年经营流程　　　　　　　　　　　　　　　单位：W

组号：A 组　　第 1 年

工作项目	第一季度	第二季度	第三季度	第四季度
新年度规划会议（广告费投入）	0			
参加订货会、登记销售订单	0			
制订新年度计划	0			
支付应付税费	0			
季初现金盘点	2 100	1 700	1 100	3 300
更新短期贷款/支付利息/获得新贷款 更新其他贷款/支付利息/获得新贷款	0	0	0	还款 2 100
更新应付款	0	0	0	0
原材料更新入库	0	－400	－200	－200
下原材料订单	0	0	0	0
更新生产/完工入库	0	0	0	0
投资新生产线/变卖生产线/生产线转产	0	0	0	0
向其他企业买卖原材料	0	0	0	0
开始下一线生产	－300	－100	0	0
更新应收款/应收款贴现	0	0	2 500	0
出售厂房	0	0	0	0
向其他企业买卖成品	0	0	0	0
订单交货	0	0	0	0
产品研发投资	0	0	0	0
支付行政管理费	－100	－100	－100	－100
其他现金收支情况登记	0	0	0	0
支付利息/更新长期贷款/申请长期贷款				－400
支付设备维护费				－400
支付租金/购买厂房				0
计提折旧				0
新市场开拓/ISO 资格认证投资				0
结账				0
现金收入合计	0	0	2 500	0
现金支出合计	－400	－600	－300	－3 200
期末现金对账	1 700	1 100	3 300	100

B 组第 1 年经营流程如表 7-3-15 所示。

表 7-3-15　B 组第 1 年经营流程　　　　　　　　　　　　　　　　　　　　　单位：W

组号：B组　　第　1　年				
工作项目	第一季度	第二季度	第三季度	第四季度
新年度规划会议（广告费投入）	0			
参加订货会、登记销售订单	0			
制订新年度计划	0			
支付应付税费	0			
季初现金盘点	1 000	600	4 300	3 900
更新短期贷款/支付利息/获得新贷款 更新其他贷款/支付利息/获得新贷款	0	添加短期贷款 2 000	0	还款 2 100
更新应付款	0	0	0	0
原材料更新入库	0	−400	−200	−200
下原材料订单	0	0	0	0
更新生产/完工入库	0	0	0	0
投资新生产线/变卖生产线/生产线转产	0	0	0	0
向其他企业买卖原材料	0	0	0	0
开始下一线生产	−300	−200	−100	−400
更新应收款/应收款贴现	0	2 400	0	1 900
出售厂房	0	0	0	0
向其他企业买卖成品	0	0	0	0
订单交货	0	0	0	0
产品研发投资	0	0	0	0
支付行政管理费	−100	−100	−100	−100
其他现金收支情况登记	0	0	0	0
支付利息/更新长期贷款/申请长期贷款				−400
支付设备维护费				−400
支付租金/购买厂房				0
计提折旧				0
新市场开拓/ISO 资格认证投资				0
结账				0
现金收入合计	0	4 400	0	1 900
现金支出合计	−400	−700	−400	−3 600
期末现金对账	600	4 300	3 900	2 200

（二）各组第 1 年报表数据

A 组第 1 年报表数据如表 7-3-16～表 7-3-18 所示。

表 7-3-16　资产负债表（简表）　　　　　　　　　　　　　　　　　　　　　　单位：W

资产	年初数	年末数	权益	年初数	年末数
现金	2 100	100	长期贷款	4 000	4 000
应收款	0	2 400	短期贷款	2 000	0

续表

资产	年初数	年末数	权益	年初数	年末数
在制品	800	0	应交税费	0	85
产成品	200	200	一年内将到期的长期贷款	0	0
原材料	400	800	负债合计	6 000	4 085
流动资产合计	3 500	3 500	所有者权益		
厂房	4 000	4 000	股东资本	5 000	5 000
机器设备	2 300	1 840	利润留存	0	1 455
在建工程	0	0	年度净利润	−1 200	−1 200
固定资产合计	6 300	5 840	所有者权益合计	3 800	5 255
资产总计	9 800	9 340	权益总计	9 800	9 340

表 7-3-17 利润表（简表）   单位：W

项目	上年数	本年数
销售收入	0	4 900
直接成本	0	1 600
毛利	0	3 300
综合费用	800	800
折旧前利润	−800	2 500
折旧	0	460
支付利息前利润	−800	2 040
财务收支	400	500
其他收支	0	0
税前利润	−1 200	1 540
所得税	0	85
净利润	−1 200	1 455

表 7-3-18 综合管理费用明细表   单位：W

项目	金额
管理费	400
广告费	
维修费	400
损失	
转产费	
厂房租金	
新市场开拓	
ISO 资格认证	
产品研发	
人工费	

续表

项目	金额
贴现费	
折旧费	460
税金	
利息	500
其他费用	
费用合计	1 760

B组第1年报表数据如表7-3-19～表7-3-21所示。

表7-3-19 资产负债表（简表） 单位：W

资产	年初数	年末数	权益	年初数	年末数
现金	1 000	2 200	长期贷款	4 000	4 000
应收款	0	2 400	短期贷款	2 000	2 000
在制品	800	800	应交税费	0	330
产成品	200	0	一年内将到期的长期贷款	0	0
原材料	400	200	负债合计	6 000	6 330
流动资产合计	2 400	5 600	所有者权益		
厂房	4 000	4 000	股东资本	5 000	5 000
机器设备	3 400	2 720	利润留存	0	−1 200
在建工程	0	0	年度净利润	−1 200	2 190
固定资产合计	7 400	6 720	所有者权益合计	3 800	5 990
资产总计	9 800	12 320	权益总计	9 800	12 320

表7-3-20 利润表（简表） 单位：W

项目	上年数	本年数
销售收入	0	6 700
直接成本	0	2 200
毛利	0	4 500
综合费用	800	800
折旧前利润	−800	3 700
折旧	0	680
支付利息前利润	−800	3 020
财务收支	400	500
其他收支	0	0
税前利润	−1 200	2 520
所得税	0	330
净利润	−1 200	2 190

表 7-3-21　综合管理费用明细表　　　　　　　　　　　单位：W

项目	金额
管理费	400
广告费	
维修费	400
损失	
转产费	
厂房租金	
新市场开拓	
ISO 资格认证	
产品研发	
人工费	
贴现费	
折旧费	680
税金	
利息	500
其他费用	
费用合计	1 980

▶▶▶ ┌（三）总结评析┐

在初创模式下，第 1 年上述数据显示，两组经营的相同点为：

（1）两组下原材料订单花费相同，一共支付 800W。

（2）两组在第 4 期偿付上年短期贷款本息 2 100W。

（3）两组年末需支付长期贷款利息 400W。

（4）每季度支付行政管理费 100W，总共支付 400W。

（5）四条生产线年末需支付设备维护费 400W。

在初创模式下，第 1 年上述数据显示，两组经营的不同点为：

（1）B 组在第 0 年投入资金较多，在本年的第 2 期新借入短期贷款 2 000W，由于还未偿付本息，所以尚不影响实训结果。

（2）由于两组上年购建不同的生产线，导致生产效率不同，所以两组更新生产的花费不同。

（3）两组购入生产线不同，产生的折旧费用也不同。A 组折旧费为 460W，B 组折旧费为 680W。

（4）B 组产能较高，能分配到比 A 组更多的订单，收回的应收款也比 A 组多。

这里需要说明的是，更新生产费用、应收款和折旧费三者都属于因生产线变量而引起变化的因变量。

▶▶▶ ┌（四）各组杜邦分析数据┐

A 组杜邦分析数据如图 7-3-1 所示。

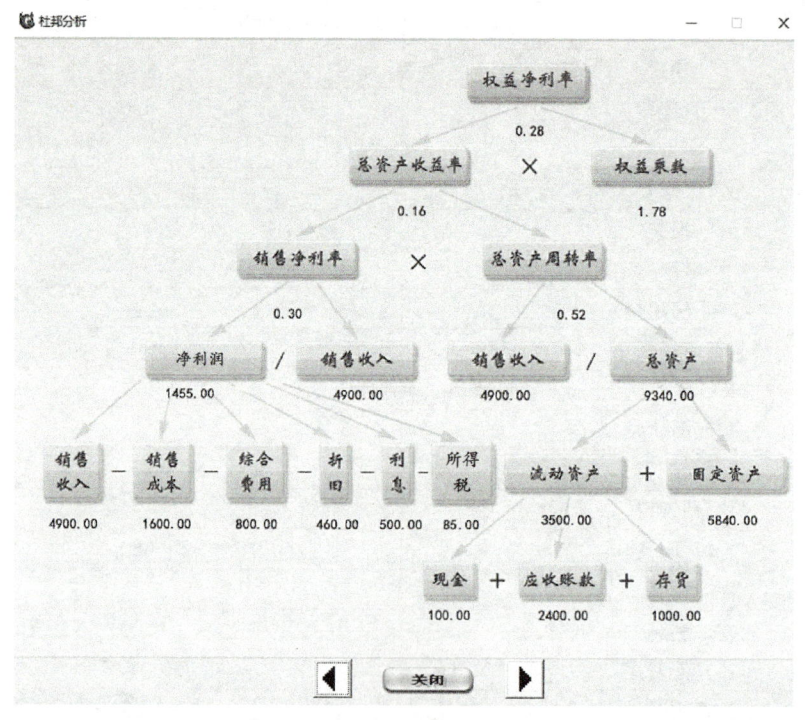

图 7-3-1　杜邦分析图（A组）

B组杜邦分析数据如图 7-3-2 所示。

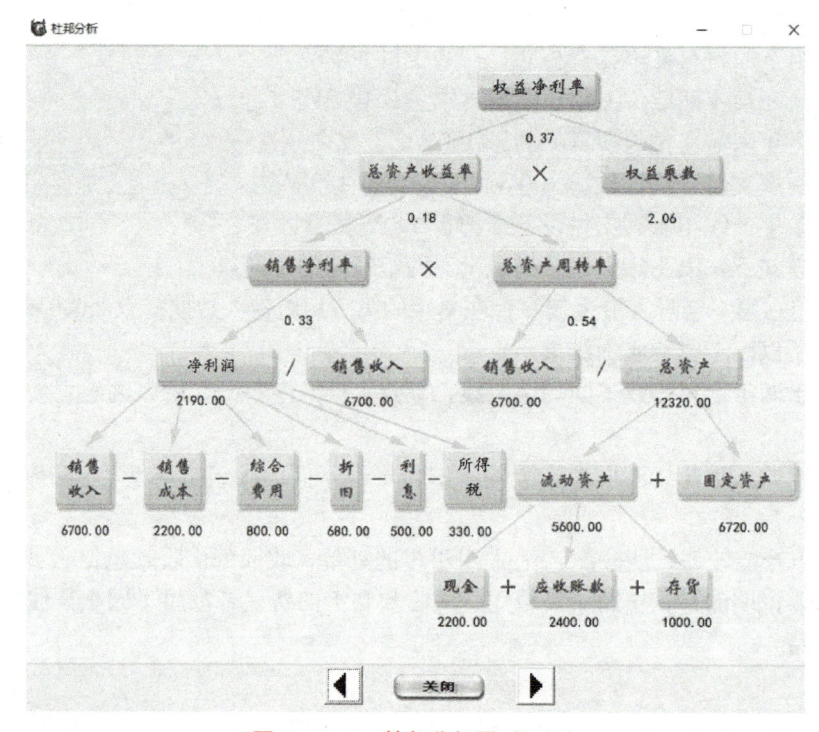

图 7-3-2　杜邦分析图（B组）

▶▶▶ （五）各组系统评分

各组系统评分如表 7-3-22 所示。

表 7-3-22　系统评分表

小组编号	权益系数	权益	总分
chuchuang A	1.4	5 255	7 357
chuchuang B	1.5	5 990	8 985

▶▶▶ （六）总结报告

企业财务管理决策实训总结报告如表 7-3-23 所示。

表 7-3-23　企业财务管理决策实训总结报告

1. 财务管理决策实训总结报告的目的：
在初创模式下，观察两组购买不同的生产线，产生不同的生产效率，对企业经营结果的影响。
2. 模拟企业经营决策总体思路：
A 组购进三条手工生产线和一条半自动生产线；B 组购进两条手工生产线、一条半自动生产线和一条全自动生产线，在期初其他变量相同条件下进行财务管理决策。
3. 财务管理决策指标分析：
本实训第 1 年经营结果： 　　A 组使用三条手工生产线和一条半自动生产线生产 C1 产品，B 组使用两条手工生产线、一条半自动生产线和一条全自动生产线生产 C1 产品，B 组的产能相对于 A 组更高一些。在相同的生产期间内，B 组生产的产品更多，在市场订单充足的情况下，B 组可以卖出更多的产品，净利润更高。销售净利率＝净利润÷销售收入，通过计算，B 组的销售净利率高于 A 组。 　　总资产＝固定资产＋流动资产，A 组的总资产为 9 340W，B 组的总资产为 18 160W，B 组的总资产远高于 A 组。两者的主要差异源于现金，B 组相对于 A 组花费更多的现金去添置有效率的生产线、购买更多的原材料生产产品、支付较高的折旧费等。总资产周转率＝销售收入÷总资产，通过计算，B 组的总资产周转率高于 A 组。 　　总资产收益率＝销售净利率×总资产周转率，所以总资产收益率也是 B 组较高。权益乘数＝总资产÷所有者权益，A 组的权益乘数＝9 340÷5 255＝1.78；B 组的权益乘数＝18 160/5 990＝3.03。权益净利率＝权益乘数×总资产收益率，通过计算，B 组的权益净利率高于 A 组。由此可见，通过两年的经营，B 组的经营方式比 A 组更加有效。
4. 财务管理决策行为对企业运营的影响：
A 组与 B 组均拥有三条生产线，区别是 B 组的一条生产线为全自动生产线，而 A 组的一条生产线为手工生产线。在市场订单充足的情况下，B 组的生产效率较高，所以生产的产品较多，B 组可以接受更多的订单，获得利润远远高于 A 组。
5. 财务管理决策方案的建议：
在经营过程中，不要因为生产线投资成本较高就使用产能较低的生产线。有时候产能高的生产线所生产的产品数量也多，在市场订单充足的情况下，销售产品获得的利润也会较高。要学会综合运用不同的生产线，使生产成本最低的同时，保证产能最大。

第四节 多变量模式实训结果

一、第 0 年实训结果

(一) 各组第 0 年经营流程

A 组第 0 年经营流程如表 7-4-1 所示。

表 7-4-1　A 组第 0 年经营流程　　　　　　　　　　单位：W

组号：A 组　　　第 _0_ 年

工作项目	第一季度	第二季度	第三季度	第四季度
新年度规划会议（广告费投入）	0			
参加订货会、登记销售订单	0			
制订新年度计划	0			
支付应付税费	−100			
季初现金盘点	1 900	1 100	2 100	1 700
更新短期贷款/支付利息/获得新贷款 更新其他贷款/支付利息/获得新贷款	0	添加短期 贷款 2 000	0	0
更新应付款	0	0	0	0
原材料更新入库	−200	−200	−200	−200
下原材料订单	0	0	0	0
更新生产/完工入库	0	0	0	0
投资新生产线/变卖生产线/生产线转产	−400	−400	0	0
向其他企业买卖原材料	0	0	0	0
开始下一线生产	−100	−300	−100	−300
更新应收款/应收款贴现	0	0	0	4 700
出售厂房	0	0	0	0
向其他企业买卖成品	0	0	0	0
订单交货	0	0	0	0
产品研发投资	0	0	0	0
支付行政管理费	−100	−100	−100	−100
其他现金收支情况登记	0	0	0	0
支付利息/更新长期贷款/申请长期贷款				−400
支付设备维护费				−500
支付租金/购买厂房				0

续表

组号：A组 第 0 年				
工作项目	第一季度	第二季度	第三季度	第四季度
计提折旧				0
新市场开拓/ISO资格认证投资				−100
结账				0
现金收入合计	0	2 000	0	4 700
现金支出合计	−800	−1 000	−400	−1 600
期末现金对账	1 100	2 100	1 700	4 800

B组第0年经营流程如表7-4-2所示。

表7-4-2 B组第0年经营流程　　　　　　　　　　　　　　　　单位：W

组号：B组 第 0 年				
工作项目	第一季度	第二季度	第三季度	第四季度
新年度规划会议（广告费投入）	0			
参加订货会、登记销售订单	0			
制订新年度计划	0			
支付应付税费	−100			
季初现金盘点	1 900	600	1 000	500
更新短期贷款/支付利息/获得新贷款 更新其他贷款/支付利息/获得新贷款	0	添加短期贷款2 000	0	添加短期贷款2 000
更新应付款	0	0	0	0
原材料更新入库	−200	−200	−200	−300
下原材料订单	0	0	0	0
更新生产/完工入库	0	0	0	0
投资新生产线/变卖生产线/生产线转产	−800	−800	0	0
向其他企业买卖原材料	0	0	0	0
开始下一线生产	−100	−400	−100	−400
更新应收款/应收款贴现	0	0	0	4 700
出售厂房	0	0	0	0
向其他企业买卖成品	0	0	0	0
订单交货	0	0	0	0
产品研发投资	−100	−100	−100	−100
支付行政管理费	−100	−100	−100	−100
其他现金收支情况登记	0	0	0	0
支付利息/更新长期贷款/申请长期贷款				−400
支付设备维护费				−600
支付租金/购买厂房				0
计提折旧				0
新市场开拓/ISO资格认证投资				−100
结账				0

续表

组号：B组 第 0 年				
工作项目	第一季度	第二季度	第三季度	第四季度
现金收入合计	0	2 000	0	6 700
现金支出合计	−1 300	−1 600	−500	−2 000
期末现金对账	600	1 000	500	5 200

C组第0年经营流程如表7-4-3所示。

表7-4-3　C组第0年经营流程　　　　　　　　　　　　　　单位：W

组号：C 第 0 年				
工作项目	第一季度	第二季度	第三季度	第四季度
新年度规划会议（广告费投入）	0			
参加订货会、登记销售订单	0			
制订新年度计划	0			
支付应付税费	−100			
季初现金盘点	1 900	1 000	1 900	1 400
更新短期贷款/支付利息/获得新贷款 更新其他贷款/支付利息/获得新贷款	0	添加短期贷款2 000	0	0
更新应付款	0	0	0	0
原材料更新入库	−200	−200	−200	−200
下原材料订单	0	0	0	0
更新生产/完工入库	0	0	0	0
投资新生产线/变卖生产线/生产线转产	−400	−400	0	0
向其他企业买卖原材料	0	0	0	0
开始下一线生产	−100	−300	−100	−300
更新应收款/应收款贴现	0	0	0	4 700
出售厂房	0	0	0	0
向其他企业买卖成品	0	0	0	0
订单交货	0	0	0	0
产品研发投资	−100	−100	−100	−100
支付行政管理费	−100	−100	−100	−100
其他现金收支情况登记	0	0	0	0
支付利息/更新长期贷款/申请长期贷款				−400
支付设备维护费				−500
支付租金/购买厂房				0
计提折旧				0
新市场开拓/ISO资格认证投资				−100
结账				0
现金收入合计	0	2 000	0	4 700
现金支出合计	−900	−1 100	−500	−1 700
期末现金对账	1 000	1 900	1 400	4 400

(二) 各组第 0 年报表数据

A 组第 0 年报表数据如表 7-4-4～表 7-4-6 所示。

表 7-4-4　资产负债表（简表）　　　　　　　　　　　　　　　单位：W

资产	年初数	年末数	权益	年初数	年末数
现金	2 000	5 600	长期贷款	4 000	4 000
应收款	1 500	0	短期贷款	0	2 000
在制品	800	1 000	应交税费	100	150
产成品	600	800	一年内将到期的长期贷款	0	0
原材料	300	300	负债合计	4 100	6 150
流动资产合计	5 200	7 700	所有者权益		
厂房	4 000	4 000	股东资本	5 000	5 000
机器设备	1 300	1 300	利润留存	1 100	1 400
在建工程	0	0	年度净利润	300	450
固定资产合计	5 300	5 300	所有者权益合计	6 400	6 850
资产总计	10 500	13 000	权益总计	10 500	13 000

表 7-4-5　利润表（简表）　　　　　　　　　　　　　　　　　单位：W

项目	上年数	本年数
销售收入	3 500	3 200
直接成本	1 200	1 200
毛利	2 300	2 000
综合费用	1 500	1 000
折旧前利润	800	1 000
折旧	0	0
支付利息前利润	800	1 000
财务收支	400	400
其他收支	0	0
税前利润	400	600
所得税	100	150
净利润	300	450

表 7-4-6　综合管理费用明细表　　　　　　　　　　　　　　　单位：W

项目	金额
管理费	400
广告费	
维修费	500
损失	
转产费	
厂房租金	
新市场开拓	100
ISO 资格认证	

续表

项目	金额
产品研发	
人工费	
贴现费	
折旧费	
税金	100
利息	400
其他费用	
费用合计	1 500

B组第0年报表数据如表7-4-7~表7-4-9所示。

表7-4-7 资产负债表（简表）　　　　　　　　　　　　　　　　　　单位：W

资产	年初数	年末数	权益	年初数	年末数
现金	2 000	6 000	长期贷款	4 000	4 000
应收款	1 500	0	短期贷款	0	4 000
在制品	800	1 200	应交税费	100	25
产成品	600	1 000	一年内将到期的长期贷款	0	0
原材料	300	200	负债合计	4 100	8 025
流动资产合计	5 200	8 400	所有者权益		
厂房	4 000	4 000	股东资本	5 000	5 000
机器设备	1 300	2 100	利润留存	1 100	1 400
在建工程	0	0	年度净利润	300	75
固定资产合计	5 300	6 100	所有者权益合计	6 400	6 475
资产总计	10 500	14 500	权益总计	10 500	14 500

表7-4-8 利润表（简表）　　　　　　　　　　　　　　　　　　单位：W

项目	上年数	本年数
销售收入	3 500	3 200
直接成本	1 200	1 200
毛利	2 300	2 000
综合费用	1 500	1 500
折旧前利润	800	500
折旧	0	0
支付利息前利润	800	500
财务收支	400	400
其他收支	0	0
税前利润	400	100
所得税	100	25
净利润	300	75

表7-4-9 综合管理费用明细表　　　　　　　　　　　　　　　　　　　　　　单位：W

项目	金额
管理费	400
广告费	
维修费	600
损失	
转产费	
厂房租金	
新市场开拓	100
ISO资格认证	
产品研发	400
人工费	
贴现费	
折旧费	
税金	100
利息	400
其他费用	
费用合计	2 000

C组第0年报表数据如表7-4-10~表7-4-12所示。

表7-4-10 资产负债表（简表）　　　　　　　　　　　　　　　　　　　　　　单位：W

资产	年初数	年末数	权益	年初数	年末数
现金	2 000	5 200	长期贷款	4 000	4 000
应收款	1 500	0	短期贷款	0	2 000
在制品	800	1 000	应交税费	100	50
产成品	600	800	一年内将到期的长期贷款	0	0
原材料	300	300	负债合计	4 100	6 050
流动资产合计	5 200	7 300	所有者权益		
厂房	4 000	4 000	股东资本	5 000	5 000
机器设备	1 300	1 300	利润留存	1 100	1 400
在建工程	0	0	年度净利润	300	150
固定资产合计	5 300	5 300	所有者权益合计	6 400	6 550
资产总计	10 500	12 600	权益总计	10 500	12 600

表7-4-11 利润表（简表）　　　　　　　　　　　　　　　　　　　　　　单位：W

项目	上年数	本年数
销售收入	3 500	3 200
直接成本	1 200	1 200
毛利	2 300	2 000
综合费用	1 500	1 400
折旧前利润	800	600

续表

项目	上年数	本年数
折旧	0	0
支付利息前利润	800	600
财务收支	400	400
其他收支	0	0
税前利润	400	200
所得税	100	50
净利润	300	150

表 7-4-12　综合管理费用明细表　　　　　　　　　　　　　单位：W

项目	金额
管理费	400
广告费	
维修费	500
损失	
转产费	
厂房租金	
新市场开拓	100
ISO 资格认证	
产品研发	400
人工费	
贴现费	
折旧费	
税金	100
利息	400
其他费用	
费用合计	1 900

二、第 1 年实训结果

（一）各组第 1 年经营流程

A 组第 1 年经营流程如表 7-4-13 所示。

表 7-4-13　A 组第 1 年经营流程　　　　　　　　　　　　　单位：W

组号：A 组　　第 1 年				
工作项目	第一季度	第二季度	第三季度	第四季度
新年度规划会议（广告费投入）	0			
参加订货会、登记销售订单	0			
制订新年度计划	0			
支付应付税费	-150			

续表

组号：A组 第 1 年				
工作项目	第一季度	第二季度	第三季度	第四季度
季初现金盘点	5 450	5 050	2 350	1 950
更新短期贷款/支付利息/获得新贷款 更新其他贷款/支付利息/获得新贷款	0	还款 2 100	0	0
更新应付款	0	0	0	0
原材料更新入库	−200	−200	−200	−200
下原材料订单	0	0	0	0
更新生产/完工入库	0	0	0	0
投资新生产线/变卖生产线/生产线转产	0	0	0	0
向其他企业买卖原材料	0	0	0	0
开始下一线生产	−100	−300	−100	−300
更新应收款/应收款贴现	0	0	0	2 200
出售厂房	0	0	0	0
向其他企业买卖成品	0	0	0	0
订单交货	0	0	0	0
产品研发投资	0	0	0	0
支付行政管理费	−100	−100	−100	−100
其他现金收支情况登记	0	0	0	0
支付利息/更新长期贷款/申请长期贷款				−400
支付设备维护费				−500
支付租金/购买厂房				
计提折旧				0
新市场开拓/ISO资格认证投资				0
结账				0
现金收入合计	0	0	0	2 200
现金支出合计	−400	−2 700	−400	−1 500
期末现金对账	5 050	2 350	1 950	2 650

B组第1年经营流程如表7-4-14所示。

表7-4-14　B组第1年经营流程　　　　　　　　　　　　　　　　　　单位：W

组号：B组 第 1 年				
工作项目	第一季度	第二季度	第三季度	第四季度
新年度规划会议（广告费投入）	0			
参加订货会、登记销售订单	0			
制订新年度计划	0			
支付应付税费	−25			
季初现金盘点	5 975	5 375	3 975	3 475
更新短期贷款/支付利息/获得新贷款 更新其他贷款/支付利息/获得新贷款	0	还款 2 100	0	−100

续表

组号：B组 第 1 年				
工作项目	第一季度	第二季度	第三季度	第四季度
更新应付款	0	0	0	0
原材料更新入库	−300	−300	−300	−300
下原材料订单	0	0	0	0
更新生产/完工入库	0	0	0	0
投资新生产线/变卖生产线/生产线转产	0	0	0	0
向其他企业买卖原材料	0	0	0	0
开始下一线生产	−100	−400	−100	−400
更新应收款/应收款贴现	0	1 600	0	0
出售厂房	0	0	0	0
向其他企业买卖成品	0	0	0	0
订单交货	0	0	0	0
产品研发投资	−100	−100	0	0
支付行政管理费	−100	−100	−100	−100
其他现金收支情况登记	0	0	0	0
支付利息/更新长期贷款/申请长期贷款				−400
支付设备维护费				−600
支付租金/购买厂房				0
计提折旧				0
新市场开拓/ISO资格认证投资				0
结账				0
现金收入合计	0	1 600	0	2 000
现金支出合计	−600	−3 000	−500	−3 900
期末现金对账	5 375	3 975	3 475	1 575

C组第1年经营流程如表7-4-15所示。

表7-4-15　C组第1年经营流程　　　　　　　　　　　　　　　单位：W

组号：C组 第 1 年				
工作项目	第一季度	第二季度	第三季度	第四季度
新年度规划会议（广告费投入）	0			
参加订货会、登记销售订单	0			
制订新年度计划	0			
支付应付税费	−50			
季初现金盘点	5 150	4 650	1 850	4 050
更新短期贷款/支付利息/获得新贷款 更新其他贷款/支付利息/获得新贷款	0	还款 2 100	0	0
更新应付款	0	0	0	0
原材料更新入库	−200	−200	−200	−200
下原材料订单	0	0	0	0

续表

组号：C组 第 1 年				
工作项目	第一季度	第二季度	第三季度	第四季度
更新生产/完工入库	0	0	0	0
投资新生产线/变卖生产线/生产线转产	0	0	0	0
向其他企业买卖原材料	0	0	0	0
开始下一线生产	－100	－300	－100	－300
更新应收款/应收款贴现	0	0	2 600	1 100
出售厂房	0	0	0	0
向其他企业买卖成品	0	0	0	0
订单交货	0	0	0	0
产品研发投资	－100	－100	0	0
支付行政管理费	－100	－100	－100	－100
其他现金收支情况登记	0	0	0	0
支付利息/更新长期贷款/申请长期贷款				－400
支付设备维护费				－500
支付租金/购买厂房				0
计提折旧				0
新市场开拓/ISO 资格认证投资				0
结账				0
现金收入合计	0	0	2 600	1 100
现金支出合计	－500	－2 800	－400	－1 500
期末现金对账	4 650	1 850	4 050	3 650

▶▶▶ **（二）各组第 1 年报表数据**

A 组第 1 年报表数据如表 7-4-16～表 7-4-18 所示。

表 7-4-16 资产负债表（简表） 单位：W

资产	年初数	年末数	权益	年初数	年末数
现金	5 600	2 650	长期贷款	4 000	4 000
应收款	0	3 600	短期贷款	2 000	0
在制品	1 000	1 000	应交税费	150	510
产成品	800	200	一年内将到期的长期贷款	0	0
原材料	300	300	负债合计	6 150	4 510
流动资产合计	7 700	7 750	所有者权益		
厂房	4 000	4 000	股东资本	5 000	5 000
机器设备	1 300	1 140	利润留存	1 400	1 850
在建工程	0	0	年度净利润	450	1 530
固定资产合计	5 300	5 140	所有者权益合计	6 850	8 380
资产总计	13 000	12 890	权益总计	13 000	12 890

表7-4-17 利润表（简表）　　　　　　　　　　　　　　　　　　　　　　单位：W

项目	上年数	本年数
销售收入	3 200	5 800
直接成本	1 200	2 200
毛利	2 000	3 600
综合费用	1 000	900
折旧前利润	1 000	2 700
折旧	0	160
支付利息前利润	1 000	2 540
财务收支	400	500
其他收支	0	0
税前利润	600	2 040
所得税	150	510
净利润	450	1 530

表7-4-18 综合管理费用明细表　　　　　　　　　　　　　　　　　　　单位：W

项目	金额
管理费	400
广告费	
维修费	500
损失	
转产费	
厂房租金	
新市场开拓	
ISO资格认证	
产品研发	
人工费	
贴现费	
折旧费	160
税金	150
利息	500
其他费用	
费用合计	1 710

B组第1年报表数据如表7-4-19~表7-4-21所示。

表7-4-19 资产负债表（简表）　　　　　　　　　　　　　　　　　　　单位：W

资产	年初数	年末数	权益	年初数	年末数
现金	6 000	1 575	长期贷款	4 000	4 000
应收款	0	600	短期贷款	4 000	2 000
在制品	1 200	1 400	应交税费	25	0
产成品	1 000	2 200	一年内将到期的长期贷款	0	0

续表

资产	年初数	年末数	权益	年初数	年末数
原材料	200	200	负债合计	8 025	6 000
流动资产合计	8 400	5 975	所有者权益		
厂房	4 000	4 000	股东资本	5 000	5 000
机器设备	2 100	1 780	利润留存	1 400	1 475
在建工程	0	0	年度净利润	75	−720
固定资产合计	6 100	5 780	所有者权益合计	6 475	5 755
资产总计	14 500	11 755	权益总计	14 500	11 755

表 7−4−20　利润表（简表）　　　　　　　　　　　单位：W

项目	上年数	本年数
销售收入	3 200	2 200
直接成本	1 200	800
毛利	2 000	1 400
综合费用	1 500	1 200
折旧前利润	500	200
折旧	0	320
支付利息前利润	500	−120
财务收支	400	600
其他收支	0	0
税前利润	100	−720
所得税	25	0
净利润	75	−720

表 7−4−21　综合管理费用明细表　　　　　　　　　单位：W

项目	金额
管理费	400
广告费	
维修费	600
损失	
转产费	
厂房租金	
新市场开拓	
ISO 资格认证	
产品研发	200
人工费	
贴现费	
折旧费	320
税金	25
利息	600
其他费用	
费用合计	2 145

C组第1年报表数据如表7-4-22~表7-4-24所示。

表7-4-22 资产负债表（简表）　　　　　　　　　　　　　　　　　单位：W

资产	年初数	年末数	权益	年初数	年末数
现金	5 200	3 650	长期贷款	4 000	4 000
应收款	0	0	短期贷款	2 000	0
在制品	1 000	1 200	应交税费	50	135
产成品	800	1 000	一年内将到期的长期贷款	0	0
原材料	300	100	负债合计	6 050	4 135
流动资产合计	7 300	5 950	所有者权益		
厂房	4 000	4 000	股东资本	5 000	5 000
机器设备	1 300	1 140	利润留存	1 400	1 550
在建工程	0	0	年度净利润	150	405
固定资产合计	5 300	5 140	所有者权益合计	6 550	6 955
资产总计	12 600	11 090	权益总计	12 600	11 090

表7-4-23 利润表（简表）　　　　　　　　　　　　　　　　　　　单位：W

项目	上年数	本年数
销售收入	3 200	3 700
直接成本	1 200	1 400
毛利	2 000	2 300
综合费用	1 400	1 100
折旧前利润	600	1 200
折旧	0	160
支付利息前利润	600	1 040
财务收支	400	500
其他收支	0	0
税前利润	200	540
所得税	50	135
净利润	150	405

表7-4-24 综合管理费用明细表　　　　　　　　　　　　　　　　　单位：W

项目	金额
管理费	400
广告费	
维修费	500
损失	
转产费	
厂房租金	
新市场开拓	
ISO资格认证	
产品研发	200

续表

项目	金额
人工费	
贴现费	
折旧费	160
税金	50
利息	500
其他费用	
费用合计	1 810

三、第 2 年实训结果

（一）各组第 2 年经营流程

A 组第 2 年经营流程如表 7-4-25 所示。

表 7-4-25　A 组第 2 年经营流程　　　　　　　　　　　　单位：W

组号：A 组　　　第　2　年

工作项目	第一季度	第二季度	第三季度	第四季度
新年度规划会议（广告费投入）	－200			
参加订货会、登记销售订单	0			
制订新年度计划	0			
支付应付税费	－510			
季初现金盘点	1 940	1 540	4 540	4 140
更新短期贷款/支付利息/获得新贷款 更新其他贷款/支付利息/获得新贷款	0	0	0	0
更新应付款	0	0	0	0
原材料更新入库	－200	－200	－200	－200
下原材料订单	0	0	0	0
更新生产/完工入库	0	0	0	0
投资新生产线/变卖生产线/生产线转产	0	0	0	0
向其他企业买卖原材料	0	0	0	0
开始下一线生产	－100	－300	－100	－300
更新应收款/应收款贴现	0	3 600	0	2 000
出售厂房	0	0	0	0
向其他企业买卖成品	0	0	0	0
订单交货	0	0	0	0
产品研发投资	0	0	0	0
支付行政管理费	－100	－100	－100	－100
其他现金收支情况登记	0	0	0	0

续表

工作项目	第一季度	第二季度	第三季度	第四季度
组号：A组　第 2 年				
支付利息/更新长期贷款/申请长期贷款				−400
支付设备维护费				−500
支付租金/购买厂房				0
计提折旧				0
新市场开拓/ISO 资格认证投资				0
结账				0
现金收入合计	0	3 600	0	2 000
现金支出合计	−400	−600	−400	−1 500
期末现金对账	1 540	4 540	4 140	4 640

B组第 2 年经营流程如表 7−4−26 所示。

表 7−4−26　B组第 2 年经营流程　　　　　　　　　　　　单位：W

工作项目	第一季度	第二季度	第三季度	第四季度
组号：B组　第 2 年				
新年度规划会议（广告费投入）	−500			
参加订货会、登记销售订单	0			
制订新年度计划	0			
支付应付税费	0			
季初现金盘点	1 075	1 275	2 475	1 975
更新短期贷款/支付利息/获得新贷款	0	添加短期贷款 2 000	0	添加短期贷款 2 000
更新其他贷款/支付利息/获得新贷款				−2 100
更新应付款	0	0	0	0
原材料更新入库	−200	−300	−300	−400
下原材料订单	0	0	0	0
更新生产/完工入库	0	0	0	0
投资新生产线/变卖生产线/生产线转产	0	0	0	0
向其他企业买卖原材料	0	0	0	0
开始下一线生产	−100	−400	−100	−400
更新应收款/应收款贴现	600	0	0	3 000
出售厂房	0	0	0	0
向其他企业买卖成品	0	0	0	0
订单交货	0	0	0	0
产品研发投资	0	0	0	0
支付行政管理费	−100	−100	−100	−100
其他现金收支情况登记	0	0	0	0

续表

组号：B组	第 2 年			
工作项目	第一季度	第二季度	第三季度	第四季度
支付利息/更新长期贷款/申请长期贷款				−400
支付设备维护费				−600
支付租金/购买厂房				0
计提折旧				0
新市场开拓/ISO 资格认证投资				0
结账				0
现金收入合计	600	2 000	0	5 000
现金支出合计	−400	−800	−500	4 000
期末现金对账	1 275	2 475	1 975	2 975

C组第 2 年经营流程如表 7-4-27 所示。

表 7-4-27　C组第 2 年经营流程　　　　　　　　　　　单位：W

组号：C组	第 2 年			
工作项目	第一季度	第二季度	第三季度	第四季度
新年度规划会议（广告费投入）	−200			
参加订货会、登记销售订单	0			
制订新年度计划	0			
支付应付税费	−135			
季初现金盘点	3 315	2 815	4 515	4 915
更新短期贷款/支付利息/获得新贷款 更新其他贷款/支付利息/获得新贷款	0	0	0	0
更新应付款	0	0	0	0
原材料更新入库	−300	−300	−300	−300
下原材料订单	0	0	0	0
更新生产/完工入库	0	0	0	0
投资新生产线/变卖生产线/生产线转产	0	0	0	0
向其他企业买卖原材料	0	0	0	0
开始下一线生产	−100	−300	−100	−300
更新应收款/应收款贴现	0	1 900	900	0
出售厂房	0	0	0	0
向其他企业买卖成品	0	0	0	0
订单交货	0	500	0	0
产品研发投资	0	0	0	0
支付行政管理费	−100	−100	−100	−100
其他现金收支情况登记	0	0	0	0

续表

组号：C组　第 2 年				
工作项目	第一季度	第二季度	第三季度	第四季度
支付利息/更新长期贷款/申请长期贷款				−400
支付设备维护费				−500
支付租金/购买厂房				0
计提折旧				0
新市场开拓/ISO 资格认证投资				0
结账				0
现金收入合计	0	2 400	900	0
现金支出合计	−500	−700	−500	−1 600
期末现金对账	2 815	4 515	4 915	3 315

(二) 各组第 2 年报表数据

A组第 2 年报表数据如表 7-4-28～表 7-4-30 所示。

表 7-4-28　资产负债表（简表）　　　　　　　　　　单位：W

资产	年初数	年末数	权益	年初数	年末数
现金	2 650	4 640	长期贷款	4 000	2 000
应收款	3 600	2 000	短期贷款	0	0
在制品	1 000	1 000	应交税费	510	193
产成品	200	200	一年内将到期的长期贷款	0	2 000
原材料	300	300	负债合计	4 510	4 193
流动资产合计	7 750	8 140	所有者权益		
厂房	4 000	4 000	股东资本	5 000	5 000
机器设备	1 140	1 012	利润留存	1 850	3 380
在建工程	0	0	年度净利润	1 530	579
固定资产合计	5 140	5 012	所有者权益合计	8 380	8 959
资产总计	12 890	13 152	权益总计	12 890	13 152

表 7-4-29　利润表（简表）　　　　　　　　　　单位：W

项目	上年数	本年数
销售收入	5 800	4 000
直接成本	2 200	1 600
毛利	3 600	2 400
综合费用	900	1 100
折旧前利润	2 700	1 300
折旧	160	128
支付利息前利润	2 540	1 172
财务收支	500	400
其他收支	0	0
税前利润	2 040	772
所得税	510	193
净利润	1 530	579

表 7-4-30　综合管理费用明细表　　　　　　　　　　　　　　　单位：W

项目	金额
管理费	400
广告费	200
维修费	500
损失	
转产费	
厂房租金	
新市场开拓	
ISO 资格认证	
产品研发	
人工费	
贴现费	
折旧费	128
税金	510
利息	400
其他费用	
费用合计	2 138

B 组第 2 年报表数据如表 7-4-31～表 7-4-33 所示。

表 7-4-31　资产负债表（简表）　　　　　　　　　　　　　　　单位：W

资产	年初数	年末数	权益	年初数	年末数
现金	1 575	3 275	长期贷款	4 000	2 000
应收款	600	2 100	短期贷款	2 000	4 000
在制品	1 400	1 200	应交税费	0	6
产成品	2 200	2 400	一年内将到期的长期贷款	0	2 000
原材料	200	0	负债合计	6 000	8 006
流动资产合计	5 975	8 975	所有者权益		
厂房	4 000	4 000	股东资本	5 000	5 000
机器设备	1 780	1 524	利润留存	1 475	755
在建工程	0	0	年度净利润	−720	738
固定资产合计	5 780	5 524	所有者权益合计	5 755	6 493
资产总计	11 755	14 499	权益总计	11 755	14 499

表 7-4-32　利润表（简表）　　　　　　　　　　　　　　　　　单位：W

项目	上年数	本年数
销售收入	2 200	5 100
直接成本	800	2 100
毛利	1 400	3 000
综合费用	1 200	1 500
折旧前利润	200	1 500

续表

项目	上年数	本年数
折旧	320	256
支付利息前利润	−120	1 244
财务收支	600	500
其他收支	0	0
税前利润	−720	744
所得税	0	6
净利润	−720	738

表 7 - 4 - 33　综合管理费用明细表　　　　　　　　　单位：W

项目	金额
管理费	400
广告费	500
维修费	600
损失	
转产费	
厂房租金	
新市场开拓	
ISO 资格认证	
产品研发	
人工费	
贴现费	
折旧费	256
税金	
利息	500
其他费用	
费用合计	2 256

C 组第 2 年报表数据如表 7 - 4 - 34～表 7 - 4 - 36 所示。

表 7 - 4 - 34　资产负债表（简表）　　　　　　　　　单位：W

资产	年初数	年末数	权益	年初数	年末数
现金	3 650	3 315	长期贷款	4 000	2 000
应收款	0	2 000	短期贷款	0	0
在制品	1 200	1 300	应交税费	135	343
产成品	1 000	600	一年内将到期的长期贷款	0	2 000
原材料	100	100	负债合计	4 135	4 343
流动资产合计	5 950	7 315	所有者权益		
厂房	4 000	4 000	股东资本	5 000	5 000
机器设备	1 140	1 012	利润留存	1 550	1 955

续表

资产	年初数	年末数	权益	年初数	年末数
在建工程	0	0	年度净利润	405	1 029
固定资产合计	5 140	5 012	所有者权益合计	6 955	7 984
资产总计	11 090	12 327	权益总计	11 090	12 327

表 7-4-35 利润表（简表） 单位：W

项目	上年数	本年数
销售收入	3 700	5 300
直接成本	1 400	2 300
毛利	2 300	3 000
综合费用	1 100	1 100
折旧前利润	1 200	1 900
折旧	160	128
支付利息前利润	1 040	1 772
财务收支	500	400
其他收支	0	0
税前利润	540	1 372
所得税	135	343
净利润	405	1 029

表 7-4-36 综合管理费用明细表 单位：W

项目	金额
管理费	400
广告费	200
维修费	500
损失	
转产费	
厂房租金	
新市场开拓	
ISO 资格认证	
产品研发	
人工费	
贴现费	
折旧费	128
税金	135
利息	400
其他费用	
费用合计	1 763

▶▶▶ （三）各组杜邦分析数据

A 组杜邦分析数据如图 7-4-1 所示。

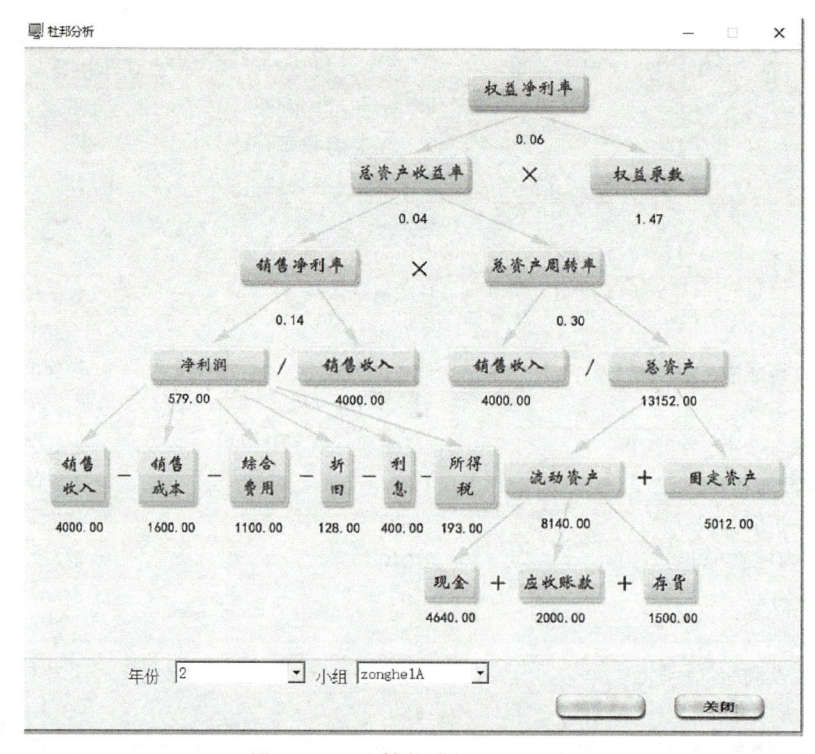

图 7-4-1 杜邦分析图（A组）

B组杜邦分析数据如图 7-4-2 所示。

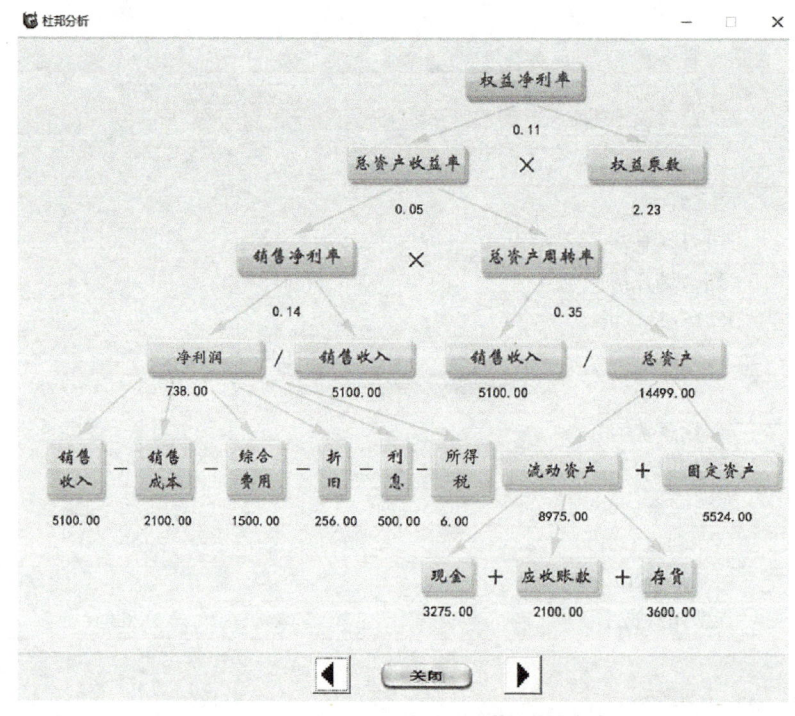

图 7-4-2 杜邦分析图（B组）

C 组杜邦分析数据如图 7-4-3 所示。

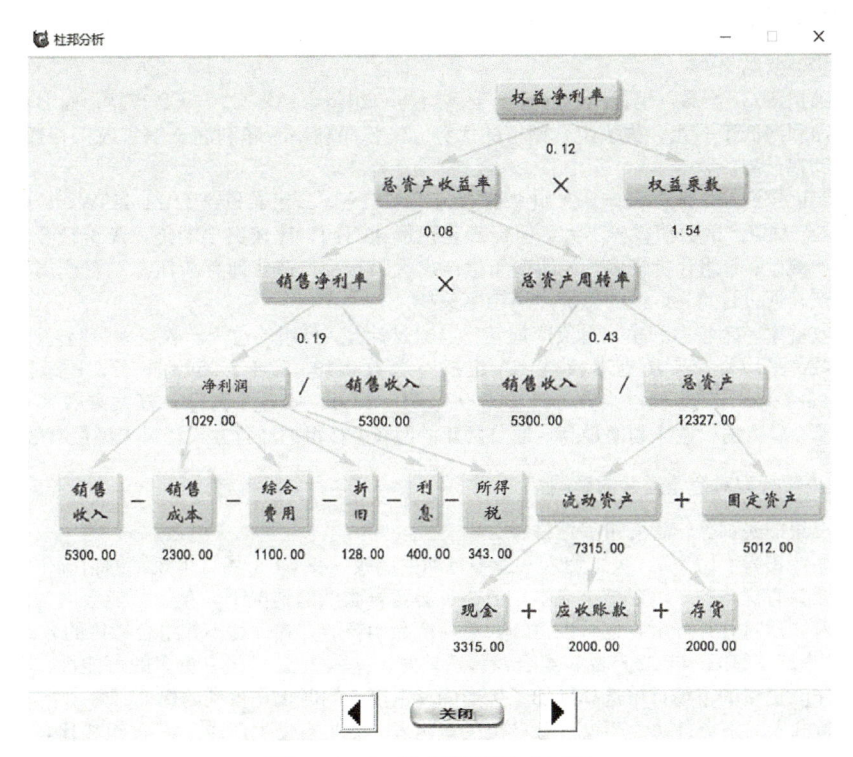

图 7-4-3 杜邦分析图（C 组）

▶▶▶ (四) 各组系统评分

各组系统评分如表 7-4-37 所示。

表 7-4-37 系统评分表

小组编号	权益系数	权益	总分
zongheA	1.6	8 959	14 334.4
zongheB	1.8	6 493	11 687.4
zongheC	1.7	7 984	13 572.8

▶▶▶ (五) 总结报告

企业财务管理决策实训总结报告如表 7-4-38 所示。

表 7-4-38 企业财务管理决策实训总结报告

1. 财务管理决策实训总结报告的目的：
在常规模式下，观察各组多变量对企业经营的影响。
2. 模拟企业经营决策总体思路：
A 组生产销售 C1 产品，决策：购入一条半自动生产线； B 组生产销售 C1 与 C2 产品，决策：购入两条半自动生产线； C 组生产销售 C1 与 C2 产品，决策：购入一条半自动生产线。 三组各期借入不同金额的短期贷款，期初其他变量相同。

续表

3. 财务管理决策指标分析：
本实训第 2 年经营结果： 　　A 组单独销售 C1 产品，销售净利润远低于 B 组与 C 组组合销售 C1 与 C2 产品；而 B 组综合费用较高，导致净利润低于 C 组，失去组合销售的优势。销售净利率＝净利润÷销售收入，通过计算，C 组的销售净利率最高。 　　总资产＝固定资产＋流动资产，A 组总资产为 13 152W，B 组总资产为 14 499W，C 组总资产为 12 327W。三组总资产的数值差异不大，但资产表现形式不同，比较突出的是，A 组现金较多，说明可以扩大生产规模；B 组存货较多，说明由于生产出大量产品，造成库存积压。总资产周转率＝销售收入÷总资产，通过计算，C 组的总资产周转率最高。 　　总资产收益率＝销售净利率×总资产周转率，通过计算，C 组的总资产收益率最高。 　　权益乘数＝平均资产÷所有者权益，A 组权益乘数＝13 152÷8 959＝1.47；B 组权益乘数＝14 499÷6 493＝2.23；C 组权益乘数＝12 327÷7 984＝1.54。权益净利率＝权益乘数×总资产收益率，通过计算，C 组的权益净利率最高。通过两年的经营，C 组的经营方式相对来说最有效。
4. 财务管理决策行为对企业运营的影响：
总体来说，三组的实训操作皆有可参考性： 　　A 组只生产销售 C1 产品，决策购入一条半自动生产线，在 C1 市场订单充足的情况下，A 组的生产销售模式是具有优势的，可以缩小成本；但在市场竞争激烈的情况下，A 组可能会因为囤积大量库存而无法盈利，通过杜邦分析，也可以得知，单一产品销售的方式远远不如组合销售的方式。 　　B、C 组生产销售 C1 与 C2 产品，组合销售选单时，这两组比 A 组有更多的可能性，在市场竞争激烈的情况下，更多的市场订单选择增加了生产的灵活度，同时也是盈利的保证。 　　B 组决策购入两条半自动生产线，而 C 组决策购入一条半自动生产线。与 A 组相比，这两组产能增大，但同时负担的折旧费与维护费也相应增加。 　　当市场订单充足时，产能增大，可以销售更多的产品，增加利润；但当市场订单紧张时，一味地扩大产能并不能使企业盈利，第一年的经营就足以说明这个问题。在经营时，还要考虑资金流的问题，相对于 A、C 两组，B 组借入的短期借款最多。
5. 财务管理决策方案的建议：
要有全局观，综合考虑各个因素变化对企业运营造成的影响，以及各个因素组合变化对企业运营造成的影响。实践中应考虑多种因素的影响，寻求最佳组合，获取企业最大利益。

参考文献

[1] 张前,张守凤.管理类专业引入财务管理决策实训软件模拟课程教学探索.中国成人教育,2009(11):113-114.

[2] 王新玲,柯明,耿锡润.财务管理决策实训软件模拟教学指导书.北京:电子工业出版社,2005.

[3] 夏远强,叶建明.企业管理财务管理决策实训软件模拟教程.北京:电子工业出版社,2007.

[4] 滕家东.财务管理决策实训软件实训教程.大连:东北财经大学出版社,2010.

[5] 陈冰.财务管理决策实训软件实战.北京:经济科学出版社,2006.

[6] 李文舒.企业管理概论.北京:冶金工业出版社,2010.

[7] 王超.成本会计实务.北京:教育科学出版社,2015.

[8] 菲利普·科特勒.营销管理.13版.北京:中国人民大学出版社,2009.

[9] 孔德兰.财务管理实务.3版.北京:高等教育出版社,2016.

[10] 桂玉娟,刘玉凤.财务管理实训教程.上海:上海财经大学出版社,2014.

附录　各项表格（按年归类）

一、经营记录表（参考附表1-1～附表1-7）

附表1-1　经营流程

组号：　　组　　第　0　年				
工作项目	第一季度	第二季度	第三季度	第四季度
新年度规划会议（广告费投入）				
参加订货会、登记销售订单				
制订新年度计划				
支付应付税费				
季初现金盘点				
更新短期贷款/支付利息/获得新贷款				
更新其他贷款/支付利息/获得新贷款				
更新应付款				
原材料更新入库				
下原材料订单				
更新生产/完工入库				
投资新生产线/变卖生产线/生产线转产				
向其他企业买卖原材料				
开始下一线生产				
更新应收款/应收款贴现				
出售厂房				
向其他企业买卖成品				
订单交货				
产品研发投资				
支付行政管理费				
其他现金收支情况登记				
支付利息/更新长期贷款/申请长期贷款				
支付设备维护费				
支付租金/购买厂房				
计提折旧				
新市场开拓/ISO资格认证投资				
结账				
现金收入合计				
现金支出合计				
期末现金对账				

附表1-2 经营流程

组号： 组　　第　1　年

工作项目	第一季度	第二季度	第三季度	第四季度
新年度规划会议（广告费投入）				
参加订货会、登记销售订单				
制订新年度计划				
支付应付税费				
季初现金盘点				
更新短期贷款/支付利息/获得新贷款				
更新其他贷款/支付利息/获得新贷款				
更新应付款				
原材料更新入库				
下原材料订单				
更新生产/完工入库				
投资新生产线/变卖生产线/生产线转产				
向其他企业买卖原材料				
开始下一线生产				
更新应收款/应收款贴现				
出售厂房				
向其他企业买卖成品				
订单交货				
产品研发投资				
支付行政管理费				
其他现金收支情况登记				
支付利息/更新长期贷款/申请长期贷款				
支付设备维护费				
支付租金/购买厂房				
计提折旧				
新市场开拓/ISO资格认证投资				
结账				
现金收入合计				
现金支出合计				
期末现金对账				

附表1-3 经营流程

组号： 组　　第　2　年

工作项目	第一季度	第二季度	第三季度	第四季度
新年度规划会议（广告费投入）				
参加订货会、登记销售订单				
制订新年度计划				
支付应付税费				
季初现金盘点				

续表

组号： 组　　第 2 年				
工作项目	第一季度	第二季度	第三季度	第四季度
更新短期贷款/支付利息/获得新贷款				
更新其他贷款/支付利息/获得新贷款				
更新应付款				
原材料更新入库				
下原材料订单				
更新生产/完工入库				
投资新生产线/变卖生产线/生产线转产				
向其他企业买卖原材料				
开始下一线生产				
更新应收款/应收款贴现				
出售厂房				
向其他企业买卖成品				
订单交货				
产品研发投资				
支付行政管理费				
其他现金收支情况登记				
支付利息/更新长期贷款/申请长期贷款				
支付设备维护费				
支付租金/购买厂房				
计提折旧				
新市场开拓/ISO 资格认证投资				
结账				
现金收入合计				
现金支出合计				
期末现金对账				

附表 1-4　经营流程

组号： 组　　第 3 年				
工作项目	第一季度	第二季度	第三季度	第四季度
新年度规划会议（广告费投入）				
参加订货会、登记销售订单				
制订新年度计划				
支付应付税费				
季初现金盘点				
更新短期贷款/支付利息/获得新贷款				
更新其他贷款/支付利息/获得新贷款				
更新应付款				
原材料更新入库				
下原材料订单				

续表

组号： 组　　第 3 年				
工作项目	第一季度	第二季度	第三季度	第四季度
更新生产/完工入库				
投资新生产线/变卖生产线/生产线转产				
向其他企业买卖原材料				
开始下一线生产				
更新应收款/应收款贴现				
出售厂房				
向其他企业买卖成品				
订单交货				
产品研发投资				
支付行政管理费				
其他现金收支情况登记				
支付利息/更新长期贷款/申请长期贷款				
支付设备维护费				
支付租金/购买厂房				
计提折旧				
新市场开拓/ISO 资格认证投资				
结账				
现金收入合计				
现金支出合计				
期末现金对账				

附表 1-5　经营流程

组号： 组　　第 4 年				
工作项目	第一季度	第二季度	第三季度	第四季度
新年度规划会议（广告费投入）				
参加订货会、登记销售订单				
制订新年度计划				
支付应付税费				
季初现金盘点				
更新短期贷款/支付利息/获得新贷款				
更新其他贷款/支付利息/获得新贷款				
更新应付款				
原材料更新入库				
下原材料订单				
更新生产/完工入库				
投资新生产线/变卖生产线/生产线转产				
向其他企业买卖原材料				
开始下一线生产				
更新应收款/应收款贴现				

续表

组号：　　组　　第　4　年				
工作项目	第一季度	第二季度	第三季度	第四季度
出售厂房				
向其他企业买卖成品				
订单交货				
产品研发投资				
支付行政管理费				
其他现金收支情况登记				
支付利息/更新长期贷款/申请长期贷款				
支付设备维护费				
支付租金/购买厂房				
计提折旧				
新市场开拓/ISO 资格认证投资				
结账				
现金收入合计				
现金支出合计				
期末现金对账				

附表 1-6　经营流程

组号：　　组　　第　5　年				
工作项目	第一季度	第二季度	第三季度	第四季度
新年度规划会议（广告费投入）				
参加订货会、登记销售订单				
制订新年度计划				
支付应付税费				
季初现金盘点				
更新短期贷款/支付利息/获得新贷款				
更新其他贷款/支付利息/获得新贷款				
更新应付款				
原材料更新入库				
下原材料订单				
更新生产/完工入库				
投资新生产线/变卖生产线/生产线转产				
向其他企业买卖原材料				
开始下一线生产				
更新应收款/应收款贴现				
出售厂房				
向其他企业买卖成品				
订单交货				
产品研发投资				
支付行政管理费				

续表

组号：　　组　　第　5　年				
工作项目	第一季度	第二季度	第三季度	第四季度
其他现金收支情况登记				
支付利息/更新长期贷款/申请长期贷款				
支付设备维护费				
支付租金/购买厂房				
计提折旧				
新市场开拓/ISO资格认证投资				
结账				
现金收入合计				
现金支出合计				
期末现金对账				

附表1-7　经营流程

组号：　　组　　第　6　年				
工作项目	第一季度	第二季度	第三季度	第四季度
新年度规划会议（广告费投入）				
参加订货会、登记销售订单				
制订新年度计划				
支付应付税费				
季初现金盘点				
更新短期贷款/支付利息/获得新贷款				
更新其他贷款/支付利息/获得新贷款				
更新应付款				
原材料更新入库				
下原材料订单				
更新生产/完工入库				
投资新生产线/变卖生产线/生产线转产				
向其他企业买卖原材料				
开始下一线生产				
更新应收款/应收款贴现				
出售厂房				
向其他企业买卖成品				
订单交货				
产品研发投资				
支付行政管理费				
其他现金收支情况登记				
支付利息/更新长期贷款/申请长期贷款				
支付设备维护费				
支付租金/购买厂房				

续表

工作项目	组号： 组 第 6 年			
	第一季度	第二季度	第三季度	第四季度
计提折旧				
新市场开拓/ISO 资格认证投资				
结账				
现金收入合计				
现金支出合计				
期末现金对账				

二、广告登记表、订单登记表、应收账款明细表、产品销售汇总表、三项开发投资明细表、贷款登记表（参考附表 2-1～附表 2-6）

附表 2-1 广告费登记表

组号： 金额单位：W

市场	产品	第0年	第1年	第2年	第3年	第4年	第5年	第6年
本地市场	C1							
	C2							
	C3							
	C4							
区域市场	C1							
	C2							
	C3							
	C4							
国内市场	C1							
	C2							
	C3							
	C4							
国际市场	C1							
	C2							
	C3							
	C4							

附表 2-2 订单登记表

组号： 金额单位：W

年度	订单号	市场	产品	数量	交货期	账期	销售额	成本	毛利	备注

续表

年度	订单号	市场	产品	数量	交货期	账期	销售额	成本	毛利	备注

附表 2−3 应收账款明细表

组号： 金额单位：W

订单信息							交货		收现		贴现		
年度	订单号	产品	数量	交货期	账期	金额	年度	季度	年度	季度	年度	季度	金额	贴息

附表 2−4 产品销售汇总表

组号： 金额单位：W

	产品	C1	C2	C3	C4	合计
第0年	数量					
	销售额					
	成本					
	毛利					
第1年	数量					
	销售额					
	成本					
	毛利					
第2年	数量					
	销售额					
	成本					
	毛利					

续表

	产品	C1	C2	C3	C4	合计
第3年	数量					
	销售额					
	成本					
	毛利					
第4年	数量					
	销售额					
	成本					
	毛利					
第5年	数量					
	销售额					
	成本					
	毛利					
第6年	数量					
	销售额					
	成本					
	毛利					

附表 2-5 三项开发投资明细表

组号：　　　　　　　　　　　　　　　　　　　　　　　单位：W

(一) 产品研发登记表

	第0年	第1年	第2年	第3年	第4年	第5年	累计投资	完成
C2								
C3								
C4								

(二) 市场开拓登记表

	第0年	第1年	第2年	第3年	第4年	第5年	累计投资	完成
区域								
国内								
国际								

(三) ISO 认证登记表

	第0年	第1年	第2年	第3年	第4年	第5年	累计投资	完成
ISO9000								
ISO14000								

附录 各项表格（按年归类） 201

附表 2-6 贷款登记表　　　　　　　　　　　　　　　　　　单位：W

			第1年	第2年	第3年	第4年	第5年	第6年
上年末所有者权益								
本年年初		额度						
		已贷						
		可贷						
长期贷款		借款						
		付息						
		还本						
短期贷款	借款	第一季度						
		第二季度						
		第三季度						
		第四季度						
	还本付息	第一季度						
		第二季度						
		第三季度						
		第四季度						
其他贷款	借款	第一季度						
		第二季度						
		第三季度						
		第四季度						
	还本付息	第一季度						
		第二季度						
		第三季度						
		第四季度						

三、原材料经营记录（参考附表 3-1～附表 3-7）

附表 3-1 原材料经营记录　　　　　　　　　　　　　　　　　单位：W

组号：　　组　　第　0　年

工作项目	第一季度	第二季度	第三季度	第四季度
新年度规划会议（广告费投入）				
参加订货会、登记销售订单				
制订新年度计划				
支付应付税费				
季初现金盘点				
季初原料盘点（填写数量）	Y1 Y2 Y3 Y4	Y1 Y2 Y3 Y4	Y1 Y2 Y3 Y4	Y1 Y2 Y3 Y4
更新短期贷款/支付利息/获得新贷款				
更新其他贷款/支付利息/获得新贷款				
更新应付款				

续表

工作项目	组号： 组 第 0 年															
	第一季度				第二季度				第三季度				第四季度			
	Y1	Y2	Y3	Y4	Y1	Y2	Y3	Y4	Y1	Y2	Y3	Y4	Y1	Y2	Y3	Y4
原材料更新入库																
下原材料订单	Y1	Y2	Y3	Y4	Y1	Y2	Y3	Y4	Y1	Y2	Y3	Y4	Y1	Y2	Y3	Y4
更新生产/完工入库																
投资新生产线/变卖生产线/生产线转产																
向其他企业买卖原材料	Y1	Y2	Y3	Y4	Y1	Y2	Y3	Y4	Y1	Y2	Y3	Y4	Y1	Y2	Y3	Y4
开始下一线生产	Y1	Y2	Y3	Y4	Y1	Y2	Y3	Y4	Y1	Y2	Y3	Y4	Y1	Y2	Y3	Y4
更新应收款/应收款贴现																
出售厂房																
向其他企业买卖成品																
订单交货																
产品研发投资																
支付行政管理费																
其他现金收支情况登记																
支付利息/更新长期贷款/申请长期贷款																
支付设备维护费																
支付租金/购买厂房																
计提折旧																
新市场开拓/ISO 资格认证投资																
结账																
原料入库合计																
原料出库合计																
期末原料对账																

附表 3-2 原材料经营记录   单位：W

工作项目	组号： 组 第 1 年															
	第一季度				第二季度				第三季度				第四季度			
新年度规划会议（广告费投入）																
参加订货会、登记销售订单																
制订新年度计划																
支付应付税费																
季初现金盘点																
季初原料盘点（填写数量）	Y1	Y2	Y3	Y4	Y1	Y2	Y3	Y4	Y1	Y2	Y3	Y4	Y1	Y2	Y3	Y4
更新短期贷款/支付利息/获得新贷款																
更新其他贷款/支付利息/获得新贷款																

续表

工作项目	组号： 组 第 1 年																
	第一季度				第二季度				第三季度				第四季度			
更新应付款																	
原材料更新入库	Y1	Y2	Y3	Y4	Y1	Y2	Y3	Y4	Y1	Y2	Y3	Y4	Y1	Y2	Y3	Y4
下原材料订单	Y1	Y2	Y3	Y4	Y1	Y2	Y3	Y4	Y1	Y2	Y3	Y4	Y1	Y2	Y3	Y4
更新生产/完工入库																	
投资新生产线/变卖生产线/生产线转产																	
向其他企业买卖原材料	Y1	Y2	Y3	Y4	Y1	Y2	Y3	Y4	Y1	Y2	Y3	Y4	Y1	Y2	Y3	Y4
开始下一线生产	Y1	Y2	Y3	Y4	Y1	Y2	Y3	Y4	Y1	Y2	Y3	Y4	Y1	Y2	Y3	Y4
更新应收款/应收款贴现																	
出售厂房																	
向其他企业买卖成品																	
订单交货																	
产品研发投资																	
支付行政管理费																	
其他现金收支情况登记																	
支付利息/更新长期贷款/申请长期贷款																	
支付设备维护费																	
支付租金/购买厂房																	
计提折旧																	
新市场开拓/ISO 资格认证投资																	
结账																	
原料入库合计																	
原料出库合计																	
期末原料对账																	

附表 3-3 原材料经营记录   单位：W

工作项目	组号： 组 第 2 年																
	第一季度				第二季度				第三季度				第四季度			
新年度规划会议（广告费投入）																	
参加订货会、登记销售订单																	
制订新年度计划																	
支付应付税费																	
季初现金盘点																	
季初原料盘点（填写数量）	Y1	Y2	Y3	Y4	Y1	Y2	Y3	Y4	Y1	Y2	Y3	Y4	Y1	Y2	Y3	Y4

续表

工作项目	组号： 组 第 2 年			
	第一季度	第二季度	第三季度	第四季度
更新短期贷款/支付利息/获得新贷款				
更新其他贷款/支付利息/获得新贷款				
更新应付款				
原材料更新入库	Y1 Y2 Y3 Y4	Y1 Y2 Y3 Y4	Y1 Y2 Y3 Y4	Y1 Y2 Y3 Y4
下原材料订单	Y1 Y2 Y3 Y4	Y1 Y2 Y3 Y4	Y1 Y2 Y3 Y4	Y1 Y2 Y3 Y4
更新生产/完工入库				
投资新生产线/变卖生产线/生产线转产				
向其他企业买卖原材料	Y1 Y2 Y3 Y4	Y1 Y2 Y3 Y4	Y1 Y2 Y3 Y4	Y1 Y2 Y3 Y4
开始下一线生产	Y1 Y2 Y3 Y4	Y1 Y2 Y3 Y4	Y1 Y2 Y3 Y4	Y1 Y2 Y3 Y4
更新应收款/应收款贴现				
出售厂房				
向其他企业买卖成品				
订单交货				
产品研发投资				
支付行政管理费				
其他现金收支情况登记				
支付利息/更新长期贷款/申请长期贷款				
支付设备维护费				
支付租金/购买厂房				
计提折旧				
新市场开拓/ISO 资格认证投资				
结账				
原料入库合计				
原料出库合计				
期末原料对账				

附表 3-4 原材料经营记录　　　　　　　　　　单位：W

工作项目	组号： 组 第 3 年			
	第一季度	第二季度	第三季度	第四季度
新年度规划会议（广告费投入）				
参加订货会、登记销售订单				
制订新年度计划				
支付应付税费				
季初现金盘点				

续表

工作项目	组号： 组 第 3 年																
	第一季度				第二季度				第三季度				第四季度			
	Y1	Y2	Y3	Y4	Y1	Y2	Y3	Y4	Y1	Y2	Y3	Y4	Y1	Y2	Y3	Y4
季初原料盘点（填写数量）																
更新短期贷款/支付利息/获得新贷款																
更新其他贷款/支付利息/获得新贷款																
更新应付款																
原材料更新入库	Y1	Y2	Y3	Y4	Y1	Y2	Y3	Y4	Y1	Y2	Y3	Y4	Y1	Y2	Y3	Y4
下原材料订单	Y1	Y2	Y3	Y4	Y1	Y2	Y3	Y4	Y1	Y2	Y3	Y4	Y1	Y2	Y3	Y4
更新生产/完工入库																
投资新生产线/变卖生产线/生产线转产																
向其他企业买卖原材料	Y1	Y2	Y3	Y4	Y1	Y2	Y3	Y4	Y1	Y2	Y3	Y4	Y1	Y2	Y3	Y4
开始下一线生产	Y1	Y2	Y3	Y4	Y1	Y2	Y3	Y4	Y1	Y2	Y3	Y4	Y1	Y2	Y3	Y4
更新应收款/应收款贴现																
出售厂房																
向其他企业买卖成品																
订单交货																
产品研发投资																
支付行政管理费																
其他现金收支情况登记																
支付利息/更新长期贷款/申请长期贷款																
支付设备维护费																
支付租金/购买厂房																
计提折旧																
新市场开拓/ISO资格认证投资																
结账																
原料入库合计																
原料出库合计																
期末原料对账																

附表 3-5　原材料经营记录　　　　　　　　　　　　　　　　单位：W

工作项目	组号： 组 第 4 年			
	第一季度	第二季度	第三季度	第四季度
新年度规划会议（广告费投入）				
参加订货会、登记销售订单				
制订新年度计划				
支付应付税费				
季初现金盘点				

续表

组号： 组 第 4 年																
工作项目	第一季度				第二季度				第三季度				第四季度			
季初原料盘点（填写数量）	Y1	Y2	Y3	Y4	Y1	Y2	Y3	Y4	Y1	Y2	Y3	Y4	Y1	Y2	Y3	Y4
更新短期贷款/支付利息/获得新贷款 更新其他贷款/支付利息/获得新贷款																
更新应付款																
原材料更新入库	Y1	Y2	Y3	Y4	Y1	Y2	Y3	Y4	Y1	Y2	Y3	Y4	Y1	Y2	Y3	Y4
下原材料订单	Y1	Y2	Y3	Y4	Y1	Y2	Y3	Y4	Y1	Y2	Y3	Y4	Y1	Y2	Y3	Y4
更新生产/完工入库																
投资新生产线/变卖生产线/生产线转产																
向其他企业买卖原材料	Y1	Y2	Y3	Y4	Y1	Y2	Y3	Y4	Y1	Y2	Y3	Y4	Y1	Y2	Y3	Y4
开始下一线生产	Y1	Y2	Y3	Y4	Y1	Y2	Y3	Y4	Y1	Y2	Y3	Y4	Y1	Y2	Y3	Y4
更新应收款/应收款贴现																
出售厂房																
向其他企业买卖成品																
订单交货																
产品研发投资																
支付行政管理费																
其他现金收支情况登记																
支付利息/更新长期贷款/申请长期贷款																
支付设备维护费																
支付租金/购买厂房																
计提折旧																
新市场开拓/ISO资格认证投资																
结账																
原料入库合计																
原料出库合计																
期末原料对账																

附表 3-6 原材料经营记录   单位：W

工作项目	组号：　　　组　　第　5　年																
	第一季度				第二季度				第三季度				第四季度			
新年度规划会议（广告费投入）																	
参加订货会、登记销售订单																	
制订新年度计划																	
支付应付税费																	
季初现金盘点																	
季初原料盘点（填写数量）	Y1	Y2	Y3	Y4	Y1	Y2	Y3	Y4	Y1	Y2	Y3	Y4	Y1	Y2	Y3	Y4	
更新短期贷款/支付利息/获得新贷款																	
更新其他贷款/支付利息/获得新贷款																	
更新应付款																	
原材料更新入库	Y1	Y2	Y3	Y4	Y1	Y2	Y3	Y4	Y1	Y2	Y3	Y4	Y1	Y2	Y3	Y4	
下原材料订单	Y1	Y2	Y3	Y4	Y1	Y2	Y3	Y4	Y1	Y2	Y3	Y4	Y1	Y2	Y3	Y4	
更新生产/完工入库																	
投资新生产线/变卖生产线/生产线转产																	
向其他企业买卖原材料	Y1	Y2	Y3	Y4	Y1	Y2	Y3	Y4	Y1	Y2	Y3	Y4	Y1	Y2	Y3	Y4	
开始下一线生产	Y1	Y2	Y3	Y4	Y1	Y2	Y3	Y4	Y1	Y2	Y3	Y4	Y1	Y2	Y3	Y4	
更新应收款/应收款贴现																	
出售厂房																	
向其他企业买卖成品																	
订单交货																	
产品研发投资																	
支付行政管理费																	
其他现金收支情况登记																	
支付利息/更新长期贷款/申请长期贷款																	
支付设备维护费																	
支付租金/购买厂房																	
计提折旧																	
新市场开拓/ISO 资格认证投资																	
结账																	
原料入库合计																	
原料出库合计																	
期末原料对账																	

附表 3-7　原材料经营记录　　　　　　　　　　　　　　　　　　　单位：W

工作项目	组号：　　　组　　第 6 年			
	第一季度	第二季度	第三季度	第四季度
新年度规划会议（广告费投入）				
参加订货会、登记销售订单				
制订新年度计划				
支付应付税费				
季初现金盘点				
季初原料盘点（填写数量）	Y1 Y2 Y3 Y4	Y1 Y2 Y3 Y4	Y1 Y2 Y3 Y4	Y1 Y2 Y3 Y4
更新短期贷款/支付利息/获得新贷款				
更新其他贷款/支付利息/获得新贷款				
更新应付款				
原材料更新入库	Y1 Y2 Y3 Y4	Y1 Y2 Y3 Y4	Y1 Y2 Y3 Y4	Y1 Y2 Y3 Y4
下原材料订单	Y1 Y2 Y3 Y4	Y1 Y2 Y3 Y4	Y1 Y2 Y3 Y4	Y1 Y2 Y3 Y4
更新生产/完工入库				
投资新生产线/变卖生产线/生产线转产				
向其他企业买卖原材料	Y1 Y2 Y3 Y4	Y1 Y2 Y3 Y4	Y1 Y2 Y3 Y4	Y1 Y2 Y3 Y4
开始下一线生产	Y1 Y2 Y3 Y4	Y1 Y2 Y3 Y4	Y1 Y2 Y3 Y4	Y1 Y2 Y3 Y4
更新应收款/应收款贴现				
出售厂房				
向其他企业买卖成品				
订单交货				
产品研发投资				
支付行政管理费				
其他现金收支情况登记				
支付利息/更新长期贷款/申请长期贷款				
支付设备维护费				
支付租金/购买厂房				
计提折旧				
新市场开拓/ISO 资格认证投资				
结账				
原料入库合计				
原料出库合计				
期末原料对账				

四、产品经营记录（参考附表 4-1～附表 4-7）

附表 4-1　产品经营记录　　　　　　单位：W

工作项目	第一季度				第二季度				第三季度				第四季度			
	组号：组　　第　0　年															
新年度规划会议（广告费投入）																
参加订货会、登记销售订单																
制订新年度计划																
支付应付税费																
季初现金盘点																
季初产成品盘点（填写数量）	C1	C2	C3	C4	C1	C2	C3	C4	C1	C2	C3	C4	C1	C2	C3	C4
更新短期贷款/支付利息/获得新贷款																
更新其他贷款/支付利息/获得新贷款																
更新应付款																
原材料更新入库																
下原材料订单																
更新生产/完工入库	C1	C2	C3	C4	C1	C2	C3	C4	C1	C2	C3	C4	C1	C2	C3	C4
投资新生产线/变卖生产线/生产线转产																
向其他企业买卖原材料																
开始下一线生产																
更新应收款/应收款贴现																
出售厂房																
向其他企业买卖成品	C1	C2	C3	C4	C1	C2	C3	C4	C1	C2	C3	C4	C1	C2	C3	C4
订单交货	C1	C2	C3	C4	C1	C2	C3	C4	C1	C2	C3	C4	C1	C2	C3	C4
产品研发投资																
支付行政管理费																
其他现金收支情况登记																
支付利息/更新长期贷款/申请长期贷款																
支付设备维护费																
支付租金/购买厂房																
计提折旧																
新市场开拓/ISO 资格认证投资																
结账																
产成品入库合计																
产成品出库合计																
期末产成品对账																

附表 4-2　产品经营记录　　　　　　　　　　　　　　　　　　　　　单位：W

组号：　　　组　　　第　1　年

工作项目	第一季度				第二季度				第三季度				第四季度			
新年度规划会议（广告费投入）																
参加订货会、登记销售订单																
制订新年度计划																
支付应付税费																
季初现金盘点																
季初产成品盘点（填写数量）	C1	C2	C3	C4	C1	C2	C3	C4	C1	C2	C3	C4	C1	C2	C3	C4
更新短期贷款/支付利息/获得新贷款																
更新其他贷款/支付利息/获得新贷款																
更新应付款																
原材料更新入库																
下原材料订单																
更新生产/完工入库	C1	C2	C3	C4	C1	C2	C3	C4	C1	C2	C3	C4	C1	C2	C3	C4
投资新生产线/变卖生产线/生产线转产																
向其他企业买卖原材料																
开始下一线生产																
更新应收款/应收款贴现																
出售厂房																
向其他企业买卖成品	C1	C2	C3	C4	C1	C2	C3	C4	C1	C2	C3	C4	C1	C2	C3	C4
订单交货	C1	C2	C3	C4	C1	C2	C3	C4	C1	C2	C3	C4	C1	C2	C3	C4
产品研发投资																
支付行政管理费																
其他现金收支情况登记																
支付利息/更新长期贷款/申请长期贷款																
支付设备维护费																
支付租金/购买厂房																
计提折旧																
新市场开拓/ISO资格认证投资																
结账																
产成品入库合计																
产成品出库合计																
期末产成品对账																

附表 4-3 产品经营记录   单位：W

工作项目	第一季度				第二季度				第三季度				第四季度			
\multicolumn{17}{l}{组号：　　组　　　第　2　年}																
新年度规划会议（广告费投入）																
参加订货会、登记销售订单																
制订新年度计划																
支付应付税费																
季初现金盘点																
季初产成品盘点（填写数量）	C1	C2	C3	C4	C1	C2	C3	C4	C1	C2	C3	C4	C1	C2	C3	C4
更新短期贷款/支付利息/获得新贷款																
更新其他贷款/支付利息/获得新贷款																
更新应付款																
原材料更新入库																
下原材料订单																
更新生产/完工入库	C1	C2	C3	C4	C1	C2	C3	C4	C1	C2	C3	C4	C1	C2	C3	C4
投资新生产线/变卖生产线/生产线转产																
向其他企业买卖原材料																
开始下一线生产																
更新应收款/应收款贴现																
出售厂房																
向其他企业买卖成品	C1	C2	C3	C4	C1	C2	C3	C4	C1	C2	C3	C4	C1	C2	C3	C4
订单交货	C1	C2	C3	C4	C1	C2	C3	C4	C1	C2	C3	C4	C1	C2	C3	C4
产品研发投资																
支付行政管理费																
其他现金收支情况登记																
支付利息/更新长期贷款/申请长期贷款																
支付设备维护费																
支付租金/购买厂房																
计提折旧																
新市场开拓/ISO 资格认证投资																
结账																
产成品入库合计																
产成品出库合计																
期末产成品对账																

附表 4-4 产品经营记录　　　　　　　　　　　　　　　　　单位：W

组号：　　组　　　第　3　年

工作项目	第一季度	第二季度	第三季度	第四季度
新年度规划会议（广告费投入）				
参加订货会、登记销售订单				
制订新年度计划				
支付应付税费				
季初现金盘点				
季初产成品盘点（填写数量）	C1 C2 C3 C4	C1 C2 C3 C4	C1 C2 C3 C4	C1 C2 C3 C4
更新短期贷款/支付利息/获得新贷款				
更新其他贷款/支付利息/获得新贷款				
更新应付款				
原材料更新入库				
下原材料订单				
更新生产/完工入库	C1 C2 C3 C4	C1 C2 C3 C4	C1 C2 C3 C4	C1 C2 C3 C4
投资新生产线/变卖生产线/生产线转产				
向其他企业买卖原材料				
开始下一线生产				
更新应收款/应收款贴现				
出售厂房				
向其他企业买卖成品	C1 C2 C3 C4	C1 C2 C3 C4	C1 C2 C3 C4	C1 C2 C3 C4
订单交货	C1 C2 C3 C4	C1 C2 C3 C4	C1 C2 C3 C4	C1 C2 C3 C4
产品研发投资				
支付行政管理费				
其他现金收支情况登记				
支付利息/更新长期贷款/申请长期贷款				
支付设备维护费				
支付租金/购买厂房				
计提折旧				
新市场开拓/ISO 资格认证投资				
结账				
产成品入库合计				
产成品出库合计				
期末产成品对账				

附表 4–5 产品经营记录　　　　　　　　　　单位：W

组号：　　　组　　　第　4　年

工作项目	第一季度	第二季度	第三季度	第四季度
新年度规划会议（广告费投入）				
参加订货会、登记销售订单				
制订新年度计划				
支付应付税费				
季初现金盘点				
季初产成品盘点（填写数量）	C1 C2 C3 C4	C1 C2 C3 C4	C1 C2 C3 C4	C1 C2 C3 C4
更新短期贷款/支付利息/获得新贷款				
更新其他贷款/支付利息/获得新贷款				
更新应付款				
原材料更新入库				
下原材料订单				
更新生产/完工入库	C1 C2 C3 C4	C1 C2 C3 C4	C1 C2 C3 C4	C1 C2 C3 C4
投资新生产线/变卖生产线/生产线转产				
向其他企业买卖原材料				
开始下一线生产				
更新应收款/应收款贴现				
出售厂房				
向其他企业买卖成品	C1 C2 C3 C4	C1 C2 C3 C4	C1 C2 C3 C4	C1 C2 C3 C4
订单交货	C1 C2 C3 C4	C1 C2 C3 C4	C1 C2 C3 C4	C1 C2 C3 C4
产品研发投资				
支付行政管理费				
其他现金收支情况登记				
支付利息/更新长期贷款/申请长期贷款				
支付设备维护费				
支付租金/购买厂房				
计提折旧				
新市场开拓/ISO 资格认证投资				
结账				
产成品入库合计				
产成品出库合计				
期末产成品对账				

附表 4-6　产品经营记录　　　　　　　　　　　　　　　　　　单位：W

组号：　　　组　　第　5　年

工作项目	第一季度				第二季度				第三季度				第四季度			
新年度规划会议（广告费投入）																
参加订货会、登记销售订单																
制订新年度计划																
支付应付税费																
季初现金盘点																
季初产成品盘点（填写数量）	C1	C2	C3	C4	C1	C2	C3	C4	C1	C2	C3	C4	C1	C2	C3	C4
更新短期贷款/支付利息/获得新贷款																
更新其他贷款/支付利息/获得新贷款																
更新应付款																
原材料更新入库																
下原材料订单																
更新生产/完工入库	C1	C2	C3	C4	C1	C2	C3	C4	C1	C2	C3	C4	C1	C2	C3	C4
投资新生产线/变卖生产线/生产线转产																
向其他企业买卖原材料																
开始下一线生产																
更新应收款/应收款贴现																
出售厂房																
向其他企业买卖成品	C1	C2	C3	C4	C1	C2	C3	C4	C1	C2	C3	C4	C1	C2	C3	C4
订单交货	C1	C2	C3	C4	C1	C2	C3	C4	C1	C2	C3	C4	C1	C2	C3	C4
产品研发投资																
支付行政管理费																
其他现金收支情况登记																
支付利息/更新长期贷款/申请长期贷款																
支付设备维护费																
支付租金/购买厂房																
计提折旧																
新市场开拓/ISO 资格认证投资																
结账																
产成品入库合计																
产成品出库合计																
期末产成品对账																

附表 4-7 产品经营记录　　　　　　　　　　　单位：W

组号：　　组　　第　6　年

工作项目	第一季度				第二季度				第三季度				第四季度			
新年度规划会议（广告费投入）																
参加订货会、登记销售订单																
制订新年度计划																
支付应付税费																
季初现金盘点																
季初产成品盘点（填写数量）	C1	C2	C3	C4	C1	C2	C3	C4	C1	C2	C3	C4	C1	C2	C3	C4
更新短期贷款/支付利息/获得新贷款																
更新其他贷款/支付利息/获得新贷款																
更新应付款																
原材料更新入库																
下原材料订单																
更新生产/完工入库	C1	C2	C3	C4	C1	C2	C3	C4	C1	C2	C3	C4	C1	C2	C3	C4
投资新生产线/变卖生产线/生产线转产																
向其他企业买卖原材料																
开始下一线生产																
更新应收款/应收款贴现																
出售厂房																
向其他企业买卖成品	C1	C2	C3	C4	C1	C2	C3	C4	C1	C2	C3	C4	C1	C2	C3	C4
订单交货	C1	C2	C3	C4	C1	C2	C3	C4	C1	C2	C3	C4	C1	C2	C3	C4
产品研发投资																
支付行政管理费																
其他现金收支情况登记																
支付利息/更新长期贷款/申请长期贷款																
支付设备维护费																
支付租金/购买厂房																
计提折旧																
新市场开拓/ISO 资格认证投资																
结账																
产成品入库合计																
产成品出库合计																
期末产成品对账																

五、现金预算表（参考附表 5-1～附表 5-7）

附表 5-1　现金预算表

第　0　年　　　　　　　　　　　　　　　　　　　　　　单位：W

	第一季度	第二季度	第三季度	第四季度
期初库存现金				
支付上年应交所得税				
市场广告投入				
贴现费用				
短期贷款利息				
支付到期短期贷款				
采购原材料				
转产费用				
生产线投资				
生产费用				
产品研发投资				
应收款到期				
支付管理费用				
长期贷款利息				
支付到期长期贷款				
设备维护费用				
租金				
购买新建筑				
市场开拓投资				
ISO 认证投资				
其他				
期末库存现金结余				

附表 5-2　现金预算表

第　1　年　　　　　　　　　　　　　　　　　　　　　　单位：W

	第一季度	第二季度	第三季度	第四季度
期初库存现金				
支付上年应交所得税				
市场广告投入				
贴现费用				
短期贷款利息				
支付到期短期贷款				
采购原材料				
转产费用				
生产线投资				
生产费用				
产品研发投资				
应收款到期				
支付管理费用				

续表

	第一季度	第二季度	第三季度	第四季度
长期贷款利息				
支付到期长期贷款				
设备维护费用				
租金				
购买新建筑				
市场开拓投资				
ISO 认证投资				
其他				
期末库存现金结余				

附表 5-3　现金预算表
第__2__年　　　　　　　　　　　　　　单位：W

	第一季度	第二季度	第三季度	第四季度
期初库存现金				
支付上年应交所得税				
市场广告投入				
贴现费用				
短期贷款利息				
支付到期短期贷款				
采购原材料				
转产费用				
生产线投资				
生产费用				
产品研发投资				
应收款到期				
支付管理费用				
长期贷款利息				
支付到期长期贷款				
设备维护费用				
租金				
购买新建筑				
市场开拓投资				
ISO 认证投资				
其他				
期末库存现金结余				

附表 5-4　现金预算表
第__3__年　　　　　　　　　　　　　　单位：W

	第一季度	第二季度	第三季度	第四季度
期初库存现金				
支付上年应交所得税				
市场广告投入				

续表

	第一季度	第二季度	第三季度	第四季度
贴现费用				
短期贷款利息				
支付到期短期贷款				
采购原材料				
转产费用				
生产线投资				
生产费用				
产品研发投资				
应收款到期				
支付管理费用				
长期贷款利息				
支付到期长期贷款				
设备维护费用				
租金				
购买新建筑				
市场开拓投资				
ISO认证投资				
其他				
期末库存现金结余				

附表 5-5　现金预算表

第＿4＿年　　　　　　　　　　　　　　　　　　　　单位：W

	第一季度	第二季度	第三季度	第四季度
期初库存现金				
支付上年应交所得税				
市场广告投入				
贴现费用				
短期贷款利息				
支付到期短期贷款				
采购原材料				
转产费用				
生产线投资				
生产费用				
产品研发投资				
应收款到期				
支付管理费用				
长期贷款利息				
支付到期长期贷款				
设备维护费用				
租金				

续表

	第一季度	第二季度	第三季度	第四季度
购买新建筑				
市场开拓投资				
ISO认证投资				
其他				
期末库存现金结余				

附表 5-6　现金预算表

第 __5__ 年　　　　　　　　　　　　　　　　　　　　　　　　单位：W

	第一季度	第二季度	第三季度	第四季度
期初库存现金				
支付上年应交所得税				
市场广告投入				
贴现费用				
短期贷款利息				
支付到期短期贷款				
采购原材料				
转产费用				
生产线投资				
生产费用				
产品研发投资				
应收款到期				
支付管理费用				
长期贷款利息				
支付到期长期贷款				
设备维护费用				
租金				
购买新建筑				
市场开拓投资				
ISO认证投资				
其他				
期末库存现金结余				

附表 5-7　现金预算表

第 __6__ 年　　　　　　　　　　　　　　　　　　　　　　　　单位：W

	第一季度	第二季度	第三季度	第四季度
期初库存现金				
支付上年应交所得税				
市场广告投入				
贴现费用				
短期贷款利息				
支付到期短期贷款				
采购原材料				

续表

	第一季度	第二季度	第三季度	第四季度
转产费用				
生产线投资				
生产费用				
产品研发投资				
应收款到期				
支付管理费用				
长期贷款利息				
支付到期长期贷款				
设备维护费用				
租金				
购买新建筑				
市场开拓投资				
ISO认证投资				
其他				
期末库存现金结余				

六、会计报表（参考附表6-1～附表6-3）

附表6-1　资产负债表（简表）　　　　　　　　　　　　　　　　　　单位：W

资产	年初数	年末数	权益	年初数	年末数
现金			长期贷款		
应收款			短期贷款		
在制品			应交税费		
产成品			一年内将到期的长期贷款		
原材料			负债合计		
流动资产合计			所有者权益		
厂房			股东资本		
机器设备			利润留存		
在建工程			年度净利润		
固定资产合计			所有者权益合计		
资产总计			权益总计		

附表6-2　利润表（简表）　　　　　　　　　　　　　　　　　　　　单位：W

项目	上年数	本年数
销售收入		
直接成本		
毛利		
综合费用		
折旧前利润		
折旧		

续表

项目	上年数	本年数
支付利息前利润		
财务收支		
其他收支		
税前利润		
所得税		
净利润		

附表 6-3　综合管理费用明细表　　　　　　　　　　单位：W

项目	金额
管理费	
广告费	
维修费	
损失	
转产费	
厂房租金	
新市场开拓	
ISO 资格认证	
产品研发	
人工费	
贴现费	
折旧费	
税金	
利息	
其他费用	
费用合计	

七、财务管理决策软件经营记录（参考附表 7-1）

附表 7-1　财务管理决策软件经营记录

组号：　　　第　　年

	经营流程	系统操作	手工记录
年初任务	新年度规划会议		
	投放广告	输入广告费并确认	
	支付上年所得税	系统自动	
	参加订货会	选单	
当期任务	更新短贷/短贷还本付息/申请短贷	系统自动/输入贷款数额并确认	
	更新生产/完工入库	系统自动	
	检测生产线完工情况	系统自动	
	更新原材料	系统自动扣减现金，确认	
	下原材料订单	输入并确认	

续表

		组号：　　　　第　　年	
	经营流程	系统操作	手工记录
当期任务	购买/租用厂房	选择并确认	
	新建/在建/转产/变卖生产线	选择并确认	
	开始新一批生产	选择并确认	
	应收款更新	系统自动	
	按订单交货	选择并确认	
	产品研发	选择并确认	
	厂房处理	选择并确认	
特殊任务	厂房贴现	选择并确认（随时进行）	
	紧急采购	选择并确认（随时进行）	
	出售库存	选择并确认（随时进行）	
	应收款贴现	选择并确认（随时进行）	
当季结束	检测产品开发完成情况	系统自动	
	支付行政管理费	系统自动	
当年结束	市场开拓/ISO认证投资	选择并确认	
	支付租金	系统自动	
	检测新市场/ISO认证完成情况	系统自动	
	支付设备维修费	系统自动	
	计提折旧	系统自动	
	违约罚款	系统自动	
	更新长贷/长贷还本付息/申请长贷	系统自动/输入贷款数额并确认	

八、企业财务管理决策实训总结报告（参考附表8-1）

附表8-1　企业财务管理决策实训总结报告

1. 财务管理决策实训总结报告的目的：
2. 模拟企业经营决策总体思路：

续表

3. 财务管理决策指标分析：

4. 财务管理决策行为对企业运营的影响：

5. 财务管理决策方案的建议：

后　记

　　在编写此书之前，我们参考了市场上同类的书籍，将非常具有参考价值的内容吸收并转化为适用财务管理决策软件的知识内容。我们的独到之处在于，在介绍财务管理决策基本知识的基础上，增加了实训项目训练。在不同的经营状态下，考虑不同变量因素对模拟企业未来经营的影响，指导学习者如何将财务管理的理论知识运用到工作实践中，并利用杜邦分析法进行财务决策分析，使学习者增强了财务管理决策能力和分析能力，加深了对财务管理理论知识的理解。各项实训层层递进，学习者经过多次训练，可以深入理解财务管理决策知识，优化经营决策。各项实训为学习者提供了详细的操作步骤及完整的参考答案。所有的操作步骤是编者们通过多次实训、计算、不断优化后设定的，使实训拥有可支撑营运的资金，保证企业正常的经营；拥有足够的原材料，不至于生产链断裂；拥有足够的产品销售，防止缴纳违约金等。

　　在编写此书的过程中，也存在一些遗憾。例如，在模拟企业弥补亏损的问题上，在真实的市场环境下，税法规定，纳税人发生年度亏损的，可以用下一纳税年度的所得弥补，下一纳税年度的所得不足弥补的，可以逐年延续弥补，但是延续弥补期最长不得超过五年。由于这种弥补亏损的方法计算比较复杂，编程时需要大量算法，还原真实企业补亏有较大难度，所以在本书中，软件技术支持者采取了简化的处理，因此与企业实际补亏方法会有一些差距。

　　"兵无常势，水无常形。"企业管理也是一样，没有放之四海而皆准的管理模式。所谓的财务管理经验和技巧也都是基于特定的背景条件，通过常年的艰苦实践得来的，需要深刻体会并灵活运用；否则，生搬硬套，只会适得其反。企业经营没有灵丹妙药，市场竞争没有常胜将军，在财务管理决策的竞技场上没有最强，只有更强。多少年风雨历程，多少次巅峰对决，我们从新手成长为强者，靠的就是一颗不言放弃、永远争胜的心！

图书在版编目（CIP）数据

财务管理决策实务技能训练/蒋泽生等主编．--北京：中国人民大学出版社，2021.1
（财会人员实务操作丛书）
ISBN 978-7-300-28966-3

Ⅰ.①财… Ⅱ.①蒋… Ⅲ.①财务管理 Ⅳ.①F275

中国版本图书馆CIP数据核字（2021）第023302号

财会人员实务操作丛书

财务管理决策实务技能训练

主　编　蒋泽生　宋慧骏　刘培银　郗薪宇
Caiwu Guanli Juece Shiwu Jineng Xunlian

出版发行	中国人民大学出版社			
社　　址	北京中关村大街31号	邮政编码	100080	
电　　话	010-62511242（总编室）	010-62511770（质管部）		
	010-82501766（邮购部）	010-62514148（门市部）		
	010-62515195（发行公司）	010-62515275（盗版举报）		
网　　址	http://www.crup.com.cn			
经　　销	新华书店			
印　　刷	固安县铭成印刷有限公司			
开　　本	787 mm×1092 mm　1/16	版　次	2021年1月第1版	
印　　张	14.5	印　次	2024年1月第4次印刷	
字　　数	338 000	定　价	42.00元	

版权所有　侵权必究　　印装差错　负责调换